刑法講話

Ⅱ
各論

川端　博［著］

成文堂

はしがき

本書は、なじみにくい「刑法各論」を分かりやすい話し言葉で説明することによって「通読」できるようにして、刑法各論の全体構造を容易に把握させるために書かれたものです。刑法各論のテキストの一般的な叙述方法は、まず、次々と犯罪の構成要件と法定刑を条文の順序に従って提示したうえで、構成要件の内容を詳細に説明していくというものです。それは、逐条解説的できわめて単調な叙述ですから、読み進むうちにすぐに飽きてしまうことになりがちです。そこで刑法各論は「退屈だ」と感じられることになります。退屈な内容の本が興味をもって読まれるはずがありません。わたくし達の生活における身近な犯罪が数多く刑法各論の概説書の中で説明されているにもかかわらず、敬遠されてしまうことは非常に残念でなりません。

そこで、叙述をやさしくすると同時に、すべての条文を本文に組み込んで一体化することによって、「通読」しやすいように工夫をほどこしました。とにかく全体を読み通してみることが大事です。全体をスムースに読んでみてはじめて、「全体像」を捉えることが可能となるのです。あたかも川が流れるように「読み流す」ことによって、自然に全体が把握できるようにすることが本書の目標です。

さらに、新たな時代の要請にも適合するように配慮しました。法科大学院制度がスタートし、法学未修者は短期間で刑法をマスターすることが要求されています。授業だけでは足りませんので、自学自習しなければならない事項がきわめて多いのです。はじめて刑法を学ぶ法学部の学生も同じ状況にあります。司法制度改革の一環として「裁判員」制度の導入が決まりました。数年後には裁判員が参加する刑事裁判が実施されることになっていますので、裁判員となる可能性をもつ一般市民にとっても、刑法に関する知識は不可欠のものとして要求されるに至っています。このように、法科大学院の法学未修者、法学部学生および一般市民にとっても、分かりやすい刑法各論の概説書が求められているのです。本書は、これらの要請を満たし得るものと確信しています。

このように、通常の概説書とは異なって、本書は、一気に通読できるようなスタイルで叙述してあります。条文を本文に取り込んで説明することによって、単調さを避けるとともに、話しを聞いているかのように流し読みができるようにしたのです。「講話」と称する所以はここにあります。読みやすくするために、学説の出典をすべて省略しましたので、学説の詳細は、わたくしの別著『刑法各論概要』（成文堂）を見てください。本書で刑法各論をマスターして得意科目にされるよう期待しています。

本書の出版にあたって成文堂の阿部耕一社長および本郷三好編集部次長に大変御世話になりました。心より御礼を申し上げる次第です。

平成一六年（二〇〇四年）六月二五日

川端　博

目　次

第22講 国家の存立に関する罪／国家の作用に関する罪……三二四

事項索引

第*1*講　刑法各論の意義

1 はじめに

刑法各論は、じゅうらい法学部教育においては、必修科目とされてきましたが、現在ではカリキュラム改革により選択必修科目または自由選択科目に変更された大学が多いと言えます。しかし、そのことによって刑法各論の重要性が減少したわけではありません。法科大学院においては、必修科目の刑法の一部とされているのです。むしろ具体的に犯罪類型について学ぶことは、法学部の学生および法科大学院の院生ならびに裁判員となる可能性のある社会人にとってますます重要となってきているのです。

刑法総論においては、理論的な問題に関するかなり抽象的な議論が多いのですが、刑法各論は違います。個々の犯罪類型に関して、非常に具体的な議論が、詳細に展開されているのです。本講話では、将来、法職で身を立てたいという人にとってはすぐに実践的に役に立ち得るという観点から、理論的あるいは実務上の問題点について、ていねいに説明をしていきます。その点についても刑法総論における知識が当然の前提になりますから、刑法総論の関連事項についても触れたいとおもいます。理論的に一貫した観点から説明しますので、刑法各論の全体像をはっきりつかめるとおもいます。

司法試験などの国家試験を受ける諸君は、ここで基礎的なことを明確に把握しておけば、それが非常に役に立つとおもいます。

民間会社に就職したり、自営業に従事したりするばあいにも、刑法各論の知識は重要です。刑法各論においては、種々の犯罪類型が規定されていますから、具体的にいろいろな生活場面で出てくる問題点が議論されます。たとえば、民間会社に勤めたばあい、まっさきに出てくるのは**横領罪**です。まず別件で逮捕され、証拠を固めて業務上横領罪として立件されるケースが結構、あります。みなさんが偉くなったときには、権限が強大になった分だけ**背任罪**が関わってくることになりますが、どういう行為が処罰されるのかが分からないと困ります。また営業に配属されたばあいや自営業のばあいには、得意先をまわらなければなりませんが、相手が役所になりますと、贈賄罪の問題に関わるようになります。地方公務員のばあいには、たとえば建設関係について**収賄罪**が問題になります。このように日常茶飯事の犯罪が数多くあるのです。

このような犯罪について知識がありますと、後で生きてきます。「六法を見れば分かるじゃないか」とおもうかも知れませんが、難しい問題がたくさんありますので、六法を見ただけでは理解しにくいのです。各論では各論の捉え方があります。それを基準にして犯罪になるかならないかは、重要な意味をもちます。ですから、みなさんにとって刑法各論はけっして無縁ではないどころか、刑法総論よりもむしろ、より身近な法律科目ないし領域であると言えます。本講話では、できるだけ判例に触れながら、いろいろな解釈上の問題点を明らかにしていきたいとおもいます。刑法の「解釈論」として説明しますから、その点を十分に認識しておいてください。司法試験を始め、各種の国家試験や学内試験で問われるのは、解釈論ですから、基本的な解釈問題をどのように処理していくかに焦点を合わせたいとおもいます。

そこで、重要な部分とそうでない部分をはっきり区別して説明するようにします。重要な部分については、なぜそれが重要であるかについて触れたうえで、非常に詳細に説明します。理論上あるいは実務上重要でないことがらについてはごく簡単に触れるだけにとどめますから、ポイントを押さえたものになるはずです。

法文の解釈論ですから、六法を必ず参照する必要があり、それを引用しながら、六法における条文に即して議論をするようにします。

2 刑法各論の課題

まず、**刑法各論の課題**が何か、についてお話ししましょう。

刑法総論において問題になるのは、**犯罪論**と**刑罰論**です。そこでは**犯罪の成立要件**に重点をおいて説明がなされます。すなわち、犯罪の成立にはどういう要件が必要か、そして違法性や責任についてはそれを阻却できるか、という観点から説明されます。基本的にはどういう方法で要件を分析する必要があるのか、それがなぜ必要なのか、について議論がなされるわけです。犯罪の法的効果論として、刑罰論があり、刑罰はどういうものか、どういう種類があり、どういう目的のもとにそれが科せられるのか、が検討されます。これは、主として刑罰の本質ないし根拠論、行刑論であり、刑事政策で学ぶ問題ですから、詳細はそこで学ぶことになります。

最近、刑事政策論と刑法総論の問題を融合して考える傾向が強くなっていますが、わたくしは、これは別個に考えて、**規範論としての刑法学**を定着させたほうがよいと考えます。犯罪論としての刑法学の根本が分からないうちに、全体をひっくるめて刑法とはこういうものであり、こうすべきであるという政策論を展開されますと、ほんらい刑法学で要求されている解釈論の力がかなりそがれてしまいます。それが分かったようなつもりになっていて、厳密な方法論を勉強しなくなってしまうことになりかねませんから、本当に刑法学を勉強するのであれば、いきなり刑法の解釈問題を学んで力をつける方が効率的なのです。

犯罪の成立阻却論としての一般的な議論を、刑法総論においておこなうのですが、その際、犯罪一般の問題として普遍的な要素は何か、阻却論はどの犯罪についても共通する普遍的ものなのか、に焦点を合わせて議論するわけです。共通性を求めて成立要件論という形でまとめて検討しますから、刑法総論の議論は抽象的とならざるを得ません。

これに対して刑法各論のばあいは、個別的な犯罪類型の特殊性に重点がおかれているのです。たとえば、**殺人罪**について議論するばあい、殺人罪において何が特徴的なのかを検討します。人を殺すこと、つまり死亡させることが重要なのであり、「人を死亡させる」とはどういうことを意味するのか、に重点がおかれます。すべての犯罪、たとえば、殺人罪や窃盗罪などを含めたうえでの犯罪一般を議論するのではなくて、個別的な犯罪類型の特徴を個別に明らかにすることにポイントがあるわけです。

このように、刑法総論では共通性が強調され、すべての犯罪に共通する要素を問題にしますが、その中にあっても特別の犯罪類型、たとえば、「**身分犯**」における特殊性があるばあい、それと他のものとの相違点・差異を議論することがあります。たとえば、「**作為犯**」に対して「**不作為犯**」には、どういう特殊性があるのか、どういう違いがあるのかを議論するのです。それと同じように刑法各論においても、たとえば、窃盗罪と横領罪はどう違うのか、という相違点を議論するのと同時に、「共通の要素」を明かにする作業もあります。たとえば、窃盗と強盗はどの点で共通するのかが問題になり、「**盗罪**」として特徴づけられます。つまり、両者は他人の財物を奪い取る点(**奪取**)で共通しますから、そこで「共通する罪質」は何か、奪取するとはどういうことを意味するのか、という「共通の要素」を明らかにすると同時に、「個別的な相違点」を明確にして、その犯罪を構成する鍵をより詳しく考えていく作業をおこなうことになります。この点が総論と各論の違いです。

総論においても、もちろん**判例**が重要な役割を演じますが、さらに各論においては、条文が非常に抽象的に規定されているため、それを具体化していくにあたって、個別的なケースではどうなるのかが、より一層の重要性をもちますから、どういうばあいについてはどういう判例があるかは、きわめて重要な意味をもちます。すなわち、犯罪類型の個別化にあたって、個別性をより内容豊かにするものとして、判例が重要な役割を演ずるわけです。「こういうばあいにはどうなるのだろうか」という思考方法は非常に有用です。わたくし達の想像力、イマジネーションだけでは思いつかないような事件が、現実には起こっています。そのような事件について裁判所が判断を下していますから、それについてどのように解するのかという問題の基礎的素材として、判例がきわめて重要な意義をもつわけです。その意味で各論においてこそ、判例を重視して論点を検討する必要があるのです。

刑法各論の対象は、刑法典の「第二編　罪」、つまり七七条以下です。これは、刑法の「各則」といわれるものです。この「各則」が刑法各論の範囲ということになります。七三条から七六条までは「皇室に対する罪」が規定されていましたが、新憲法の公布に伴ってこの部分は削除されましたので、現在は七七条以下からが刑法各則になります。

刑法典以外にも**特別刑法**が、たくさんあります。犯罪と刑罰について規定した法律が「実質的意味の刑法」であることは、刑法総論の最初のところで学びます。特別刑法として、たとえば、道路交通法（道交法）があります。道交法の本体は行政法規であり、道路交通に関する行政的な規制を規定しているのです。その中には、違反行為について刑罰を科せられるものがあります。酒酔い運転などいろいろありますが、その部分は実質的意味における刑法であり、特別刑法なのです。このように、行政法規の中にも、特別刑法を含んでいるものが数多くあります。これらは、「**行政刑法**」として特別刑法の重要な一部をなしています。実際の社会において、かなり多くの行為が特別刑法、行政刑法によって処罰されることが多いのです。

しかし、この講話では、あくまでも刑法典で規定されている犯罪類型、つまり、刑法各則の犯罪類型だけを対象としてお話をしていきます。現実の社会では特別刑法はかなり重要ですが、ここでは、まず基本的な犯罪類型を規定している刑法典に重点をおきます。司法試験などでも刑法典における問題に限定されており、その趣旨は、「特別法違反の点は除く。」という形で示されます。特別刑法に触れるばあいには、なんらかの形で条文を明らかにして問題点をしぼることになります。刑法各論における基本は罰則の解釈論ですから、犯罪類型の基本型としての性格を有する各則上の犯罪に限定して、それについて重点的に議論することが大事であると言えます。

　特別刑法は、別の観点から一定の「修正」を加えたものとして捉えることができますから、どの部分がどのような「修正の必要性」に基づいて作られたのかを押さえておけば、応用がききます。つまり、まず「基本型」を押さえたうえで、それについてどういう観点からどういう「修正」を施しているかを理解しておけば十分なのです。「基本型」について重点的にお話をしていきますが、その部分が解釈論の重要問題であることを把握するようにしてください。

③ 各論の体系と法益

　各論の「体系的な理解」が大事ですが、各則の「体系化」にあたって、「法益」の理解が重要な役割を演じます。「**法益**」ないし「**保護法益**」とは、法律で保護されている利益・価値を意味します。一九世紀においては、その利益・価値の侵害を違法性の本質と解する法益侵害説が有力でした。その後、法によって保護される利益を法益として捉え、法益侵害だけで違法性が基礎づけられるのではなくて、さらにそれに対する行為態様などの人的側面を含めて考えるべきであると解する**二元的人的不法論**の立場が優勢となりました。現在では、このような二元的人的不法論を基礎にしつつ、法益を基準にして体系化する立場が、通説的な見解になっています。

法益の分類法には、公益と私益とに分ける二分法もありますが、現在の学説・判例は、**法益三分説**といわれる三分法を採っています。それは、個人的法益、社会的法益、国家的法益の三つに分ける見解です。すべての犯罪類型が、このうちのいずれかの法益に分類されます。分類することを通して、刑法各論の体系化がはかられるわけです。わたくしも、この法益三分説の立場に立っています。各則の体系を考察するにあたって、**個人的法益**を最初に議論し、それから**社会的法益**、**国家的法益**という順序で議論すべきであるとするのが、現在の通説的な考え方です。

本書も、まず「個人的法益に対する罪」に属する犯罪類型をあげ、次に「社会的法益に対する罪」が配列され、そして「国家的法益に対する罪」という順序で各犯罪が整理されています。一定の観点から順序だてた整理がなされますが、どういう理由でそのような順序になっているのかについても、これから逐一お話しします。その理由を知ることによって、刑法各論のなかでそれぞれの犯罪類型がどういう位置を占めているのかが、すぐ分かるようになります。このような観点から、刑法各論を勉強していくのが能率的です。その意味で、体系的に把握すれば、スピードアップして刑法各論を理解できることになります。

「体系的な把握」という観点から理解するばあい、個人的法益、社会的法益、国家的法益の順序で考察することについても一定の理屈が必要なわけですが、この点について、個人的法益がきわめて重要だから最優先されるべきだという考え方もあります。しかし、わたくしは、そういう考え方は採りません。わたくし達の社会生活において、まず個人があり、それが社会を構成し、さらに抽象的な存在としての国家を構成するというように、「より身近なものからより抽象的なものへ」と考えていくという観点から、お話をしたいとおもいます。たしかに、個人的法益のほうが優位に立つと考えることもできますが、そういう形で法益間の優劣関係を議論するよりも、わたくし達にとってより分かりやすく、より容易に理解できる「具体から抽象へ」と進んだ方が便宜であるという観点から、説明していくことにしましょう。

刑法典は、基本的には、国家的法益に対する罪、社会的法益に対する罪、それから個人的法益に対する罪という順序で規定しています。その観点から条文が配列されているのですが、必ずしもすべてが整合的であるとは言い切れません。そこで、このような刑法典の条文の配列にこだわらずに、あくまでも理論的な観点から、一定の立場にしたがって順序立てて見ていくことにします。

④ 刑法各論と法定刑

それぞれの犯罪類型を定めた条文には、**法定刑**が規定されています。法定刑は、法律で一定の犯罪行為に対して一定の刑罰を科するという形で規定されているのです。たとえば、殺人罪のばあい、「死刑、無期、若しくは三年以上の懲役」というように、一九九条の条文のなかに、刑の「種類」と「分量」が定められています。この法定刑によって、刑法がきわめて重要な保護法益としている「生命」の剝奪に対して、非常に厳しい態度で臨んでいることが示されています。すなわち、法定刑として、刑罰のなかで一番重い死刑をまず規定し、それから懲役刑のなかでも一番重い無期懲役を規定し、しかも下限が三年以上です。これは三年以上十五年以下になるわけですから、かなり重いわけです。そうしますと、刑法典は、「生命」を非常に重要視して、生命を故意に侵害する行為をかなり重く処罰していると解することができます。これからいろいろな犯罪類型を見ていくことになりますが、このような観点から法定刑に関心をもつようにしていただきたいとおもいます。

各論では個々の条文の内容、つまり、構成要件の内容を検討しますが、犯罪類型としてどういう位置づけがなされているのか、どれくらい重要視されているのかが、法定刑によってはっきり示されているのです。

現実の裁判において、法定刑がそのまま適用されるわけではありません。法定刑を基礎にして**処断刑**が決められて計算され、最後に**宣告刑**が言い渡されるのです。現実の裁判で「被告人を懲役五年に処する。」とか「被告人を死刑に処する。」とかいうように宣告刑の言渡しがなされますが、このばあいには必ず宣告の時点において、その刑の「種類」と「量」が確定的に宣告されるのです。

法定刑の段階では、まず「刑の種類」が示されます。たとえば、死刑とか懲役刑とかであり、懲役刑であれば、一月以上から無期までであります。この法定刑のなかからどれを適用するかを選びだして、「処断刑」が算出されますが、その際、刑の加重・減軽がなされます。加重・減軽については一定の原則が定められており（六八条以下）、その原則にしたがって、現実にこれが算出されます。このような技術的な問題は、現段階では十分には理解できないかもしれませんが、現実の法律問題としては、加重・減軽のもつ意味は大きいのです。実務の教育―現実には司法修習ですが―を受けますと、加重・減軽をして刑を算出して宣告刑にいたる経緯を法令の適用として判決文の文章を書くことができるようになります。

刑の加重方法については、四五条以下に規定があります。**併合罪**なら最高一・五倍まで加重できるとか、**累犯**ならこれにさらにプラスできるとか規定されています。累犯については五六条に規定があり、加重については五七条が「再犯の刑は、その罪について定めた懲役の長期の二倍以下とする」と規定しています。併合罪につき四七条は「併合罪のうち二個以上の罪について有期の懲役又は禁錮に処するときは、その最も重い罪について定めた刑の長期にその二分の一を加えたもの」、つまり一・五倍したものを科することができる旨を規定しています。

刑の加重・減軽がどういう順序でおこなわれるべきかについては、まず六八条が「量刑の減軽の方法」を規定し、七二条は「同時に刑を加重し、又は減軽するときは、次の順序による」として、まず再犯加重を先におこない、次に法律上の減軽を、それから併合罪の加重をおこない、最後に酌量減軽の順序でおこなうとしています。このような加重減軽が適式におこなわれないばあいには、「法令の適用」の誤りがあるとされて、控訴されればその判決は破棄されてしまいます。このように法定刑が処断刑になり、その処断刑の範囲内で宣告刑が現実の裁判で画定されることになっています。刑の加重減軽については総論の教科書で詳しく書いてありますから、後で読んでみてください。

法定刑は、犯罪類型の質を定めますので、各論においてウェイトを占めています。犯罪の性質・罪質の高低は、法定刑により強く反映されていると言えます。

5 刑法各論と罪数論

罪数論は刑法総論で学ぶ事項ですが、各論において罪数は何度も出てきますので、押さえておく必要があります。ここで簡単に説明しておきましょう。

罪数とは、犯罪の個数を意味します。犯罪の個数は、大きく分けますと、一罪と数罪に分かれます。数罪の中には併合罪と科刑上一罪があることをまずつかんでください。**併合罪**が「本来の」数罪であるのに対して、**科刑上一罪**は、もともとは数罪であるにもかかわらず、刑を科する段階では一罪として扱われるものです。科刑上一罪は、現実の取り扱いにおいては、一罪の中に入れた方が分かりやすいのですが、しかし、ここでは数個成立するはずのものが科刑上は一罪として扱われるものと理解しておけば十分です。

併合罪は、**実在的競合**ともいわれ、実際に数個の犯罪が遂行され、数罪として扱われるばあいです。行為が数個あって犯罪も被害も数個存在しているばあいに、その犯罪を数罪として扱うわけですが、四五条以下に規定されています。四五条は、併合罪の定義規定であり、「確定裁判を経ていない禁固以上の罪を併合罪とする。ある罪について禁固以上の刑に処する確定裁判があったときは、その罪とその裁判が確定する前に犯した罪とに限り、併合罪とする」と規定しています。併合罪については加重規定があります。七二条で加重減軽の順序があって、この順序で刑の加重減軽がなされます。併合罪の刑を加重するばあい、四七条の併合罪のうち、二個以上の罪について「有期の懲役または禁固に処するとき、その最も重い罪について定めた刑の長期にその二分の一を加えたものを長期とする」とされます。つまり、長期が一・五倍されるわけです。「ただし、それぞれの罪について定めた刑の長期の合計を超えることはできない」とされており、長期の一・五倍が長期を足してその合計を超えたばあいは、長期の合計が限度とされます。一・五倍するけれどもそれが全部の合計よりも多くなってはいけないわけです。外国の法制においては、併合罪のばあい、全部の法定刑を単純に足していくのもあり、長期が五〇〇年とか六〇〇年になる事態も生じます。日本では、一・五倍までという限度があり、極端に長期間になることはありません。

科刑上一罪は、前に述べましたように、本来ならば数罪になるべきものが、刑を科する段階で一罪として扱うばあいです。したがって、一罪は、本来的一罪と科刑上一罪を含むことになります。科刑上一罪について五四条の前段は「一個の行為が二個以上の罪名に触れる場合」である**観念的競合**を規定し、同条の後段は「犯罪の手段若しくは結果である行為が他の罪名に触れるときは、その最も重い刑により処断する」として**牽連犯**を規定しています。

観念的競合における行為は一個です。結果にあたる部分、つまり、法益侵害の結果が数個にわたるばあい、ほんらいならば数罪が成立するはずですが、行為が「一個」であることを重視して、これを「一個の犯罪」として扱うのです。たとえば、Aが殺意をもってBとCをねらってピストルを撃って、BとCを死亡させたばあい、ピストルを撃つという一個の行為で、BとCの二人を死亡させており、生命については法益主体の被害者ごとに罪質評価をすべきですから、Bに対する殺人罪とCに対する殺人罪とが成立することになります。しかし、行為は一個なのでそのばあいには、一個の行為で二個の罪名に触れたとして刑を科すにあたっては一罪として処罰することになります。そのばあいには、最も重く規定された法定刑で処罰することになります。

牽連犯は、手段・結果の関係がみとめられるばあいに科刑上一罪とされるものです。その典型例は、住居侵入・窃盗です。つまり、住居侵入を手段として窃盗行為をおこなうばあいです。このばあい、住居侵入罪も窃盗罪も成立し、ほんらいならば併合罪となるはずです。しかし、このばあいには、住居侵入行為が窃盗行為の手段としておこなわれていることが重視され、両者を「一体として」扱い、刑を科するにあたっては、一罪一罰で、住居侵入もセットにして一罪として扱うわけです。窃盗罪の法定刑は住居侵入罪の法定刑よりも重いですから、窃盗罪の刑で処罰されることになるわけです。

第2講　生命に対する罪

1　犯罪類型

前講において説明されたことを前提に、**生命および身体を害する罪**を検討します。憲法の「個人の尊厳」を尊重するという基本的な立場に立ちますと、人格の根本を成している生命、身体については、非常に強力な保護が必要であると言えます。生命・身体の侵害行為に対してかなり重い法定刑を科することによって、そのことが示されています。

生命が保護の対象として、最も重要な法益として捉えられていますが、同じ生命を侵害するばあいであっても、さらに、**行為態様**、つまり、その侵害の態様・方法が重要な意味をもちます。これは、違法性の本質に関する行為無価値論・結果無価値論に関連しますが、通説・判例の立場である**二元的人的不法論**の立場では、行為の態様、つまり、どういう意思のもとでどういうやり方で法益侵害を実現したか、も重要な意味をもつのです。行為の態様とは、行為の方法、やり方を意味します。生命を奪うというばあい、その奪い方、侵害行為のやり方には違いがあります。同じく生命を奪うばあいであっても、刑法上、一九九条の**殺人罪**、二〇五条の**傷害致死罪**、二一〇条の**過失致死罪**によって扱いがかなり違うわけです。殺人と傷害致死と過失致死は常識的には区別できるはずなのですが、これを専門的な観点からどのように区別し、どのように説明するのかということになりますと、かなり難しくなるのです。

一九九条は「人を殺した者は……」となっており、「人を殺す」ことが、構成要件的行為です。人を「殺す」とは、他人の生命を奪うこと、その人を「死亡させる」ことにほかなりません。傷害致死のばあいも、死亡に至らせるという点で、過失致死のばあいも過失で死亡に至らせるという点では、殺人と共通性をもっています。「殺す」とは故意をもって死亡させることを意味しますから、構成要件的結果としての死亡の結果を「意図的に実現する」ことになります。殺人罪の故意は**殺意**といわれます。殺意があったかなかったかで一九九条と二〇五条、二一〇条の差が示されるのです。殺意があったかどうかが重要な分かれ目となります。意図的に人の死亡させるわけですから、これは非常に悪質であり、法定刑も重くなっています。

最近、鉄道の駅のホームでトラブルとなり喧嘩の結果、被害者が線路上に転落し大怪我を負って、病院に収容されて死亡するという事件がしばしば起こっています。警察ではこのような事件を傷害致死事件として扱います。傷害致死とは、暴行・傷害行為——これを基本行為と言います——によって意図しなかった死亡という結果を生じさせたばあいです。傷害に続いて死亡という結果を惹き起こしたばあい、通常の傷害罪あるいは過失致死罪よりも重い刑が科せられます。死亡について故意があれば殺人罪ですが、故意がないとなれば傷害罪と過失致死罪となるはずですが、二〇五条で**傷害致死罪**として処せられます。死亡について故意がありませんから、殺人罪にはあたりませんが、死亡という重い結果を生じさせている以上、通常の過失致死罪より重く処罰されることになります。二〇五条は、「身体を傷害し、よって人を死亡させた者は、二年以上の有期懲役に処する」と規定しており、法定刑は、二年から十五年までの懲役で非常に重くなっています。法定刑がこのように重くなっているのは、死亡の原因となった基本行為について故意がある点が重要視されているからです。

これに対して二一〇条の過失致死罪は、「過失により人を死亡させた者は、五十万円以下の罰金に処する」とされており、比較的軽い犯罪類型に属します。法定刑は罰金刑だけですから、過失で人を死亡させたとしても、刑務所に入れられるという事態は生じません。罰金を取られるだけで済むわけですので、法定刑はわりあい軽いと言えます。財産刑だけで決着がつくわけです。故意がないため、法定刑が軽くなっているのです。

結果的加重犯については、後で「傷害罪は暴行罪の結果的加重犯かどうか」という観点から、もっと詳しく説明します。「傷害罪の故意」の問題についてもあとで詳しく説明することにします。ここでは、このように異なる態様によって同じ法益を侵害したばあいであっても、つまり、結果的には同じく死亡をもたらしたばあいであっても、行為の態様が、故意によるか過失によるかによって法定刑の差が設けられていることを説明するにとどめておきます。**行為態様**による差は、財産犯については多く見られます。つまり、同じく財物に対する罪であっても窃盗罪や横領罪などで差が生じます。このように、刑法各論において行為態様は非常に大きな意味をもっています。

②　人の意義

人間は、生物体・生命体です。生命体は、受精以来、死亡するまで個体変化をして、最後には細胞の活動が終わって死亡してしまうものであり、「時間の流れ」のなかにある存在です。ここで時間が問題となります。いったい時間とは何なのかは、哲学の問題です。わたくし達の共通認識としては、「時間は回っている」という把握があります。昔から春夏秋冬と同じように、人間の生命も回っていくという捉え方があります。エト(干支)が一回りすると還暦となり、また元にもどるという思想です。生命はぐるぐるまわっていて、そのなかにいるという捉え方です。これに対してユダヤ教やキリスト教等の世界では、時間はただ一直線に続いていくというイメージがあります。未来永劫に向かって進んでいき、最後に現れるのが終末です。こういう思想で時間を捉えています。どういう思想をもつべきかは法律の枠をこえた哲学の問題です。法律学は、そこまで遡って議論することはできません。「法律は万能である」と法律を学ぶ人は思いがちですが、けっしてそうではありません。法律は一定の現象を上側だけを規制するのです。根本については規制できないという限界の意識をつねにもっておく必要があります。限界はない、法律は万能だ、という思いにとらわれてしまいますと、何ごとについてもすぐに法律を振りかざすことになります。法律の限界を、わきまえておく方がよいとおもいます。

ここでは、時の流れとして時間という言葉を使いますが、間というのはもともとは空間的な観念であって時間の入る余地はないはずなのです。しかし、比喩的に時の間隔として時間という考え方のなかで人間の存在が取り込まれているという要素があります。いろいろな捉え方がありますが、ここで言っていますのは、受精から死亡するまでの間という流れとしての時間を考えることです。

「人」がいつから始まるのかが問われます。時間の問題を考えるとき、必ずその「始期」の問題が出てきます。いつから人と言えるのか、ということです。いつそれが人でなくなるのかが「終期」の問題です。**人の始期**は出生といわれますが、いつから出生と言えるのかが問題です。**人の終期**は死亡時期にほかなりません。

今、人の始期と終期について話しましたが、「時間」が問題になるとき、必ずこの問題が出てきます。たとえば、民法に時効についての規定がありますが、いつから権利が生じ、いつから権利が消滅するのかが問題となります。そうしますと、時間の分析をとおして、みなさんは即、「いつからか」、「いつまでか」を考えることができます。時間は分析道具の一つであり、**分析道具**があると**法律的な分析**がいつでもできることになります。分析道具が多ければ多いほど、きめの細かなすぐれた分析がなされ得るのです。使える道具をたくさんもっていますと、それだけ有利になります。時間という観点からこういう捉え方ができますが、これは時間に関するすべての論点に使えますから、まさに「一を聞いて十を知る」という論理的な分析が可能となります。このような分析というものの在り方を、ここで学んでください。

なぜ始期を問題にするかと言いますと、刑法では受精してから人となる前に、「**胎児**」の期間があるからです。胎児と人の限界線を明確にする必要があるのです。死んでしまうと生きていた人から「死体」に変わりますが、死体に対しては刑法は、死体損壊罪などの規定を設けています。このように、生体と死体とを分けることには意義があるのです。

(1)　人の始期

人間として扱われる時期に関する学説の中で、一番早いのが陣痛説です。陣痛を感じた段階では刑法上の人とは言えないと考えるのが、一般的な法意識だとおもいます。「胎児」という別個の対象がありますから、なおさらです。続いて一部露出説、全部露出説、独立呼吸説があり、そこにはかなり幅が見られます。これは、時間の問題でもあり、いつから人間として評価するかにかかっていますので、学説によって差が生ずるのは当然です。この点についてわが国の判例・通説は、**一部露出説**を採っています。民法においては全部露出説が、判例・通説です。すなわち、民法上は胎児が母体から全部露出したときに人となると解されますが、刑法では一部露出説が優勢なのです。

なぜ母体から一部露出した段階で、刑法上、独立の人として扱うことができるのでしょうか。殺人罪や傷害の罪などにおいては、生命・身体を有する者として、母親とは別個独立に生命・身体を侵害することができるかどうか、にかかっています。胎児のばあい、胎児に何らかの形で害を与えると母体に影響が及ぶのですが、人のばあい、母体とは別個に独立した者としていつから保護の客体となり得るか、が問題となります。したがって、このばあいは、生命・身体に対する侵害がおこなわれ得る状態になったかどうかを議論することになります。

これに対して民法では、権利・義務の主体となる時期、つまり「権利能力」の取得時期の問題ですから、身体的な有形的な侵害の可能性の有無ではなくて、母親とは別個独立の法主体としてみとめることができるかどうか、が重要なのです。その観点からは、少なくても母親から完全に独立した存在に達していなければならないことになります。したがって、全部露出説が妥当とされるわけです。

もっとも、最近では、刑法上の通説に対して、民法と同じように全部露出説の方がよいという批判が有力になってきています。これは、できるだけ処罰の範囲を限定する観点から主張されている見解です。しかし、生命・身体の保護の観点からは、母親とは別個独立に侵害の対象となり得る状況であれば、保護の対象とすべきであると考えられますので、一部露出説の合理性は今なお失われていません。

(2) 人の終期

人の終期は、**死期（死亡時期）**の問題です。これは、**臓器移植**との関連で、非常に大きな論議をよんでいます。従来はさほど問題はなかったのですが、医学の発達にともない生命維持装置が普及するようになったため、重大な問題となってきたのです。生命維持装置を使えば、機械の補助を受けて心臓などを動かすことができます。つまり、ポンプとしての心臓を動かすことを通して生命体そのものを維持できる事態が生じています。そこで、死亡時期が争われるわけです。

従来の通説的な見解は、**三徴候説**です。この説によりますと、①心臓の終止、②肺呼吸器の終止、③瞳孔反応の消失という三つの徴候が確認された時に、その者は死亡したと判定されます。三つの徴候によって死の判断がなされますから、この見解は三徴候説と称されます。

生命維持装置との関連で、最近は**脳死状態**という現象が数多く生じています。特にひんぱんに生じている事態は、交通事故で重体となり、脳波が壊滅状態であっても人工呼吸器を使って心臓にポンプで血液を送って、体は生きたままの状態が維持されているという状況です。脳死状態の時に、死んだものとして扱うべきかどうか、が問題となります。これは、臓器移植と関連づけて議論されるところに問題があります。つまり、脳死状態にある者の心臓を、他の心臓疾患に罹っている人の心臓と移しかえる手術をおこなう前提として、脳死状態にある者は死者であるという条件が満たされていなければ、心臓移植は殺人行為になってしまいます。生命維持装置で酸素を送り込んで動いている心臓を取り出すわけですから、その手術を殺人行為と解する立場も有力です。しかし、はたしてこれを殺人行為として扱ってよいのかという疑問を呈する立場にも相当の理由があります。と言いますのも、もう一方の生命体を救おうとしているばあい、生きる可能性のまったくない状態の者をなお生きている者として扱う必要があるのかという疑問があるからです。

臓器移植をする側の立場からは、提供される心臓はできるだけ新鮮な方がよいと言えます。その観点からは、脳死状態にある人の心臓が臓器移植にはもっとも適していることになりますから、できるだけ早くその心臓が欲しいという面があります。脳外科医の立場からは、人の死亡時期は**脳死**の時でよいという意見が有力に主張されることになります。

人の死は、「生物体」としての終期を意味すると同時に、従来の社会慣行・社会風俗あるいは倫理観を基礎とする「社会的な」死亡も意味しますから、いちがいに功利主義的観点からだけで判断することはできません。三徴候説が、従来の医学界の定説であり、わたくし達の常識に適合した見解だったのです。わたくし達が終期と言うばあい、呼吸が止まり、心臓が止まり、瞳孔反応がなくなった状態を意味します。瞳孔反応について言いますと、生きているときには必ず光に反応を示します。まばたきをしたり、目の前に何かがくると目を閉じようとしたりするのです。光が強いばあいには必ず閉じようとするのです。そこで、瞳孔が反応しなくなると死亡という判断がなされます。これらの三つの徴候が生じてパタッと死んでしまうのではなくて、脳のなかに酸素が送られて酸素があるかぎりは、脳は部分的には生きているそうです。三徴候があってもなお酸素が脳に残っている間は、意識は少し残っていて、だんだん酸素が入っていかなくなると、意識が消えてゆき完全に死亡するとのことです。ちょうどフェイドアウトと同じような状況らしいです。脳死状態では機械によって臓器を動かしていますから、脳にも酸素が送られ、脳は部分的には生きている状況にあるわけです。ともあれ刑法学上、じゅうらい、死亡時期は脳死ではなくて、三徴候が確認された時とされてきたのです。

脳死は、医学界で確立した判定基準によって確定されているとはかぎりません。臓器移植のためには、早い時期に脳死状態をみとめたいという衝動もないではないと言えます。昨今、脳死者の臓器を斡旋して対価を得ようとする者さえ現われていますから、ほんらい生きている人をも脳死者と判定して、心臓を取り出すおそれがまったく無いとは言えないとの危惧もあります。脳死の判定基準が明確化され、国民の大多数がそれに同意するようになれば、その時点で脳死を人の死亡時期とみとめてもよいとおもいます。しかし、少なくとも現時点では、医学界の共通項をまだ見いだしていないと考えられますから、じゅうらいどおりの三徴候説にしたがって、人の終期を考えるべきだとおもいます。しかし、読者の中には**脳死説**が妥当であると考える方もいるかも知れません。このように人の死亡時期が問題となっているのです。

③ 殺人の罪

(1) 殺人行為の意義

まず、「**殺人行為**」について説明します。

殺人罪は、殺人の故意をもって他人の生命を奪う犯罪ですが、「殺人行為」と言えるためには、生命の剝奪が自然死に一分でも二分でも先立っていればよいのです。本来の「**自然死**」状態よりも先に死亡の結果を人為的に発生させれば、これは殺人行為となります。かりに五分後に死亡することが、医学上、明らかであることが分かっている

第2講　生命に対する罪

人を、その自然死前に死亡させれば、殺人行為がおこなわれたか、つまり、死期を早めたかどうかが重要な点です。殺人罪に関して、自然死よりも先におこなわれたか、つまり、死期を早める殺人行為の違法性阻却または責任阻却の肯否を問題にするものです。刑法総論でも**安楽死**や**尊厳死**が議論されますが、これは構成要件に該当する殺人行為についての制限は一切ありません。外国の刑法においては、嬰児殺といって、子供を生んだ母親が自分の子供を殺害する犯罪類型を規定して、軽く処罰する立法例があります。また第一級殺人と第二級殺人、つまりマーダーとマンスローターとを区別する英米法系の立法例や謀殺と故殺を区別する立法例もあります。わが国の旧刑法も、種々の殺人罪を規定していましたが、現行法はすべてを包括する「人を殺した者は」という形で規定しており、種々の形態の殺人行為に対応するために法定刑の幅を広げています。

(2) 殺人行為の原則形態

殺人行為は、作為でもよいし、不作為でもよいのです。

通常の形態を考えてみますと、基本形態、基本ケースを先につかみ、そして、どの部分についてどのような必要性に基づいて変化・バリエーションが加わるのか、について考えるという形で勉強する方法が合理的です。つまり、基本が何かをまず考え、そして、どの部分に関して、どういう差が出てくるのか、にポイントを合わせるのです。国家試験をはじめ各種の試験において問われているのは、基本と修正との関係をどのように理解するのか、ということですから、基本形をおさえることが大事なのです。通例の教科書では、問題点をできるだけ網羅しようとしていますので、当然の前提となる事項は抜けてしまいます。基本的には判例・通説がどうなっているかをつかみ、そのうえで、どういう立場に立つべきかを決めなければなりません。刑法各論を学ぶばあいに大事なことは、犯罪類型をどういう形で把握して、具体的な問題状況に臨んでどのように処理するのか、という方法論をつかむことです。

殺人行為は、作為でもよいし、不作為でもよいのです。通常の形態を考えてみますと、基本形態として「**直接正犯**」として「**作為**」でおこなうのが基本的なパターンです。まず、ものご殺人行為の基本形態は、一般に想像されるように、人をピストルで撃ったり、ナイフや包丁で刺したり、棒でなぐったり、毒物を使ったりして殺す態様です。しかも、これは、「単独正犯」の形態で「作為」によっておこなわれることが多いわけです。故意にはいくつかの種類がありますが、「確定的故意」によるのが一般的です。したがって、「確定的故意をもって直接正犯の形態で作為で殺す」というのが殺人行為の基本形となります。

(3) 間接正犯形態

「直接正犯」かどうかの問題は、裏返せば**間接正犯**とは違うということです。一九九条の条文は、「人を殺した」としか書いていませんので、直接正犯に限定されません。間接正犯の形態も、当然、あり得るのです。「正犯」である以上、基本形として、間接正犯を省くことはできません。正犯の通常の形態は直接正犯ですが、これは、当然、間接正犯も含むのです。もしこれが含まれないとすれば、その根拠が必要となります。間接正犯の形態を許さない犯罪類型が明らかにされなければなりません。これは**自手犯**の問題です。間接正犯形態ではなくて自らの手でおこなってはじめて、その犯罪が遂行できる犯罪類型を自手犯と言います。殺人罪は、自手犯としての特徴をもつ犯罪ではありませんから、間接正犯形態がみとめられるのです。

間接正犯は、他人を「道具として」使って犯罪を実現する遂行形態を意味します。人間を道具として使いますから、問題が生ずるのです。物を使えば「直接」正犯です。直接、物を使って行為をおこなう者は、行為者本人ですから、「直接」正犯性は明白です。これに対して、他人を使うばあいに問題が生ずるのは、「他人を利用する」点で教唆犯が成立する可能性があるからにほかなりません。

間接正犯がなぜ正犯と言えるのかについては議論があります。つまり、他人を道具として使うという「道具性」を理論的にどのように基礎づけるかが重要な問題となるのです。この点についての判例を見てみましょう。

最高裁の昭和二七年二月二二日の判例は、「被害者が通常の意思能力がなく、自殺のなんたるかを理解せず、しかも被告人の命ずることにはなんでも服従するのを利用して、縊首《いしゅ》（首つりのことです―注）の方法を教え縊首《いしゅ》させて死亡にいたらしめた場合には、殺人罪にあたる」旨を判示しています（刑集六巻二号二七五頁）。本件の被害者は、意思能力、つまり理解能力が欠けており、しかも被告人の言うことは何でもきくという関係にあります。こういう関係を利用して、その人物に対して「首をくくって死んでもしばらくすればまた生き返る。だから首をくくっても大丈夫だよ」というようなことを言って、直接、手を下すことなく、言われるままに被害者が首をくくって死亡したというケースです。このばあい、加害者、つまり行為者は、直接、手を下しているわけではなくて、あくまでも被害者が首をくくるように仕向けて、それを利用して死亡させているのです。通常のばあいであれば、これは**自殺の教唆**です。自分自身で首をくくることは、自分自ら命を絶つことを意味しますから、自殺の形態をとっています。ところが、本件では、被害者は死ぬことの意味をよく理解しておらず、再び生き返ると信じているのであり、自分がそのような行為によって死んでしまうことをまったく理解していないのです。そうしますと、これは自殺とは言えません。なぜならば、自殺は自らの命を絶つことを十分に理解したうえで自ら命を絶つことを意味するからです。被害者は自殺が何であるかをまったく分かっていませんから、法的な観点から見ますと、自殺にはならないわけです。行為者から言われたとおりに行動する被害者は、行為者の側から見ますと、殺害のための単なる道具にすぎません。他人を使っているため、自殺の教唆のように見えますが、実質的には道具としてその人を使って殺していることになります。こういうケースは、被害者を道具として使って、その人を死亡させる殺人の間接正犯にほかなりません。直接、手を下しているわけではありませんが、自殺の教唆でもなく、単なる道具にすぎないという観点からしますと、殺人行為にあたるのは当然です。

もう一つのケースは、「厳寒の深夜、酩酊し、かつ暴行をうけて衰弱している被害者を、河川堤防つまり、川の堤防に連行し、未必の殺意をもってその上着、ズボンを脱がせたうえ、脅迫的言動を用いて護岸際まで追いつめ、逃げ場を失った被害者を川に転落させるのやむなきに至らせ、溺死させた行為は殺人罪にあたる」旨を判示した判例です（最決昭五九年三月二七日刑集三八巻五号二〇六四頁）。その事案は次のとおりです。雪まじりの二月の寒い深夜に、何人かで被害者に対して暴行を加えるなどして、江戸川の河岸まで追いつめて行って、被害者としては川に飛び込む以外に逃げ場がなかったというケースです。しかも、竿などで叩いて、河岸に近寄らせないようにしているのです。直接、川に落としたわけではありません。直接、川に落として溺死させたのであれば、直接正犯です。ところが、このケースでは、被害者自身が飛び込んでいますので、外形上は自殺行為を誘導しているにすぎないように見えます。しかし、被害者は行為者に対して立ち向かうほどの体力はなく、衰弱していたため、川に飛び込む以外に逃れることができなかったのです。これは、理論的には、強制下における被害者の行為を利用しておこなう間接正犯にあたります。強制に基づいて影響する状況をこしらえたため、それ以外に方法がありませんので、そうせざるを得ないという観点からは、被害者の行為は「道具」にすぎないことになります。このケースにおいて自分の自由な意思決定ができない点で、**強制下の行為を利用した間接正犯**と言えますから、殺人罪の成立をみとめるのは、理論的にも妥当であると考えられます。

(4) 心中・偽装心中と殺人罪・自殺関与罪

間接正犯との関連で、共犯の問題、つまり、**自殺幇助罪**なのか間接正犯なのかという限界の問題が生じます。それが**偽装心中**です。心中の形態には、**無理心中**と偽装心中があります。無理心中は、間違いなく殺人罪にあたります。これは、相手がいやがっているにもかかわらず、「一緒に死のう」と言って強制的に相手を死亡させるわけですから、真の意味における心中とは言えず、殺人行為そのものにほかなりません。

これに対して通常の心中は、「お互いに一緒に死にましょう」ということで死んでいくわけですが、二人とも死んだばあい、刑法上、まったく処罰の問題は出てきません。かつて西洋ではキリスト教の影響のもとで、自殺は、神に対する大きな罪になりますから、宗教上の犯罪として禁止されていました。つまり、自殺者は、正式な埋葬が禁止されるという形で宗教上の制裁が加えられていたのです。ハムレットのオフィーリアがそうです。長い間、宗教上の制裁が続いていたのですが、現在では自殺は刑法上は犯罪ではないとされています。自殺行為は、わが国でも刑法上は、犯罪行為ではありません。自殺そのものは犯罪ではありませんが、自殺にかかわりますと処罰されることになります。

これが二〇二条の**自殺関与罪**です。「人を教唆し若しくは幇助して自殺させた」り「人をその嘱託を受け若しくはその承諾を得て殺した」りすると処罰されるのです。

自殺それ自体は処罰されませんが、他人に自殺を教唆したり、幇助したりしますと、その人は処罰されます。ここで教唆・幇助という言葉を使っていますが、これは通常の狭義の「共犯」とは違います。なぜならば、正犯行為が処罰の対象になっていないからです。これは刑法総論に相当するのは自殺行為ですが、しかし、自殺それ自体は処罰されず、自殺の教唆または幇助が処罰されるのです。正犯のない狭義の共犯ではありません。自殺それ自体は処罰されず、自殺の教唆または幇助が処罰されるのです。正犯のない行為については教唆・幇助はあり得ないというのが、通説・判例の立場ですから、これは刑法総論における共犯ではないわけです。

後のばあいは**同意殺人、嘱託殺人**といわれます。

心中は江戸時代に禁止されたことがあり、浄瑠璃などでいわゆる「心中物」として美化された歴史があります。自殺は犯罪ではありませんので、心中ももともと犯罪行為ではないと考えられがちですが、事実はそうではないです。「この世では一緒になれないからあの世で一緒になろう」と約束して、お互いに命を絶つのが心中です。二人とも死んでしまえば、それで一つの物語は終わってしまって、片一方が死んでしまうというばあいに生じます。死んだ方は刑法上は問題がありません。問題は、片一方が生き残って、片一方が死んでしまうというばあいに生じます。死んだ方は刑法上は問題がないのですが、生き残った者に対しては処罰があります。二〇二条により、心中は死ぬことについての関与行為ですから、幇助か教唆のいずれかで処罰されることになります。そそのかして心中を決意させれば教唆で、自殺を手助けすれば自殺の幇助ということになります。

次に問題になりますのが、**偽装心中**です。これはどういう形態かと言いますと、たとえば、Aは、一緒に死ぬ気はないのにもかかわらず、Bに対して「先に薬を飲みなさい、僕も必ず飲むから。それであの世で一緒になろうじゃないか」などと言って、言葉巧みにBをだまして自ら薬を飲むように仕向けてBを死亡させたようなばあいです。Aは死ぬ気はありませんから、形だけ心中をするふりをして薬は飲まなかったのですが、後を追ってAも死ぬものと誤信したBが自ら薬を飲んで死亡していますので、AはBに対して自殺を教唆したとも考えられます。形においては教唆的な要素があります。このばあい、**間接正犯としての殺人行為**になるのか、それとも**自殺教唆**として二百二条で処罰されるべきなのか、が議論の対象になります。

これについて**判例**は、追死の意思がないのに、被害者を欺き被告人を追死するものと誤認させて自殺させる行為は、殺人罪にあたると解しています（最判昭三三・一一・二一刑集一二巻一五号三五一九頁）。この判決のケースにおいて、Aは自ら追死する意思がないにもかかわらず、Bをだまして錯誤に陥らせて死亡させています。Bは、Aが追死をしてくれると考えたからこそ、自分も死のうとして薬を飲んでいます。Aは、追死の意思がないにもかかわらず、それがあるように装ってBを欺いていますので、これはBにとって意思決定に関する重大な錯誤になります。そうしますと、前に意思能力のない者について説明したのと同じように、あの世で一緒になるように追死するとおもわせて、錯誤に陥った者を利用して死亡させたことになりますので、間接正犯の形態がみとめられると解する見解が主張されます。これに対して、この錯誤は「動機の錯誤」にすぎず、間接正犯を議論するのではなくて、死ぬことについて「承諾」がありますので、二〇二条にいう「その人の嘱託を受け若しくは承諾を得て殺した」ばあいにあたると解する見解もあります。このばあいの被害者は、判断能力ないし意思能力もあるため、自殺が何であるかを知っていますから、承諾が有効かどうかが、争点となるわけです。

Aが「一緒に死のう」と言ってもちかけ、Bは「そうしましょう」と言って承諾を与えて薬を飲んでいますが、この承諾が一九九条とは別類型としての二〇二条の承諾にあたるかどうかが問題になるのです。これは刑法総論で「**被害者の承諾**」の問題として議論される論点です。被害者の承諾が①構成要件上、まったく無意味なものとされ、法的効果のないもののほかに、②構成要件に変化を生じさせ、派生的構成要件を生じさせるばあいがあります。派生的構成要件を生じさせるばあいの一つとして、二〇二条があります。承諾があることによって一九九条よりも刑が軽くなる嘱託殺人罪、承諾殺人罪、あるいは同意殺人罪（二〇二条）が派生するわけです。つまり、一九九条の法定刑である「死刑若しくは三年以上に懲役」に比べますと、二〇二条の法定刑は「六月以上七年以下の懲役又は禁錮」とされて、軽くなっています。これは特別構成要件として、構成要件が別のものになっているわけです。

そこで、Bの承諾が刑法上、二〇二条の構成要件に該当し得る承諾であるかどうかが、問題になります。この点について**判例**は、このような重大な錯誤にもとづく承諾は二〇二条が要求する承諾にはあたらないから、二〇二条の構成要件該当性が否定され、原則どおり一一九条で処罰すべきであると解しています。**通説**も同様に解しています。

しかし、これには反対説があり、じつはわたくしは反対説を支持しているのです。たしかに、AがBに対して嘘を言って、死亡することの意思決定について重大な錯誤を生じさせていることは否定できません。しかし、この錯誤は、厳密に言いますと「**動機**」についての錯誤なのです。つまり、自分が死ぬことについては、まったく錯誤はなく、自殺する行動に出ることについての動機に関して錯誤に陥っているにすぎないわけです。ここで問題になっていますのは、BとしてはAが追死してくれるから自分は死ぬのだという動機です。「Aが死んでくれるからこそ私も死ぬのであって、Aが死ななければ自分は死なない」ということは、意思決定をするにあたっての単なる動機にすぎません。そのばあいに重要なのは、自分が死ぬことを正確に理解しているかどうかなのです。つまり、自ら命を絶つことを十分に知っていて、それに同意すれば、これは同意殺人ではないのかが問題となるわけです。

たしかに、動機については錯誤があります。しかし、刑法はそれを問題にすべきなのでしょうか。本人がどういう動機に基づいて一定の行為をおこなったのかどうかは、犯罪の成否を決めるにあたっては問題にすべきではないと考えられます。行為それ自体の意味を知っていてその行為をしたことに重要性を与えるべきなのです。この観点からは、動機形成それ自体を刑法では問題にする必要はないことになります。自らの命を絶つ結果になることを十分に理解して、それについて同意を与えていれば、それだけでその人が同意に基づいて殺されたという評価を加えても、けっして不都合は生じません。意思決定の自由にとっては、刑法的に意味をもち得る点について重大な錯誤があったかどうかが問題となります。

前にあげた意思能力のない被害者のケースにおいては、死ぬことの意味がまったく分からなかったからこそ、死に対する同意の外観はありますが、それは本来の同意にあたらないとされたのです。そのケースとの対比で言いますと、偽装心中におけるBは、薬を飲めば死ぬということを十分に知っており、知ったうえでその行動に出ているのです。そうだとすれば、Aに対して同意を与えたこととして扱うのに何ら不都合はないはずです。この立場からは、Aは二〇二条で処罰されるべきことになるのです。

判例・通説が言っていることも分からないではありません。偽装心中を許してはおけないことは、十分に理解できます。道義的に見て卑劣な人を野放しにしてはいけないことは分かるのですが、これは二〇二条で処罰できるのです。このばあい、殺人罪の刑で処罰するまでもありません。なぜならば、Bは死ぬことの意味を知っていて死んでいる以上、二〇二条により処罰しても当罰性の観点からも、不当ではないからにほかなりません。

(5) ひき逃げと殺人罪・遺棄罪

不作為と未必の故意がからんだ問題として、「**ひき逃げ**」があります。「ひき逃げ」という言葉は、法律用語ではなくて一般的な言葉です。ひき逃げに対して、どういう罪責を追及すべきかが刑法上の問題ですから、この観点から検討しましょう。

まず、ひき逃げの形態として、①**単純なひき逃げ**から見ていくことにします。人を車でひいたりはねたりした後、行為者が被害者をそのまま放置すれば死ぬかも知れないにもかかわらず、逃げてしまうばあいが「単純なひき逃げ」です。最近はこのようなひき逃げのケースがマスコミでよく報道されています。特別な地位にある者がひき逃げしたばあい、ニュースバリューが高くなって報道されることが多くなります。たとえば、学校の先生、国会議員、市会議員などについて大きく報道されます。単純なひき逃げのばあいには、死亡したときに初めてひき逃げ事件として捜索中であるというような形で報道がなされるわけです。人をはねてしまって気が動転して、自分の犯行がばれてしまうと、自分の人生がすべて台無しになってしまうというので、その場から逃げてしまうのは、人間の心理としてはよく分かります。このような心理状態に追い込まれますと、人間は弱いものですから、その場から逃げてしまう行為に出ることがあるわけですが、これが刑法的にみて許されるかどうかは別問題です。

単純なひき逃げのばあい、道交法上、救助義務が生じますので、それを履行していないという問題が生じますが、刑法上は、車ではねた時点で**業務上過失致傷罪**が成立し、その後、道交法上の**救助義務違反の罪**が成立するのです。刑法上の問題としては、その場から逃げてしまうのは、保護すべき者を保護しなかったことになりますので、二一八条・二一九条の**保護責任者遺棄致死罪**が問題となります。さらに、ひいて重傷を負わせ、そのまま放置しておくと出血多量で死んでしまうことを認識していながら、死んでもかまわないとして逃げたばあいには、未必の殺意がありますから、**殺人罪**の成否が問題となります。

このように、殺人罪なのか遺棄致死罪なのかが刑法各論の解釈論の問題として生ずるわけです。つまり、放置したまま逃げることは、不作為であり、しかも未必の故意がありますので、殺人罪が成立するかどうかという限界線の問題があります。

「単純なひき逃げ」を見てきましたが、これが「単純な」ひき逃げと称されるのは、「移置」を伴う「ひき逃げ」があるからです。「**移置を伴うひき逃げ**」は、被害者が重傷を負っていること、移置行為がここで不作為犯の問題として重要な意味をもってきます。逃げることに違いはありませんが、これが「単純な」ひき逃げと称されるのは、「移置」を伴う「ひき逃げ」があるからです。「**移置を伴うひき逃げ**」は、被害者が重傷を負っていること、移置行為がここで不作為犯の問題として重要な意味をもってきます。たとえば、車ではねたので病院に連れて行こうとして、いったん自分の車に引き入れてその場から離れて別の場所で捨てるという事態です。いったん車に入れてその場から離れて別の場所で捨てるという事態です。そしてそのまま放置すれば死ぬことを知っていて、自分が運転している車のなかに引き入れて病院に連れて行くと自分の身元がばれてしまうので、車から降ろして逃げ去るといようなケースがこれにあたります。このばあい、単純なひき逃げとは質的な差があるとすれば、どの点が差になるのかが問題です。

単純なひき逃げについて殺人罪の成立をみとめなければ、このばあいにも当然みとめられます。つまり、単純なひき逃げのばあいですら殺人罪が成立するとすれば、いったん車に入れた後に、放り出して死亡させたとしても、ひき逃げとしては差はありませんので、殺人罪が成立することは問題ないことになります。しかし、単純なひき逃げのばあいには殺人罪は成立しないが、このばあいには殺人罪が成立し得ると解する見解が主張されています。じつはわたくしは、この見解を支持しているのです。それでは、なぜ移置を伴うことによって質的な差が生ずるのでしょうか。

単純なひき逃げのばあい、業務上過失傷害行為が先行行為となり、道交法で救護義務がありますから、その救護義務が作為義務を構成する立場があります。これは、先行行為に基づいて被害者を救助すべき義務があると解する立場があります。故意に基づく作為義務違反の結果として死亡している以上、殺人罪が成立するとする見解です。しかし、この見解は、学説としては少数説です。これが少数説にとどまっている理由は、単純なひき逃げ行為についてまで殺人罪の罪責を負わせるのは、わたくし達の法感情にそぐわないこと、つまり積極的に人を殺したと評価するには、あまりにも罪情の程度が低すぎることに求められます。すなわち、殺人行為としての「実行行為性」が否定されるべきであると考えられるわけです。ひき逃げしたとはいえ、道交法違反の点を評価すれば足り、刑法上は、業務上過失致死罪にとどまり、殺人罪までいくのは行き過ぎではないかとの配慮があります。直接的には前面に出てきませんが、実際上、裁判官、検察官や弁護士などの実務家の解釈の基礎には、こういう配慮があるのです。

ここで知っておいてほしいことは、**法の解釈**が一つの実践であり、そこには政策な判断があるということです。法の解釈にはつねに**実践性**がありますので、実践性のない法律学を学ぶのは、死んだ法律を学んでいるにすぎないことになります。わたくし達は、解釈という形で、どういうばあいに処罰し、どういうばあいはこうすべきでないのかを明確に議論するわけです。法の解釈が実践性をもっていると言えるのは、こういうばあいに処罰すべきであることを強調しますので、政策的テーマに必ず結び付いているからです。しかし、結び付いていることだけを前面に押し出すのは、解釈論としては不十分です。解釈論には「解釈」のルールがあります。これについて共通項があるからこそ、一般の納得が得られるのです。その**解釈論のルール**に則っているかぎり、そのルールを承認している人々にとっては有効です。法廷の場で解釈論を展開するのは、相手もその解釈の理論構成をみとめたうえで争うことを意味します。それが有効性をもっているという前提で議論するわけです。それをまったくみとめませんと、そこでは議論が成り立たなくなります。これは法律学の枠を越えているのです。あくまでも解釈論のルールに則って、解釈論として成り立つかどうかという観点から決着をつけることになります。

もっとも、これはあくまでも解釈論の次元で妥当するのであって、立法の段階ではちがいます。立法の段階では、もっと高度な政策決定が必要です。

さて、本論にもどりましょう。先ほど見ました見解は、作為義務の基礎として先行行為である過失致傷行為をあげますけれども、これは業務上過失致死罪の問題なのであり、道路交通法の違反の点も、直接、作為義務を基礎づけるものではありません。なぜならば、道路交通法が要求しているのは、あくまでも道路秩序の維持であり、道路交通の安全を維持するためにみとめられた義務の違反に刑罰を科しているからです。これは、あくまでも行政法規の観点からの義務であって、それが、ただちに一九九条の予定しているような作為義務を生じさせる程度のものではありません。それは道路交通法上の義務にすぎず、その違反が処罰の対象となるのです。刑法上、一九九条が予定しているような「人を殺す行為」としての不作為を基礎づける義務違反は、もっと高度なものでなければなりません。つまり、作為と同価値性を有するほどの不作為でなければならないのです。**作為との同価値性**を問題にしますと、たんに放置して逃げただけでは足りないわけです。

どういうばあいに作為との同価値性がみとめられるのでしょうか。この観点から意味をもつのが、**移置行為**です。被害者をいったん自分の車の中に引き入れたことによって、他人が救助する可能性を排除したことになります。つまり、移置によって、「**結果発生の支配領域**」を設定しているのです。道端にそのまま放っておけば救出される可能性は大きいのですが、自分の車への引き入れによって、他人が関与できなくなったことになります。負傷者をその車に引き入れた者が、何ら救護をしなかったばあいには、被害者の首を絞めて殺す作為と同じ価値を有する不作為をおこなったことになるのです。被害者の生命に関して、徹底的な「支配力」をそこで取得したことになりますから、そのような支配状況を利用して、救護をしないで死亡の結果を引き起こしたばあいには、直接、首を絞めて殺したのと同じ評価を受けます。**支配関係**を設定したばあいには、いわば「生殺与奪の権」を得たことになるわけです。生かすも殺すもその人次第という決定的な支配関係を設定した以上、作為による結果の惹起と同じ評価を受け得ることになります。その人が被害者を保護して命を守るべきである立場に立っているにもかかわらず、救護しないという不作為によって死亡させたのですから、このばあいには殺人罪が成立し得ることになります。

これに対して単なひき逃げ行為はどうなるのかと言いますと、これは保護責任者遺棄罪（二一八条）あるいは二一七条の遺棄致死罪で処罰されることになります（二一九条）。

しかし、こういう考え方をとりますと、次のような欠点が批判されます。遺棄致死罪は、従来の通説的な考え方によれば、**結果的加重犯**です。遺棄の結果として死亡させたばあいに本罪が成立すると解するのが従来の考え方なのです。ところが、単純なひき逃げのばあいは、殺意があれば殺人罪が成立するのに、**結果的加重犯**が成立するというのが従来の考え方です。遺棄の結果として死亡が生ずると解するのが従来の考え方なのです。ところが、単純なひき逃げのばあいは、殺意があれば殺人罪が成立し、殺意があるにもかかわらず、遺棄致死罪を適用することになります。しかし、このばあい、重い結果について故意があるときに結果的加重犯の成立を肯定するのは不当であるとされるのです。わたくし達は、真正面から故意がある結果的加重犯をここでみとめようとしているわけではありません。故意があって殺人行為に達しないような義務違反をおこなったにすぎないから、保護責任者遺棄罪の限度で処罰すべきであると考えるべきなのです。「故意のある結果的加重犯」ではなくて、故意があっても**未必的**ではあるにしても殺意があれば殺人罪が成立し、殺意があるにもかかわらず、遺棄致死罪を適用することになります。

(6) 罪　数

殺人罪の罪数については、**被害者の数**が大きな意味をもちます。生命は一身専属的なものですから、被害者の数だけ犯罪が成立し得るという形で、罪数評価を加える必要があると考えられます。**一身専属的**とは、その人ごとに一罪が成立するという罪数評価していて、ほかの人には帰属することができないことを意味しますから、その人にだけ帰属するのが原則です。ですから、一個の行為で二人を殺したばあいには、観念的競合となって科刑上一罪として扱われます（五四条）。つまり、行為は一個だけれども二個の殺人罪が成立し、刑を科する段階では一罪として扱われることになります。

(7) 尊属殺人罪と憲法論

平成七年の刑法改正で二〇〇条その他の尊属重罰規定が削除されました。これは従来から憲法一四条に違反すると解されてきましたので、削除されたわけです。最高裁の昭和四八年四月四日の大法廷判決は、尊属殺人に対する法定刑があまりにも重すぎるから違憲であるとしています(刑集二七巻三号二六五頁)。しかし、わたくし達は、尊属であることを理由にして重罰を科すること自体が憲法一四条に違反すると解しており、これはこの最高裁の判例の少数意見の中にも見られる見解です。この改正刑法では少数意見と同じ見解に基づいて削除がなされたと言えるわけです。

(8) 殺人予備罪

殺人予備罪は、殺人のための準備行為を意味します。たとえば、凶器や薬物などを準備したりするばあいです。予備については中止犯規定の適用ないし準用があるかないかの問題、予備の共同正犯の肯否という問題がありますが、いずれも刑法総論の体系書のなかで詳しく説明されていますので、読んでみてください。

第３講　傷害の罪

1 傷害の意義

傷害の意義は、**保護法益**をどうのように解するかにかかっています。現在の判例・通説は、「傷害とは**生理的機能**に障害を生じさせることを意味する」と捉えています。保護法益の内容をめぐって「身体の完全性」の侵害なのか「形体の重要な変化」を生じさせることなのかという争いがありますが、「生理的機能」を害する点にこそ、重要な意味があるのです。したがって、身体の「生理的機能」に障害が生じたばあいに処罰の対象になるわけです。もし「身体の完全性」が保護法益であると解しますと、たとえば、極端な話、髪の毛一本を抜いても爪を切っても、「身体の完全性」を害することには違いありませんので傷害となり、そのようなささいな行為まで処罰することとなって不当です。

また、「重要な形体の変更」と解したばあいには、何をもって「重要」と解するかがかなりあいまいになり、妥当ではありません。生理的機能だけを強調しますと、法定刑に関して不都合が生ずるとの疑問が提示されますが、逆に、**暴行罪**として処罰できるものまで傷害罪に包含させるのは不当であると言わなければなりません。生理的機能の障害には軽度のものから重度のものまでありますから、法定刑の幅が非常に広くなっているのです。たとえば、髪の毛を切ったり、眉毛をそったりするのは、重要な形体の変更をもたらしますので傷害罪にあたるとする見解がありますが、これは有形力の行使として捉えて、傷害罪ではなくて暴行罪で処罰することができますから、生理的機能の侵害と解しても、実際上は必ずしも不都合は生じません。

それではどういうばあいに傷害罪が成立するのでしょうか。**外傷**は必ずしも要件とはされていません。通常、外傷を生じさせればそれによって傷害と言えるのですが、これは必要条件ではないのです。したがって、外傷がなくても、たとえば、疲労倦怠《けんたい》を生じさせたり、胸部に疼痛《とうつう》を覚えさせたり、めまいを生じさせたり、吐き気を覚えさせたりする行為も、傷害行為にあたるのです。腫《は》れ上がったり瘤《こぶ》ができたりするばあいでも、外傷の存在を理由に傷害にあたるとされることが多いわけです。

2 傷害の方法と結果的加重犯

傷害の方法については何の限定もありません。暴行を用いて怪我《けが》をさせるのが一般的ですが、それに限定されず、たとえば、薬物を使う方法によって生理的障害を生じさせたばあいも傷害となります。また、たとえば、最高裁の昭和二五年一一月九日の判例（刑集四巻一一号二二三九頁）は、暴行を手段としないにもかかわらず、いわゆる性病にかかっていることを隠して性行為をもって性病をうつしたばあいも、傷害行為にあたるとしています。

構成要件上問題になりますのは、「**傷害罪における故意**」の内容をどのように解するか、です。二〇四条が故意に基づく行為を包含していることは明らかなのですが、問題は、故意による行為に限定すべきかどうかです。

「**傷害の故意**」なくして傷害の結果を惹き起こす事態の代表例は、暴行によるばあいです。**暴行の故意**でもって相手を殴ったりして傷害の結果を惹き起したばあい、「傷害の故意」、つまり、相手の身体に対する生理的機能を害する意図（故意）をもっておこなったときにのみ、二〇四条の傷害罪が成立するという考え方をとりますと、暴行罪が

第3講　傷害の罪

成立することになります。つまり、「暴行の故意」をもって相手を怪我させたばあい、二〇四条の傷害罪で処断することができないわけです。傷害の故意を厳格に要求するこの考え方は純故意犯説といわれます。責任主義の観点から、できるだけ「結果」的加重犯をみとめるべきでないとする立場においては、二〇四条は文言上、傷害の故意を要求する表現となっていますので、故意を必要最小限のものとして捉えるべきことになります。これは、責任主義を徹底する観点からは望ましい見解と言えるでしょう。

暴行の故意で足りると解しますと、暴行罪を基本犯とする傷害罪をみとめる**結果的加重犯説**を採ることになります。結果的加重犯は、「結果」を重視して重く処罰しますので、責任主義の観点からは、できるかぎり結果的加重犯はみとめるべきではないことになります。この見地からは、暴行の故意でもって怪我(け が)をさせたばあいには、怪我(け が)(傷害)については故意がありませんから、過失傷害罪としての過失犯が成立することになるわけです。当初の殴る行為は、暴行の故意でおこなっていますから、暴行罪も成立し、暴行罪と過失傷害罪の観念的競合として扱うべきであるとされます。観念的競合は、五四条により重い方の罪で処罰されますので、暴行罪で処罰することができるといううわけです。

③　暴行罪の結果的加重犯としての傷害罪

純故意犯説は、暴行の故意で傷害の結果を惹き起こしたばあい、暴行罪と過失傷害罪(過失致傷罪)との観念的競合と解し、重い方の暴行罪で処罰できるから、実際上、不都合は生じないと主張します。これに対しては結果的加重犯説から、次のような批判が加えられています。暴行を加えて怪我(け が)をさせたばあいも、暴行を加えて怪我(け が)をさせようがさせまいが、まったく同じ扱いをすることったばあいも、ともに暴行罪で処罰されますから、怪我(け が)をさせようがさせまいが、まったく同じ扱いをすることなってしまいます。重い結果を生じさせたら、重い結果の罪責を問うのは当然のことですから、暴行の故意で重い傷害の結果を生じさせたにもかかわらず、傷害罪の罪責を追及できないのは、**刑の不均衡**を生じさせ不当であると言えます。傷害の結果を生じさせようが生じさせまいが、同じ法定刑で処罰されるのは納得がいかないという批判が加えられます。

たしかに、純故意犯説の立場は、責任主義の観点からは理解できないわけではありませんが、しかし、過失致傷罪と暴行罪の両方が成立すると解することには、**文理上**、無理があります。なぜならば、暴行罪を規定している二〇八条は「暴行を加えた者が人を傷害するに至らなかったとき」に暴行罪が成立する旨を規定しているからです。二〇八条は、暴行行為をして人を傷害しなかったばあいに二〇八条が成立すると規定しているのであり、これは、逆から言いますと、暴行行為を加えて傷害の結果を生じさせたら、もう二〇八条は適用できないことになるのです。ところが、純故意犯説は、暴行行為があって傷害の結果を生じたばあいにも暴行罪が成立すると主張しており、これは明らかに二〇八条の**文理**に反します。むしろ二〇八条と二〇四条を素直に読めば、人を傷害したばあいは二〇四条が適用されますから、暴行行為で人を傷害したばあいは、二〇八条ではなくて二〇四条の罪が成立すると解すべきはずなのです。文理を無視して**刑の均衡**を図るのはおかしいと言えます。傷害罪の結果を生じさせたばあいには、そうでない暴行よりも重く処罰されるのが筋です。傷害の結果が生じているにもかかわらず、暴行の限度で処罰するというのも、刑の均衡という観点から見ますと、明らかに不合理です。傷害の結果を生じさせた者も生じさせなかった者もまったく同様に扱うことによって、刑の不均衡が生じることは、否定できません。

このようにして、二〇四条の文言は、傷害の故意のあるばあいだけでなく、暴行の結果的加重犯のばあいをも包含していることになります。二〇四条と二〇八条の文理からそういうことが明らかになるわけです。このように解することによって、実際上も不都合は生ぜず、妥当な結論が得られます。

4 胎児性致死傷罪

　ここで、**胎児性致死傷罪**の問題を検討しましょう。**人**と**胎児**は明確に限界づけられていることを前に話しました。胎児がまだ母体内にいる間に、一定の薬品などを投与して、母体には何らの影響を及ぼさないで、胎児が奇形をもった人として生まれてきて、それがもとで死亡したばあいに、胎児に対する傷害致死罪の成立をみとめてよいかどうか、が問題となります。これは、もともとドイツのサリドマイド事件に由来する論点です。妊婦がサリドマイドという薬品を飲んだため、奇形児が生れたばあいに、刑法上、薬品会社の人を傷害罪で処罰できるか、という観点から議論されました。わが国では**水俣病事件**で問題となり、現実に裁判において争われたわけです。水俣病事件においては、母親が工場から排出された水銀に汚染された水の影響をうけた魚介類を食べたため、奇形児として生まれてきた子供が、それがもとで死亡したばあい、傷害罪・傷害致死罪ないし業務上過失致傷・致死罪などで処罰できるかどうか、が問題になりました。ここで**当罰性**が強調されましたが、当罰性とは実際にそういう行為がおこなわれたときに、必ず処罰すべきであることを示す言葉です。

　処罰するためには、当罰性だけでは不十分であり、胎児性致死傷罪の理論的な基礎づけが必要です。これについては否定説と肯定説があります。否定説は、従来の考え方を基礎にしており、刑法は、胎児について**堕胎罪**による処罰以外には、処罰をみとめていないと解します。薬を投与して胎児自体に影響を及ぼして生まれたとしても、これは堕胎行為ではありません。堕胎は**自然分娩**に先立つ人工的な分娩を意味しますから、自然分娩を、堕胎罪はもとより胎児に対する傷害罪として処罰するわけにはいきません。**胎児に対する傷害罪**という犯罪類型は規定されていませんから、これについては可罰性はみとめられないという理屈になるわけです。実行行為の客体は胎児ですから、その結果が生まれたときに奇形として現れたとしても、行為の時に存在しない客体に対しては、傷害行為を想定することはできないとされます。

これに対して**最高裁の判例**は、肯定説を採り、胎児の時には胎児は母体の一部を成しているから、**母体に対する傷害行為**として行為はおこなわれており、生まれた時に、胎児自体が傷害を受けて生まれてきていると解していま す（最決昭63・2・29刑集四二巻二号三一四頁）。つまり、行為は母体である母親に対してなされているけれども、結果は、当時「胎児」であった「人」に生じているわけですから、「人」に対する傷害行為で、「人」に対する死亡の結果が生じている以上、傷害致死罪が成立すると把握しているわけです。これは、錯誤論における**法定的符合説**の思考をここで類推していると言えます。

否定説が、行為時には母体の一部をなしている胎児に対しては傷害罪はあり得ないと主張するのに対して、肯定説を採る最高裁の決定は、胎児は母体の一部であるから、胎児に向けられた行為は母体・母親に向けられた行為であり、その結果は、人である元胎児に生じていると解しているわけです。つまり、人（母親）に対する傷害行為をおこなって人（出生児）に対して結果が生じているから、傷害罪であるという思考です。わたくしは、多くの学者と同じように、否定説を採っています。実行行為の時に客体が存在しなければ、それに対する犯罪は成立し得ないという**罪刑法定主義**の立場から導かれる基本原則を維持すべきだと考えられるからです。

最高裁の判例のような考え方は、理論的にはおかしいと考えられます。胎児は母親の一部であるから胎児自体は傷害の対象とはなっていないが、現実に生まれてきた時には人になっているので、その時は母体と別個の人に対する行為として評価できるというのは、やはり恣意的ではないでしょうか。「人」という点で同じだといわれますが、「胎児」と「人」は現法上、区別されていますから、胎児が母体の一部であるというのであれば、母体自体に対する傷害行為として構成すべきであると解されます。**錯誤論**の問題とは前提が異なります。錯誤論の前提としては客体が**行為時**に二つ存在していることが挙げられます。つまり、方法の錯誤のばあい、認識した客体と結果が生じた客体とは異なるものとして「行為時に」存在しているのですが、胎児性致傷のばあいの客体は、「行為時には」母体しか存在していないのです。母体の一部であるということは、胎児の属性がないことを意味しますので、その行為に対応する客体は一つなのです。錯誤論の法定的符合説の思考をこれに適用するのはそもそもおかしいので、多くの学説は肯定説の捉え方にはかなり批判的です。わたくしもその見地から、最高裁の決定がでた時点で、その論理はおかしいと批判したわけです。

5 傷害行為と被害者の承諾

傷害行為と**被害者の承諾**は、刑法総論の違法性論のところでも議論されます。傷害について承諾があれば、構成要件該当性が阻却されるとする見解は、ドイツでもわが国でも主張されています。これに対して**通説・判例**は、あくまでも違法性阻却事由の一つとして考えるべきであると解しています。わたくしも、傷害行為は、行為としては構成要件に該当するが、被害者の承諾があるばあいには違法性が阻却されると考えるべきだとおもいます。被害者の承諾においては、被害者が主導権をもっていることが第一の条件です。つまり、その人の**処分権**の行使として把握できることが要求されるわけです。本人が承諾すれば保護法益は存在しなくなると解する立場からすれば、傷害行為のすべてが被害者の承諾によって違法性が阻却され得るという考え方も成り立ちます。そのように解することも論理的には可能ですから、命が失われない以上、どういう傷害行為であっても、被害者の承諾がある限り違法でないとする極論もあり得ます。

たしかに、個人の処分権という観点からすれば、自殺にならない限り、つまり命が失われない限り、どういう傷害行為があってもかまわないと解することも論理的には可能ですが、しかし、社会生活に重大な支障をきたすような「**廃疾的な傷害**」については、違法性阻却をみとめるべきではないと考えます。すなわち、日常生活にかなり支障をきたすような生理的機能に障害を生じさせるものについては、いかに本人の承諾があったとしても、違法性を阻却させるべきではないという限定が必要であるとおもいます。

別の観点から違法性阻却を否定する考え方もあります。社会的相当性の理論の立場から社会的相当性の範囲内でなら許されるが、そうでないばあいには許されないとする見解です。たとえば、やくざのいわゆる指詰め行為について、依頼されて指を詰める行為の違法性が阻却されるかどうかが問題になったケースがあります。最近のやくざも勇気のない者が増えてきたようで、自分では指を詰められないため、他人に頼んで麻酔を打って指を詰めることがあるようです。そのばあい、反社会的、反倫理的な行動を目的としている行為ですので、傷害についての承諾は無効であり、傷害罪は成立するという理屈です。

しかし、そのばあい、必ずしも廃疾的な傷害・重大な機能的障害を生じさせているわけではありませんので、その程度のものであれば、あえて「反倫理性」を理由にして違法性阻却を否定する必要はないとおもいます。逆から言いますと、その程度のものは違法性が阻却されてもかまわないのです。と言いますのは、違法性の問題としては、その行動が反倫理的かどうかは関係をもたないと解すべきであるからにほかなりません。

これに対して、たとえば、勇気を試すためには「腕一本ぐらい切断してもかまわない」という承諾に従って腕を切断したばあいは、指を詰めるばあいと同じではありません。これは、廃疾的な傷害にあたり、社会生活上、大きな支障が生じますから、いかに本人の承諾があったとしても、なおその行為は違法であると解すべきです。廃疾的な傷害と言えるかどうかによって違法性阻却の肯否が決まります。これは、「倫理的に」よいかどうかではなくて、「法の目的」に合致して円滑な社会生活を営むことにとって有益かどうかという観点から考えるべきであるとおもいます。腕一本、脚一本の切断というような大きな廃疾的な傷害行為については、承諾は有効ではあり得ないと解すべきであるとおもうのです。

6 傷害行為と治療行為

傷害行為と**治療行為**も刑法総論の違法性阻却のところで触れられる問題の一つです。治療行為として手術がなされるばあい、相手の身体にメスを入れたりして外形上、傷害の結果を生じさせるわけですが、それが治療目的に合致するときには違法性が阻却されます。その根拠は、法益侵害、治療的影響の権衡と**目的説**の観点を加味したうえで、**被害者の承諾**の理論によって説明できます。

7 共犯関係

暴行の故意で共同暴行をおこなって、傷害を惹き起こしたばあいの扱いはどうなるのでしょうか。これは、たとえば、AとBが共同して暴行をおこなう意思を形成し(**共同意思の存在**)、一緒になってCをなぐって(**共同実行の存在**)、Cに傷害を負わせたばあい、AおよびBについて傷害罪が成立するかどうか、という問題です。傷害について純粋に傷害の故意を要求しますと、暴行の故意だけで傷害結果が生じたばあい、これは暴行の共同正犯になるのであって、暴行罪と過失致傷罪の共同正犯と解さざるを得なくなります。これに対して、**通説・判例**は、**結果的加重犯**のばあい、発生した重い結果に対する共同正犯としての罪責追及は理論上、問題ないと解しています。単独で暴行をおこなって傷害の結果を生じさせたばあいにも、結果的加重犯としての傷害**基本行為**について共同正犯関係が成立すれば、発生した重い結果に対する共同正犯としての罪責追及は理論上、問題ないと解しています。単独で暴行をおこなって傷害の結果を生じさせたばあいにも、結果的加重犯としての傷害

⑧ 傷害致死罪（二○五条）

二○五条は、「身体を傷害し、よって人を死亡させた者は、二年以上の有期懲役に処する」と規定していますが、これは**結果的加重犯**の典型例です。「二年以上一五年以下の懲役」という法定刑はかなり重いわけで、結果が重いことを考慮して、刑罰を加重していることになります。

傷害致死罪において特に問題になるのは、発生した結果について過失ないし**予見可能性**を必要とするか否かです。罪の罪責を問われますから、共同して暴行行為をおこなえば、それから生ずる結果について共同正犯としての罪責を負わせても、不当に重い刑を科したことにはなりません。結果的加重犯は、理論的には基本的行為の部分が故意犯で、結果惹起の部分が過失犯を含んでいることになりますと、**過失の共同正犯**を理論的にみとめませんと、結果的加重犯の共同正犯の説明がむずかしくなります。わたくしは、**行為共同説**の観点から、過失の共同正犯の罪責を問い得るのです。暴行の共同行為者は、共謀関係があれば、共謀者についても傷害者についても罪責を負いますから、二○七条の「**同時傷害**」の規定の適用を受けません。暴行による傷害のすべての結果について罪責を負うのです。正犯者が行った暴行行為によって傷害の結果が生じたときには、傷害についても教唆犯としての罪責を負うと解すべきです。要するに、基本行為についての共犯関係がみとめられますので、傷害についても、当然、共犯者としての罪責を追及されるのです。

同時傷害については後で説明をします。

狭義の共犯、とくに教唆犯のばあいには問題が生じます。暴行を教唆したばあい、正犯者が行った暴行行為によって傷害の結果が生じたときには、傷害についても教唆犯としての罪責を負うと解すべきです。傷害の故意があったかどうかは問題になりません。要するに、基本行為についての共犯関係がみとめられますので、傷害についても、当然、共犯者としての罪責を追及されるのです。

これは、**責任主義**の観点からの問題です。責任に見合うだけの刑罰を科するべきであるとするのが、責任主義の要請です。このばあい、たしかに傷害の点については故意がありますので、その要請を十分に充足しますが、しかし、死亡の結果については認識がなかったにもかかわらず刑を加重するのは、責任の量を超えて刑を科したことにならないかという疑問が生じます。

この点について過失（ないし**予見可能性**）はいらないとする立場があります。これは、次のような考え方です。基本行為である傷害行為をおこなえば、その傷害によって死亡の結果が発生する蓋然性が高いので、基本行為をおこなって生じた死亡の結果について重い刑罰を科したとしても、けっして「不意打ち」を食らわすような過重な刑を科したことにはならないことになります。当然、そういう結果は予想すべきであって、傷害行為をおこなった以上、発生した結果について重く処罰したとしても、けっして不都合ではありませんから、傷害行為と死亡との間に相当因果関係があれば、これで基本的に責任主義との関連の要請を具備できるとされます。つまり、相当性を要求すれば、さらに重ねて過失を議論するまでもないとされるわけです。

これに対して**通説**は、たしかに**相当因果関係説**を前提にして相当性がみとめられれば、罪責の範囲がかなり限定されますが、結果について認識の可能性があったかどうかは別問題であると解します。責任主義の観点からは、結果発生の予見可能性は、因果関係における相当性ではなくて、過失としての予見可能性を要求するのが責任主義の要請であるとします。因果関係論における折衷説を採れば、行為者の予見可能性の問題も含めて考慮されるからよいではないかと考えられるかもしれませんが、しかし、それは、**客観的な帰責**を問題にする因果関係の判断基底を定める次元の問題なのです。当該結果についての予見可能性があったかどうかという問題とは違います。予見可能性があったかどうかを考えるのは、相当性の有無とは別の次元の問題ですから、相当因果関係をみとめれば責任主義に合致するとは言えません。

わたくしは、通説と同様、予見可能性、つまり過失を必要とすると解しています。結果的加重犯としての傷害致死罪は、刑が非常に重いですから、その因果関係をできるだけ限定的に考えるという観点から、刑法総論の因果関係論が出発したのです。つまり、これがベースになって一般化され、結果犯一般の問題として議論されるようになって、因果関係論として確立されてきたのです。

⑨ 同時傷害の特例（二〇七条）

(1) 意　義

二〇七条は、「二人以上で暴行を加えて人を傷害した場合において、それぞれの暴行による傷害の軽重を知ることができず、又はその傷害を生じさせた者を知ることができないときは、共同して実行した者でなくても、共犯の例による」として、**同時傷害**の取り扱いについて規定しています。これは特例です。つまり、**傷害罪の同時犯**の一定のばあいについては、共犯ではないけれども共犯と同じ扱いをするという**特例**なのです。なぜそういう扱いをするのか、どういうばあいにそういう扱いをするのか、つまり、特例の「根拠」と「要件ないし範囲」がここで問題となります。

同時傷害の要件は、二人以上の者が同時に暴行を加えて人を傷害させたことです。たとえば、AとBが同時にCに対して暴行を加えてCに傷害を負わせたが、この傷害の結果がAまたはBのどの行為によって生じたかを証明できないばあいです。傷害を負ったばあいには、次の二種類があります。すなわち、①傷害が誰によって生じさせられたかがまったくわからないばあいと、②重い傷と軽い傷が生じているが、そのいずれが誰によって惹き起こされたのかが分からないばあいとがあるのです。その扱いに関して二〇七条は、共犯の原理によるとしています。共同して実行したものでなくても、共犯の原理によるということは、ほんらいＡとＢは同時犯ですから、同時犯の原則にしたがって処理されるべきなのですが、その例外をみとめることを意味します。

同時犯のばあいには、ＡとＢがそれぞれ別個独立に、つまり、ＡとＢは**意思の連絡**なしにそれぞれが単独犯として行為するわけですから、それぞれがおこなった行為の範囲内で罪責を追及されるのが原則です。つまり、自分が惹き起した結果についてだけ罪責を負うことになるわけです。このばあいに前提となっていることは、Ｃが傷害を負ったことははっきりしていますが、それがＡの行為によるものなのか、Ｂの行為によるのかはっきりしていないということです。つまり、各行為と結果との**因果関係**が証明されていないのです。こういうばあいには、ＡもＢもその結果を発生させたとは言えませんから、**「疑わしきは被告人の利益に」の法原則**にのっとって、傷害の結果はＡの行為によるものでもないし、Ｂの行為によるものでもないという扱いをすることになります。ＡもＢも暴行をおこなっていますから、論理的にはそれぞれが暴行行為による傷害の結果を帰属させられない以上、暴行罪として処罰されるべきはずです。つまり、現実にＣが非常に重い結果としての傷害を惹き起こしたとしても、なお暴行罪の限度でしか処罰できないことになります。そうしますと、実際にＡとＢが同時にＣを殴って怪我をさせたが、どの暴行によるのか特定できないばあいには、現実に傷害の結果を生じさせていても、これに対する責任追及はあくまでも暴行罪の限度にとどまり、重い結果を惹き起こしてもそれに見合うだけの罪責追及ができないわけです。これは、実際的な見地からは、**具体的妥当性**に欠けると言えます。そこで、二〇七条は、ＡとＢについて傷害の罪責を負わせることにしたのです。

さらに、二〇七条は、ＡとＢが重い怪我《けが》と軽い怪我《けが》を生じさせたけれども、それぞれがＡの行為によるのかＢの行為によるのかが分からないばあいであっても、重い傷害について罪責を負わせることができると規定しています。これも「同時犯」の原則によれば、共に暴行の限度でしか処罰できないという扱いをせざるを得ませんので、**具体**

的妥当性の観点から、これを共同正犯と同じように扱って、その発生した重い結果について罪責追及をみとめているわけです。

(2) 共犯例と責任主義

共同正犯は、二人以上の者が意思の連絡をもって、そのもとに共同実行をおこなう遂行形態です。実行行為を共同しておこなうばあいには、発生したすべての結果について、全共同者が責任を負うことになります。これが共同正犯の「効果」です。共同正犯の「要件」としては「意思の連絡」、つまり、一緒になってその行為をしようという意思を形成すること、および、それに基づいて一緒になって実行行為をおこなうこと、つまり「共同実行」があげられます。共同正犯者の誰かが惹き起こした結果であっても、その結果に対して全員が責任を負うことを「**一部実行の全部責任の原則**」と言います。共同者のうちの「一部」の者が惹き起こした結果についても、「全員」が全責任を負うわけです。これを別の観点から言いますと、一部の実行行為がなされれば、どの人がどういう結果を惹き起こしたかをいちいち証明しなくても、一部の者の実行行為によって結果が発生したことが証明されれば、他の者が、直接、それをおこなわなくても、結果の全部について帰責されることになります。

同時傷害のばあい、先ほどの①および②のAとBの間に**意思の連絡**がないにもかかわらず、共同正犯と同じような扱いをしますので、発生した結果についてAもBも共に罪責を負うという例外をみとめることになります。そうしますと、近代刑法の大原則である「**個人責任の原則**」に対する重大な例外をここでみとめることになります。共同正犯において「一部実行の全部責任」がみとめられるのは、共同して実行行為をおこなうという共同の意思のもとにおこなっていますので、発生した結果すべてについてその罪責を負わせても、その意思に基づくものとして把握でき、個人責任の原則に違反しないからです。ところが、同時犯のばあいには、この種のメカニズムがありませんから、自分自身が惹き起こしていない結果に対してまで罪責を負うことはあり得ません。そこで、二〇七条は、自分の意思に基づかない結果についてまで罪責を負わせますので、個人責任の原理の重大な例外であることになるのです。

二〇七条を憲法違反の規定と考える立場もあります。つまり、このばあい、AもBも怪我《けが》を負わせた点については、十分に立証されていないにもかかわらず、それを発生させたものとして処罰するのは、「嫌疑刑」をみとめるものであって違憲であるとされるのです。たんに「嫌疑」があるにすぎないのに処罰するのは、近代刑法の大前提を踏み外すことになって、憲法違反だとされます。

しかし、**判例・通説**は、二〇七条には**合理性**があると解しています。つまり、「**立証の困難**を救済する」点に合理的理由があるとするのです。AとBが一緒になってCを殴っている状況では、暴行行為は連続的になされますから、「誰」の「どの」暴行行為によって「どの」怪我《けが》が生じたかを立証するのは、非常に難しいわけです。連続的に暴行行為がなされているばあい、どの行為によってどの怪我《けが》が発生させられたかは、はっきりしないばあいが多いのです。行為者がこもごも殴るわけですから、そのばあいにいちいちどの行為によって怪我《けが》を負ったかを立証することは、実際上、不可能です。そこで、検察官側の**立証責任**を軽減するという意味で、「立証の困難を救済する」ために、二〇七条の規定が設けられたと考えるわけです。

立証の困難があるだけでなく、暴行によって傷害の結果が生ずることは、通常よく起こりますので、**結果発生の蓋然性**は非常に高いと言えます。暴行行為によって傷害が起こる確率は非常に高いわけですから、二〇七条のような規定を設けたとしても、けっして「不意打ち」的な形でまったく予測のつかない刑を科することにはなりません。暴行と傷害の「**近接性**」、「**密接性**」という観点から見ても、けっして不当に罪責をみとめて刑罰を科しているとは言えません。

このようにして、二〇七条の制度ないし規定を設けても、憲法違反とはならないと判例・通説は考えているのです。わたくしも、立証の困難性、暴行と傷害の密接性、近接性の観点から、憲法違反性を除去できるだけの合理性をもっていると把握することができると考えています。

二〇七条が合憲であるとしても、さらに、その「法的性格」をどのように解するか、が次の争点になります。この点については、刑事訴訟法の知識が前提になりますので、ここでは詳しい議論は避けて、簡単に説明しておきましょう。

「立証の困難」を救済することは、「**挙証責任**」の問題に関わります。ほんらい検察官が負っている挙証責任を被告人側に転換するのは、重大な例外となりますが、二〇七条は**挙証責任の転換**をみとめています。「挙証責任」は「**立証責任**」とも言います。「犯罪」を立証する責任は、「刑罰権の発動」を要求する側である検察官が負うことは、近代裁判の大原則です。つまり、構成要件に該当する違法・有責行為の存在について、検察官がこれを立証・証明しなければなりませんので、これが立証・証明されない限り、検察官が主張した事実の存在はみとめられず、検察官側にとっては不利な結論となります。つまり、「有罪の判決」を要求しているにもかかわらず、検察官にとって不利な「無罪の判決」が下されることになるわけです。

検察官は、まず構成要件該当性の存在を積極的に立証しなければなりません。違法性および有責性(責任)の次元では、違法性阻却事由または責任阻却事由が存在しないことを立証しなければなりません。このばあい、被告人側から違法性阻却事由・責任阻却事由があることが主張されたときに、それが存在しないことを立証することになります。違法性阻却事由・責任阻却事由については、「**主張責任**」を被告側に負わせたうえで、「立証責任」は検察官側にあるという構成にすべきだとおもいます。つまり、「挙証責任の転換」まではみとめるべきではないと考えます。しかし、二〇七条は、違法性阻却事由・責任阻却事由のばあいとはちがって、挙証責任の転換まで訴訟法上みとめていることになります。なぜならば、共犯の例によるとされていますので、このばあいは、ほんらい個々の因果関係の存在を証明しなければならないのにそれを証明しなくてもよいとされているからです。挙証責任が転換されていますから、被告人側において「同時傷害ではないこと」を立証しなければなりません。つまり、「この怪我《けが》を惹き起こしたのはBであってAではないこと」をAが立証しない限り、二〇七条が適用されて、Aはその罪責を問われることになります。逆に、「自分が結果を惹き起こしていないこと」を立証できれば、Aは処罰されないわけです。Bについても同じことが言えます。本来ならば検察官が個々の傷害の発生の因果関係を立証しなければならないにもかかわらず、二〇七条はそこまで立証する必要はないことを規定していますので、「同時に暴行行為がなされたこと」、および、「傷害の結果が生じたこと」を立証すれば罪責を問われることになります。行為者がその事実のないことを立証できなければ二〇七条の適用をうけるのです。

このように、被告人側に、それぞれの行為による結果の因果関係の立証を転換する部分は**訴訟法的規定**です。さらに、二〇七条は、共犯例によることを規定していますから、ほんらい同時犯にすぎないものを、なお共同正犯として扱うとする部分は、**実体法的性格**をもっていることになります。

(3) 二〇七条の適用の範囲

二〇七条は**例外規定**ですから、その適用範囲は厳格に解釈されるべきであり、安易に拡張的適用をみとめてはいけません。「原則」規定に対して「例外」規定がありますが、法的な原則を定めた規定に対して、やむを得ない理由で例外をみとめるわけから、「例外規定はできるだけみとめるべきではない」という一般的な原理があります。したがって、例外規定については厳格に対応することが、解釈論の一般的な要請なのです。例外規定を緩やかに解しますと、適用範囲がどんどん広がっていき、原則と例外がひっくりかえってしまうことになりかねません。したがって、例外規定は、厳格に解釈しなくてはなりません。これは刑法だけではなく、ほかの法領域においても一般論として言えることです。

「**制限列挙**」に対して、「**例示的列挙**」として解することによって適用範囲を拡張する解釈方法があります。これは、ある規定が原則規定であると解されるばあい、その原則をどんどん論拠づけていくべきであり、その趣旨を満たすならば適用範囲を拡大してもかまわないことになりますから、その規定に列挙されているのは、ほんの一例にしかすぎないという意味で「例示」なのだと解釈する方法論です。原則と例外という形で把握したばあい、どちらにもっていくかによって、どこの問題かがはっきりしてきます。例外規定は、なぜ「原則」に「例外」がみとめられるのかという観点から見ますと、これらはワンセットの問題です。したがって、限界問題を聞けば必ず原則を聞いていることになります。どういう意味で原則でありどういう意味で例外としてみとめられているのかを説明できなければ、法律論としては失格です。皆さんはここで解釈論の基本を学んでいるのですから、じっくり取り組んでください。

(i)　二人以上の者の暴行行為の時間的・場所的関係については、「場所的および時間的に**近接**していること、ないし、同一機会といえるばあいであること」が必要であると制限的に解すべきです。同時犯は、もともと「同一場所で同一時間に」二つの単独正犯が併行しておこなわれることを意味します。これは別の言い方をしますと、「**同一の機会**」ということになります。

立証の困難という観点から見ますと、たとえば、まずAがCを殴り、二日後にBがCを殴ったばあいでも、誰の暴行行為によって怪我《けが》が生じたことを立証できないことが多いと言えます。このように、暴行がなされたのは同じ場所ではなく時間も異なるばあいであっても、なお立証の困難という事態はあり得るのです。しかし、こういうばあいにまで二〇七条の適用範囲を広げますと、「**同時犯**における立証の困難」の救済のために同時的におこなわれたばあいに限ろうとした二〇七条の立法趣旨に反することになりますから、厳密に同一場所、同一時間でなくても、「少なくても」それが**近接**しているという状況でなければならないという限定が必要になります。そして「同一の機会」になされたと言えるためには、「時間的・場所的制限」を加えることが必要なのです。したがって、時間をへだてていたとか、あるいは場所がかなり離れていたというばあいにまで二〇七条を適用すべきではありません。たしかに、二〇七条の条文自体は、「二人以上で暴行を加えて人を傷害した場合」と規定しているにとどまり、同じ場所、同じ時間とは書いていないのですが、今述べたような趣旨で、同時犯の問題として処理すべきだという観点がありますので、これはきわめて厳格に解されるべきであるという結論が導かれるのです。

次に「二人以上で暴行を加えて人を傷害した場合」の解釈についても、限定が必要になります。たとえば、AとBがCに暴行を加えて傷害の結果を生じさせた後、Cが死亡したばあい、暴行によって傷害が生じ、その結果死亡したわけですから、これも**結果的加重犯**として扱うことができるはずです。しかし、暴行による死亡について傷害致死罪の成立を肯定するという図式を、二〇七条にそのままあてはめることができるかは、問題です。つまり、暴行によって「傷害」を生じさせただけであれば、二〇七条を適用できますが、その結果として「死亡」したときにも二〇七条の適用をみとめてもよいかどうかは、じつは大問題なのです。なぜならば、二〇七条の文言は「傷害」を負わせたばあいに限定しており、ここでいう傷害は死亡を含まないからです。つまり、二〇七条は、暴行によって傷害という結果を惹き起こした事態だけを、包含しているのであって、死亡させたばあいまで含めてはいないのです。同時犯の取り扱いに関する原則の例外は、二〇七条の本文で規定される範囲内においてのみ、みとめられるべきであると考えられます。そこで、文字通り、二〇七条の適用は、暴行によって傷害の結果を生じたばあいに限るべきことになります。もし「死亡」を含むのであれば、条文には暴行により「傷害の罪」を犯したと書くべきなのです。なぜならば、「傷害の罪」のなかには傷害致死罪が入っているからにほかなりません。

(ii)　強姦致死傷罪や強盗致死傷罪のように、傷害が結果的加重犯ないし**結合犯**として規定されているばあい、二〇七条を適用できるかどうか、が問題になります。結合犯とは、それぞれ別個独立の犯罪類型が一つの構成要件にまとめられている犯罪類型を言います。結合犯形態として傷害がそれに加えられているばあい、二〇七条は例外規定ですから、厳格解釈をすべきであるという観点からは、そこまで広げるべきではないことになります。一般的な形で傷害が結果的加重犯や結合犯として取り込まれているものについては、二〇七条の適用をみとめてはならないという制限解釈が、ここでみとめられるわけです。

第4講 暴行罪

1 意義

暴行罪は二〇八条に規定されています。二〇八条は、「暴行を加えた者が人を傷害するに至らなかったときは、二年以下の懲役若しくは三十万円以下の罰金又は拘留若しくは科料に処する」と規定しています。暴行を加えて傷害の結果を惹き起こさなかったことが、**暴行罪の要件**です。暴行とは有形力の行使を意味し、有形力の行使とは物理力を使うことを言います。「暴行」という言葉が、刑法上、問題になるばあいには、最小限度「**有形力を行使する**」ことが共通項として包含されています。各犯罪類型は、**どういう形で**、**何に向けて**それが行使されているのかによって区別されるのです。二〇八条では、「人の身体」に向けて有形力が行使される必要があります。なぜならば、傷害の罪は、**身体に対する攻撃**をとおして生理的機能などを害する要素を有しているからです。

暴行罪は、人の身体に向けて有形力を行使して、身体の安全あるいはそれについての安全感を損なう犯罪です。このように**暴行罪の保護法益**は、身体の安全ないし安全感です。それを侵害する形態として、人の身体に対する有形力の行使があるのです。有形力が直接その人の身体に向けられているのが、暴行罪における暴行行為です。たとえば、相手を殴るばあい、まさにその身体に向けて物理力を行使することであり、暴力というのはその意味で有形力の行使です。それを身体に向けておこなうところに、二〇八条における暴行概念の中核があります。

②　刑法における暴行の意義

刑法上、暴行という用語がいろいろな場面で使われますので、「刑法における暴行の意義」についてまとめて説明しておきます。**便宜上**、ここで説明しますが、それぞれの犯罪類型において意味内容を説明しなければなりませんが、「**概念の相対性**」を明らかにするために、ここでまとめてお話しします。つまり、同じ暴行という言葉を使うけれども、それを包含している犯罪類型によって違いがあることをお話しするわけです。

暴行は、先ほども述べましたように、概念内容として「**有形力の行使**」を最低限の共通項として包含しています。しかし、その意味には広狭があり、「最広義の暴行」、「広義の暴行」、「狭義の暴行」、「最狭義の暴行」の四種類があります。最広義、広義、狭義までは、「**行為対象**」による分類であることをまず把握して下さい。有形力の行使が「何に向けられているか」という分類です。最狭義の暴行のばあいには、さらに「**どの程度**」のものかという要素が加わります。

最広義の暴行は、対象が、「人または物」いずれに向けられてもかまわないという点で最も広いのです。**広義の暴行**は「人」に向けられ、**狭義の暴行**は「人の身体」に向けられているのであり、**最狭義の暴行**は「人」に向けられていて、しかも「反抗を抑圧する程度」、つまり、「相手方が反抗できないほど」の有形力の行使を意味します。最広義の暴行は「人」に対するものであっても「物」に対するものであってもかまわないものであり、とにかくそこで「有形力の行使」がおこなわれていればよいのです。広義の暴行は、「人」に向けられていれば足り、直接、その人の「身体」を狙っている必要はありません。狭義の暴行は、その人の「身体」に向けて有形力が行使されるばあいです。

なぜこういう四つの種類があるのでしょうか。それぞれの概念内容は、**保護法益**との関連で決まります。保護法益が構成要件の内容についてもつことについては、すでにお話ししましたが、ここで重要な意味を有するのは、「法益侵害を可能にする」ために必要なものとしてどういうものがあるかという観点からの議論です。

最広義の暴行の典型例は、騒乱罪（一〇六条、一〇七条）における暴行です。**騒乱罪の保護法益**は「一地方における公共の平穏」であり、騒乱罪における暴行は、一地方における公共の平穏を害するに足りる程度のものであることが必要とされます。なぜならば、建造物に向かって石を投げたり放火したり、建造物や自動車などを破壊したり、物品を略奪したりする行為それ自体でも、「一地方の社会生活の平穏」を侵害できるからです。騒乱罪は、多数の者が集まって、暴行・脅迫を加えて、その一定地域内の生活の平穏さを侵害する犯罪類型です。およそ人に対してであれ物に対してであれ、有形力の不法な行使がなされますと、その地域一帯に不安な状態が作り出されて保護法益が侵害され得るわけです。たとえば、家に火を放ったり、他人の家を叩き壊したり、止まっている自動車をひっくり返して火を放ったりするという行為があれば、十分にその地域の平穏が害されます。一定の地域内にそのような騒乱状態を作り出せば、それによって保護法益が侵害されますから、それにふさわしいものとして、暴行は最も広い意味で把握される必要があるのです。このように、保護法益を侵害するに足りるだけの暴行の観点から、暴行概念の内容が決まることになります。

広義の暴行は、直接「人に向けられた」ものであれば足り、身体を害する必要はありません。「特定の人」に向けられている点が重要です。たとえば、九五条の**公務執行妨害罪**、九五条二項の**職務強要罪**は、公務員がおこなう職務の執行を妨害するために暴行・脅迫をおこなう犯罪類型です。ここでの暴行は、「職務をおこなおうとしている公務員」に向けられていればよいのです。直接、公務員の身体を害するかどうかは問題ではありませんから、その身体を対象とする必要はなく、有形力が「その公務員」に向けられていれば、その職務の妨害が可能になりますので、有形力の行使が人に向けられていれば足りるのです。

暴行罪は、身体の安全ないし安全感を保護の対象としますから、当然、暴行はその人の「身体」に向けられることを必要とします。これは**特別公務員暴行陵虐罪**についても言えますから、当然、暴行はその人の「身体」に向けられることを必要とします。これは**特別公務員暴行陵虐罪**についても言えますから、当然、**同時傷害**も、「暴行」によって身体の安全と生理的機能を侵害する点で、二〇八条の暴行と同じ暴行です。その意味で**狭義の暴行**が、ここでみとめられることになります。

最狭義の暴行が必要とされる犯罪類型の典型例は、**強盗罪**（二三六条）です。本条は、「暴行又は脅迫を用いて他人の財物を強取した者は、強盗の罪とし、五年以上の有期懲役に処する」と規定していますが、**強取**とは、相手の反抗を抑圧して相手方の意思に反して財物を奪い取ることを意味します。窃盗罪における**窃取**が相手方が相手方の意思に反して財物を奪取する行為であるのに対して、強取は、暴行という有形力を行使して財物を奪取する行為であるのに対して、強取は、暴行という有形力を行使して財物を奪取する行為です。したがって、強盗罪における暴行は、「相手方が反抗できないような畏怖状態において無理やり財物を奪取する行為にまで達していないばあいが**恐喝罪**です。**喝取**は、いわゆるカツアゲであり、強盗と恐喝の差は、任意性はありますが、その暴行が反抗を抑圧する程度にまでは達していない意思に基づいて財物の交付がなされるばあいです。強盗と恐喝の差は、最狭義の暴行にあたるか否かにあるのです。

じゅうらい**強姦罪**、**強制わいせつ罪**における暴行も、強盗罪における暴行と同じ程度のものと考える見解が多かったのですが、現在の**判例・通説**は、それよりもう少し程度が低くてもかまわないと解しています。つまり、強姦罪などにおいては、性的な行動に関する意思決定の自由を損なう点に意味がありますから、完全に制圧した状態でのわいせつ行為あるいは姦淫行為に限定する必要はないのです。要するに、畏怖心を生じ、かなりの程度反抗を困難にする状況になれば足りるとして、最狭義の暴行を緩和していることになります。

③ 暴行罪の暴行にあたるかどうかが問題になるケース

有形力を行使することが暴行罪における中核的な要素ですが、その**有形力の理解**について見解の対立があります。一つは「物理的・力学的な作用」に限定すべきであるとする見解です。つまり、殴ったり、強く力を加えたり、組み付いたりするような物理的な力学的な作用を問題にすべきだと解する立場です。これに対して、もっと広く解して、「力学的作用の他に、エネルギー作用、化学的・生理的作用」をも含める見解があります。これは、音響、光、熱を使って、身体の安全感に対する侵害がおこなわれるばあいを含むと解する立場です。現在では広く解する立場が、通説的な見解となっています。

次に、有形力と言えるかどうかが争われるケースが生じます。たとえば、**催眠術**をかける行為です。一方において、これは、音声による物理的作用として有形力の行使であると解する考え方があります。他方において、これは、物理的なエネルギーだけを作用させるのではなくて、むしろ言葉による心理的作用内容としており、その意味では有形力の行使とは言えないと解する立場があります。術をほどこす動作だけで催眠術にかかるのではなくて、その前には必ず言語による暗示があり、その心理的な作用によって相手が意のままになって動くという事態が生ずるわけですから、これは有形力の行使ではないと考えるべきです。

さらに、**詐称誘導**の問題があります。たとえば、Aが落とし穴の上を歩かせてBを落下させてBに怪我《けが》を負わせるばあいです。怪我をさせるために身体に手をかけて落とせば、暴行に基づく傷害になるのですが、落とし穴の上を騙して通らせて落下する事態を有形力の行使として説明するのは、難しくなります。「被害者の行為を利用した暴行罪の間接正犯」として捉えて、有形力の行使があったとする見解が主張されます。これに対して、Bを騙して通らせることに意義があるのであって、物理的な要素を使っているわけではないとして、有形力の行使とは言えないとする見解もあります。ただし、落下させることによって怪我をさせる意思を含んでいるのであれば、傷害罪で処罰できますから、有形力とは言えないと解しても不都合はないでしょう。

有形力が直接、他人の**身体に触れること**を必要とするかどうかも争われています。たとえば、AがBに石を投げて石がBに当たれば有形力の行使としてなって暴行罪が成立することは明らかなのですが、石が当たらなかったとき、石がBのわきを通り抜け、直接、身体に触れたわけではないときの扱いが問題なのです。これについては、直接、身体に当たらなくても、身体に当たり得る射程の範囲内で、Bを目がけて投げているのであれば、暴行為として評価するのは可能であると解されています。

暴行にあたるとする判例のケースをいくつかあげておきましょう。これらは、通常の常識的な観点からも有形力の行使が分かるようなケースです。たとえば、人の着衣をつかんで引っ張り、またはとり囲んで自由を拘束し、電車に乗るのを妨げる行為（大判昭8・4・15刑集一二巻四二七頁）、室内において他人の身辺で太鼓や鉦《かね》を連打して意識を朦朧《もうろう》とさせる行為（最判昭29・8・20刑集八巻八号一二七七頁）、労働争議に際し、組合員数十名でスクラムを組み、非組合員である女子5名をとり囲んで、労働歌を高唱し掛声で気勢をあげながら、約20分間にわたって、押し・体当たりを加える行為（最判昭32・4・25刑集一一巻四号一四三一頁）、狭い室内において、人を脅すために、日本刀の抜き身を振り回す行為（最決昭39・1・28刑集一八巻一号三一頁）などがあります。

④ 他の犯罪との関係

(1) 性質上、暴行にあたる行為

ほんらい暴行にあたる行為が他の特別規定に包含されているばあいには、特別規定の方が優先して適用されますので、暴行罪は成立しません。たとえば、二二〇条の**逮捕罪**のばあい、逮捕行為は、相手方の身体を直接的に拘束することを意味しますので、その手段として暴行が用いられている以上、その暴行行為は逮捕罪の中に当然、予定されており、逮捕罪が成立するばあいには、逮捕の手段となった有形力の行使それ自体は暴行罪を構成しないことになります。

ところが、逮捕罪は、行動の自由を侵害する**継続犯**です。継続犯は、**一定の時間の経過を必要とする犯罪類型**ですから、一定の時間が経過することによって、その行為は既遂となります。継続犯は、既遂として成立しても、その行為が続いている限り、まだ終了せず、実行行為としてずっとそのまま続いているという特徴をもっています。したがって、継続犯に加功する行為は、共犯として成立し得ることになります。継続犯が既遂になるためには、一定の時間の経過が必要ですから、その行為がおこなわれて、既遂犯の成立のために必要な時間が経過していないばあいには、逮捕罪については未遂犯を処罰する規定がありません。処罰規定がないためにその犯罪的行為を不可罰とするのは、実際上、妥当ではありません。その行為は、もともと暴行罪としての性質をもっていますから、このばあいには、それが独立して処罰の対象になって暴行罪が成立すると解すべきで、理論上は未遂なのです。しかし、逮捕罪については未遂犯を処罰する規定がありません。処罰規定がないために……つまり、逮捕行為それ自体が有形力の行使ですから、未遂のばあいを当然、含んでおり、特別罪としての逮捕罪を構成する以上、それに**吸収**されるという関係がありますから、未遂のばあいも本来ならば逮捕罪の未遂罪に**吸収**されるべきなのですが、未遂の処罰規定がないばあい、もともと暴行罪として処罰される行為であった以上、暴行罪で処罰されることになるわけです。

二二〇条の**監禁罪**において、監禁の状態を維持するために、監禁行為の一環としてそれにもとづいておこなわれたばあいには、直接、監禁の手段としてなされてはいませんので、暴行が別個の動機・目的・原因などにもとづいておこなわれたばあいにも、暴行罪は監禁行為の一環としてそれにもとづいておこなわれたばあいには、監禁の手段として**吸収**されます。しかし、暴行が別個の動機・目的・原因などにもとづいておこなわれたばあいには、暴行罪として別罪を構成し得ると解するのが**判例・通説**の立場となっています。

(2) 暴行を構成要件要素に包含する犯罪のばあい

二〇八条の暴行にあたる行為が手段としておこなわれたばあいがこれにあたります。本罪における暴行は、つねにその暴行が手段としておこなわれたばあいにあたります。たとえば、暴行を手段とする**公務執行妨害罪**のばあいがこれにあたります。公務員の「身体」に向けられたばあいもちろん包含します。公務員の身体に向けて有形力を行使して公務を妨害したばあいには、二〇八条が成立するのではなくて、九五条だけが成立するのです。なぜならば、二重に暴行罪としての評価を加える必要はないからです。

特別法に「暴力行為等処罰ニ関スル法律」がありますが、「団体または多衆の威力を背景とする暴行、凶器を示す暴行、数人共同しておこなう暴行、常習的暴行」が処罰され、刑が加重されています。「**特別法は一般法を破る**」という法原則に従って、このばあいは特別法だけが適用されることになります。

第5講　危険運転致死傷罪

1 総　説

本罪は、平成一三年一一月に刑法の一部改正(法一三八号)により新設されたものです。じゅうらい業務上過失致死傷罪と道交法違反罪とは併合罪の関係にありますから(最判昭和四九・五・二九刑集二八巻四号一一四頁)、併合罪加重をしても上限は懲役七・五年でしか対処できませんでした。そこで、①飲酒運転や無謀な高速度運転などによる悪質・重大な交通事犯が頻発していること、②故意に危険運転行為をおこなっている実体は、過失犯よりもむしろ暴行による傷害・傷害致死罪に準じた犯罪とすることが適当であること、③被害者感情や一般予防の観点から一定の重罰化が要求される社会的要請があることなどを理由として本罪を新設する改正法が成立したのです。このような観点から、本罪は業務上過失致死傷罪(二一一条)の中にではなく、二〇八条の二として**傷害の罪**の章に規定されています。

危険運転行為は、**暴行に準ずる**ものとして捉えられていますので、致死罪の法定刑の下限は二〇五条よりは低く、一年以上の有期懲役とされています。

本条の罪は、故意の危険運転行為を「基本行為」として死傷という「重い結果」を発生させたばあいに重く処罰する「**結果的加重犯**」です。通常の結果的加重犯においては、**基本行為**は別個の条文に規定されていますが、本条のばあいには、基本行為それ自体が本条に規定されています。本条に規定されている基本行為は、①**酩酊運転**、②**制御困難運転**、③**未熟運転**（以上一項）、④**妨害運転**、⑤**信号無視運転**（以上二項）であり、これらに対応する道交法上の犯罪としては、①酒気帯び運転（六五条一項・一一七条の二第一号）、過労運転等（六六条・一一七条の二の二）、②最高速度違反（二二条・一一八条一項一号）、安全運転義務違反（七〇条・一一九条一項九号）、③無免許運転（六四条・一一七条の四第一号）、安全運転義務違反（七〇条・一一九条一項九号）、④割り込み禁止（三二条・一二〇条一項三号）、共同危険行為（六八条・一一七条の三）、安全運転義務違反（七〇条・一一九条一項九号）、⑤信号無視（七条・一一九条一項一号の二）を挙げることができますので、本条の罪は、**形式的には**、これらの道交法違反の罪の結果的加重犯と言えます。しかし、本条の罪が前提としている「基本犯」は、**実質的には**、これらの道交法違反行為のうちでも**高度に危険な故意の違反行為**であるとされているのです。

二〇八条の二第一項の罪は、運転者の意思によっては的確に四輪以上の自動車の進行を制御することが困難な状態でなされる危険運転行為による致死傷罪について、酩酊運転致死傷罪、制御困難運転致死傷罪および未熟運転致死傷罪の三つの犯罪類型を規定しています。本条二項は、運転者による四輪以上の自動車の進行の制御自体に問題はありませんが、特定の相手方や特定の場所・状況との関係においては危険性の高い危険運転行為による致死傷罪の二つの犯罪類型を規定しています。

② 酩酊運転致死傷罪

本罪は、アルコールまたは薬物の影響により**正常な運転**が困難な状態で四輪以上の自動車を走行させ、よって、人を死傷させる罪です。**薬物**とは、麻薬、覚せい剤等の規制薬物に限らず、シンナーや睡眠薬など「**正常な運転が**

困難な状態」を生じさせる薬理作用のあるものを言います。道交法上の酒酔い運転罪にいう「正常な運転ができないおそれのある状態」では足りず、酩酊の影響により、現実に、前方注視やハンドル、ブレーキの操作が困難な心身の状態となることが必要です。本罪の基本行為は故意行為ですから、自己が「正常な運運が困難な状態」であることを認識する必要があります。

③　制御困難運転致死傷罪

本罪は、進行を制御することが困難な高速度で四輪以上の自動車を走行させ、よって、人を死傷させる罪です。「**進行を制御することが困難な高速度**」とは、速度が速すぎるため、道路の状況に応じて進行することが困難なことを言います。たとえば、急カーブ、幅員が狭い等の道路の状況、車の性能、過積載等の車の状況により、わずかな操作ミスによって自己の車を進路から逸脱させて事故を生じさせるような速度での走行を意味します。

④　未熟運転致死傷罪

本罪は、**進行を制御する技能**を有しないで四輪以上の自動車を走行させ、よって、人を死傷させる罪です。「進行を制御する技能を有しない」とは、基本的な自動車操作の技能を有しないことを言い、これは、**無免許**であることを意味するのではなくて、要するに、**運転技術が欠如**していることを意味するのです。

5 妨害運転致死傷罪

本罪は、**人または車の通行を妨害する目的**で、通行中の人または車に著しく接近し、かつ、重大な交通の危険を生じさせる速度で四輪以上の自動車を運転し、よって、人を死傷させる罪です。「**走行中の自動車の直前に進入し**」は例示であり、割り込み、幅寄せ、あおり、対向車線へのはみ出し行為などによって、他車のハンドル操作を誤らせて死傷事故を起こすような事態を意味します。「**妨害する目的**」とは、相手方に衝突を避けるための急な回避措置をとらせるなど、相手方の自由かつ安全な通行の妨害を積極的に意図することを言いますので、なんらかの事情でやむなく割り込み、相手方の通行を妨害することを認識しているばあいはこれに含まれません。「**重大な交通の危険を生じさせる速度**」とは、妨害行為の結果、相手方と接触すれば大きな事故を生じることとなるような速度を言います。

6 信号無視運転致死傷罪

本罪は、**赤色信号**または**これに相当する信号**（道交法六条一項、同法施行令四条・五条参照）を殊更《ことさら》に無視し、かつ、重大な交通の危険を生じさせる速度で四輪以上の自動車を運転し、よって、人を死傷させる罪です。「**殊更《ことさら》に無視し**」とは、およそ赤色信号に従う意思のないばあいを言い、赤色信号であることを見過したばあいや信号の替り際で赤色信号であることを未必的に認識しているばあいは含まれません。「**重大な交通の危険を生じさせる速度**」は、先に述べたのと同じ意味です。

7 他の犯罪との関係

危険運転行為が道交法に違反するばあい（たとえば、酒酔い運転）には、道交法違反の部分は**本罪に吸収**されます。本条一項前段の酩酊運転の結果、居眠り運転をして前方不注視となり、本条二項後段の赤色信号を無視して死傷事故を起こしたばあいには、本条の**包括一罪**が成立します。

第6講　凶器準備集合罪

1　意　義

二〇八条の三は「凶器準備集合及び結集罪」を規定しています。本条一項は、「二人以上の者が他人の生命、身体又は財産に対し共同して害を加える目的で集合した場合において、凶器を準備して又はその準備があることを知って集合した者は、二年以下の懲役又は三十万円以下の罰金に処する」と規定しており、これは**凶器準備集合罪**と称されます。二項は、「前項の場合において」、つまり、「二人以上の者が他人の生命、身体又は財産に対し共同して害を加える目的で集合した場合において」、「凶器を準備して又はその準備があることを知って人を集合させた者は、三年以下の懲役に処する」と規定しており、これは**凶器準備結集罪**と称されます。

本条は昭和三三年に設けられた規定です。いわゆる**暴力団抗争**が頻発した時期においては、凶器準備集合罪に相当する規定がなかったため、その取り締まりは、かなり窮屈でしたので、取り締まりの必要上、このような規定が必要とされました。暴力団同士が対立し、お互いに縄張り争いをし、襲名披露などに際し殴り込みをかけるなどの場面で、凶器を持って一定数の人間が集まっていても、集まっていることそれ自体を処罰することはできなかったわけです。つまり、人を殺す目的をもっているとして殺人予備罪とか、銃砲刀剣類等法違反とかの現行犯としてしか、逮捕し処罰することはできなかったのです。銃砲刀剣類等以外の凶器を持って集まっていたとしても、それ自体で一斉にそれを逮捕したりすることはできませんでした。凶器を持っていること自体が処罰の対象になっているばあいとちがって、一種の予備罪的な性格を有していますので、人を殺す意思があれば、殺人のための凶器の所持として殺人予備として取り締まりの対象になりますが、人を殺す目的ではなくて、器物損壊の目的を有しているにとどまるばあいには、器物損壊については予備罪の規定がありませんので、凶器を持っていたとしても、これは逮捕しようがないとして、ある程度、野放し状態にならざるを得なかったわけです。そこで、凶器を持って集まっていることそれ自体を犯罪化して一斉に取り締まりの対象とし、いわば一網打尽的に現行犯逮捕をすることが可能になったのです。

② 保護法益

本罪は、暴力団抗争などが動因となって立法されましたので、暴力団から社会の治安を守るという治安刑法的側面が背景にあったと言えます。ところが、その後、この規定が実際に適用されましたのは、暴力団関係よりも、むしろ過激派学生集団のデモや内ゲバ抗争に関していわゆる極左グループに対するものが多かったのです。そのため、ますます**治安刑法**としての性格が強く前面に出て来たと言えます。このような運用のなかで、本来の法的性格をどのように捉えるかが大きな問題になってきました。要するに、**個人的法益に対する罪**としての性格を強調するのか、それとも治安刑法としての性格を強調するのかという対立が生じました。

この点について**通説**は、**第一次的には**個人的法益に対する罪であると解しています。個人法益に対する罪である傷害の罪のところに規定しているのは、その表れであるとされます。さらに、**目的犯**として構成されていますが、「二人以上の者が他人の生命、身体又は財産に対し共同して害を加える目的」は、あくまでも個人の生命、身体、財産を保護の対象にしていることを示していると解しますから、第一次的には個人的法益に対する罪としての性格を有するわけです。しかし、数人以上の者、つまり複数の者が集まって凶器を持っていること自体がもたらす「**社会に対する不安感**」も無視できません。そのような不安感をかもし出しているからこそ、本来なら予備罪で処罰すべきところを凶器準備集合罪として処罰の対象にしている点は、社会的法益に対する罪としか説明できないとされるのです。このようにして通説は、本罪は、**第一次的には**個人的法益に対する罪であり、**第二次的に**社会的法益に対する罪としての性格を併せもっていると捉えているわけです。わたくしもそのように解すべきだとおもいます。

この点について、最高裁の判例（最判昭・6・刑集三七巻五号五五五頁）は、本罪は、個人の生命、身体または財産のほか、社会生活の平穏をも保護法益とする**抽象的危険犯**であり、いわゆる迎撃形態の本罪が成立するためには、必ずしも相手方からの襲撃の蓋然性ないし切迫性が客観的状況として存在する必要はなく、凶器準備集合の状況が社会生活の平穏を害し得る態様のものであれば足りる旨を判示しています。

③ 構成要件

集合罪（一項）の構成要件には、二人以上の者が、生命・身体または財産に対して共同して害を加える目的で集合したばあいに、①凶器をみずから準備し、または、②他にその準備のあることを知っていて集合するという二つの形態があります。つまり、みずから凶器を持って集まる行為と、すでに凶器が準備されていることを知ってそこに参加する行為という二つの形態があるわけです。

結集罪（二項）は、前述の目的をもって集合したばあいに、みずから凶器を準備して、または他人がその準備のあることを知って、人を「集合させる行為」です。つまり、①みずから凶器を準備して人を集合させる行為と②凶器がそこにあることを知って人を集合させる行為から成り立っています。要するに、一項は「集まる」行為、二項は「集める」行為を処罰の対象としているのです。

本罪は、目的犯として構成されていますが、「**共同加害の目的**」における**加害の対象**は、他人の生命、身体または財産です。これらは、本来ならば予備罪で処罰すべきものを特別罪として規定していますから、**制限的列挙**と解すべきであると考えられます。条文に一定の事項が列挙されているばあい、「制限的」列挙なのか「例示的」列挙なのかが、解釈論としてつねに問題になります。その際、立法趣旨を根拠に、制限的列挙なのか、**例示的列挙**なのかを示す必要があります。本罪のばあいには、本来の予備罪よりも広く処罰されている点で特別罪の要素がありますから、例外規定は厳格に解釈すべきですので、制限的列挙であることになります。したがって、これには自由とか名誉とかは含まれず、あくまでも生命・身体・財産が加害の対象とされるべきことになります。

同じ財産と言いましても、本条の財産には無体財産などのような**無形的な財産**は含まれません。なぜならば、一定の者が凶器を持って集まることによって財産を侵害することが前提となっていますので、**有形的な財産**は侵害されますが、無形財産権はそのような加害行為の対象となり得ないからです。すなわち、本来の行為の性質、つまり**有形的侵害行為**から見て、有形的な財産権に限定されるわけです。

しかし、その反面として、生命・身体・財産に対するものであれば、それが個人的法益に対する罪に限定される必要はありません。たとえば、公務執行妨害罪や放火罪のように、国家的法益または社会的法益に対する加害の目的があったとしても、なお、これに含まれます。国家も権利主体となり得ますから、国家の財産も加害の対象となるのです。

「**共同して害を加える**」目的とは、**共同実行の形態**で加害行為を遂行する意思です。つまり、複数の者が一緒になって加害行為をおこなおうとする意思で凶器を準備して集合することです。数人の者が加害行為を共謀し、その中の一人に実行させるような**共謀共同正犯の形態**のばあいは除かれます。

このばあいの加害は、万一、攻撃を受けたときには共同してこれに応戦・反撃するという消極的なものであってもかまいません。要するに、相手に害を加える点が重要ですから、積極的にこちらから出かけて行って害を加えるばあいだけではなくて、相手が来たら防戦する目的をもって、凶器を準備しているばあいも含まれるわけです。

④ 凶器の意義

ここでポイントとなりますのは、**凶器の意義**です。凶器には「**性質上の凶器**」と「**用法上の凶器**」の二種類があります。**性質上の凶器**とは、凶器としての性質を帯びているものを言います。人を殺傷する性質を当然、予定して使われているもの、銃砲刀剣類のように、その本来の性質上、凶器としての性質をもっているものを意味します。これに対して**用法上の凶器**は、本来の性質上、凶器ではないけれども、**その用い方によっては**人の殺傷を可能にする性能をもっているものを意味します。たとえば、草を刈る鎌は、もともとは草刈り用に作られており、それ自体は凶器ではありませんが、その鎌で人を殺したり傷つけたりすることも十分に可能ですから、凶器となり得るわけです。棍棒などもそうです。棒あるいは杭のたぐいは、あくまでも建築用資材として存在しているのですが、それで十分に相手方を殺傷できる可能性があり、あるいは財産などを破壊する可能性がありますので、用法上の凶器ということになります。限界線ははっきりしていますが、問題は、用法上の凶器がここでいう凶器にあたるかどうかです。たとえば、デモにおけるプラカードがここでいう用法上の凶器として扱われるのかが問題となります。たしかに、プラカードは、デモ行進の際、

性質上の凶器は、それ自体がもともと凶器としての性質をもっていますから、凶器とされるか否かは重要となります。問題は、用法上の凶器がここでいう凶器にあたるかどうかです。それが二〇八条の治安刑法の側面を持っていますから、本罪

万一、警官隊に押されたらそれで反撃することができますので、これを凶器と解することもできます。しかし、もしプラカードを持ったデモ行進についても、すべて凶器準備集合罪が適用されますと、集会の自由や表現の自由が大幅に制限されることになりますので、その限界線は、明確に定められる必要があります。

　そのような観点から**判例**は、「社会の通念に照らして、**人の視聴上**」、つまり、見たり聞いたりして、「**直ちに危険の感を抱かせるようなもの**」でなければ凶器とは言えないと解しています。たとえば、**ロープ**は、首をしめて人を殺すこともできますが、ロープを持っているのを見て、あるいは持って集まっていることを知って、社会一般が生命・身体・財産などに対する侵害の危険感を抱くかどうかという観点からの制限が加えられるのです。

　本罪の治安刑法的性格から見て、適用範囲が無制限に広がっていく可能性がありますので、このような制限を加えておくべきなのです。ただし、具体的に何がそれにあたるのかは、判例の集積によって確定されることになります。下級審の判例では、たとえば、玉突きの棒、くり小刀、バット、アイスピックなどが用法上の凶器となり得るとされています。**最高裁の判例**には、**長さ一メートル前後の角棒**が凶器にあたるとの判断を示したものがあります（最判昭和・・3刑集二四巻一三号一七〇七頁）。これは、デモの際の角棒が凶器にあたると判示したものです。昭和四七年三月一四日の最高裁判決は、**ダンプカー**は一定のばあいには凶器となり得るけれども、存在それ自体が凶器になるわけではない旨の判断を示しています（最判昭47・3・14刑集二六巻二号一八七頁）。すなわち、「他人を殺傷する用具として利用する意図のもとに準備されたダンプカーが、そのような用具として利用される外観ではなく、社会通念上、ただちに他人に危険感を抱かせるに足りないばあいには、凶器にあたらない」旨を判示しています。ダンプカーそれ自体は、家にぶつけて財産を壊したり、人をはねて死亡させたりすることは十分に可能ですから、用い方によっては凶器になると言えますが、たんに人や物を運ぶだけの状況のもとにおいては、誰が見ても、それ自体が凶器として使用されて危険感を抱かせるとは言えないばあいには、凶器にあたらないとされたのです。この判決は、ダンプカーはそもそも凶器ではないと言っているわけではありません。ばあいによっては凶器となり得るけれども、社会通念上、恐怖感を抱かせないような状況にあるときは、そのダンプカーは凶器とは言えないと判断したのです。つまり、最高裁は、ダンプカーを一般的に凶器としてみとめていないわけではないのです。

5 共犯

共犯の問題として、結集罪と**集合罪の教唆**があります。結集は、集合状態を作り出すことですから、現象的に見ますと、集合させる行為を含みますので、「集合の教唆」を含み得るのです。つまり、人をそそのかせて集めることは、集合罪の教唆を含み得るわけです。しかし、すべての結集罪が集合罪を包含するかは問題です。なぜならば、これには**法定刑の差**があるからです。集合罪の法定刑が「二年以下の懲役又は三十万円以下の罰金」となっているのに対して、結集罪の法定刑は「三年以下の懲役」とされ、「結集させる行為」の方が「集合する行為」よりも重くなっています。もし集合罪の教唆犯がつねに結集罪に包含されているとしますと、「正犯」よりも「教唆犯」の方が重いという不都合な結論になります。教唆犯は正犯の刑で処罰するのが基本原則ですから、結集は、集合罪の教唆の枠を越えたもっと重いものでなければならないはずです。集合の教唆より重い形態が結集罪の中に予定されていますから、集合状態を教唆したばあいでも、積極的に働きかけて集合状態を率先して作り出すリーダー的な役割を担っている者の行為が、結集として評価されることになります。そうでない者が集合をそそのかすばあいが、集合罪の教唆となるのです。このように、もっと重い、より積極性のある集合させる行為が結集であると解することによって、法定刑の違いが明解に説明できます。

⑥ 現場助勢罪（二〇六条）

二〇六条は、「前二条の犯罪が行われるに当たり」、つまり、傷害罪と傷害致死罪の二つの犯罪がおこなわれるにあたって、「現場において勢いを助けた者は、自ら」が、「傷害しなくても、一年以下の懲役又は十万円以下の罰金若しくは科料に処する」と規定しています。直接、自分自身が傷害または傷害致死行為に関与せずに現場において勢いを助けたばあい、すなわち、それをあおって盛んにその行動をおこなわせたばあいには、自分自身は直接、手を加えなくても、**現場を助勢**したことを理由に処罰されます。これは、通常の幇助罪とは違って、特定の正犯者の犯行を援助するのではなくて、**喧嘩をあおるような行為**、つまり、**野次馬**としてけしかける行為を処罰する規定です。

第7講　過失致死傷の罪／堕胎の罪／遺棄罪

1　過失致死傷の罪

(1)　罪　質

二〇九条一項は、「過失により人を傷害した者は、三十万円以下の罰金又は科料に処する」と規定し、二項は、「前項の罪は、告訴がなければ公訴を提起することができない」と規定してこれを親告罪としています。

二一一条は、「業務上必要な注意を怠り、よって人を死傷させた者は、五年以下の懲役若しくは禁錮又は五十万円以下の罰金に処する。重大な過失により人を死傷させた者も、同様とする」と規定しており、前段が「**業務上過失致死傷罪**」であり、後段が「**重過失致死傷罪**」です。犯罪統計上、業務過失致死傷罪が圧倒的に多いのですが、それはなぜかと言いますと、**交通事犯**における人身事故などがこれに包含されているからです。これは一般的に「業過事件」といわれています。

二一一条の**法定刑**には**自由刑**が規定されていることに注意する必要があります。**過失傷害罪**、いわゆる**軽過失**のばあいには財産刑だけであり、自由刑は規定されていません。これに対して二一一条では、罰金刑のほかに、五年以下の懲役又は禁錮という自由刑が科せられているのです。さらに、過失犯は、伝統的に**非破廉恥罪**と考えられてきたため、自由刑は**名誉拘禁刑**としての禁錮刑が科せられてきました。ところが、悪質な交通事犯に対処するため

破廉恥罪に科せられる懲役刑が規定されるに至っているのです。また、業務上過失致死傷罪は、通常の過失致死傷罪よりも刑が重くなっている点に特徴がありますが、刑を重くした理由が問題になります。

過失の類型としては、「軽過失」と「重過失」があります。**軽過失**は、通常の過失を意味します。つまり、**重過失**に対して軽過失と言い、過失の程度が軽いことを意味するわけです。はなはだ軽率といわれるばあいが重過失です。それは、ほんの少しの注意を払えば足りたのにそれをおこなわなかったばあいを意味するのです。

過失犯の本質をめぐって、**新旧過失犯論争**があり、今なお理論上、争われています。わたくしは、**結果回避義務**を中核にすえる**新過失犯論**を支持していますが、伝統的な考え方である**旧過失犯論**においては、予見可能性を基礎とする予見義務が過失犯の中核的な要素をなすと理解されています。わたくし達は、新過失犯論の見地から、社会生活上、要求される「**基準行為**」から逸脱したことによって結果が生じたばあいに、過失犯が成立し、処罰の対象になるという捉え方をするわけです。これについては刑法総論のテキストで詳しい説明がなされていますから、後で読んでください。また、**監督過失**が、実務や学界で問題になっています。司法試験などでも出題される可能性が十分にあります。監督過失も総論で詳しく説明されていますから、後できちんと読んでおいてください。

交通事故がモータリゼーションの結果として非常に増えたことによって、じゅうらい理論的に刑法理論の片隅に置かれていた過失犯論が、今や重要な地位を占めるに至っています。犯罪実数の八、九割が**交通事犯**ですから、過失犯は故意犯の裏返しとしての過失というような消極的な形で問題にされるべきものではありません。過失犯それ自体が重要な意味をもつという観点から、精密な理論構成が要求されているのです。さらに、大規模な**工場災害**の発生が重大な事態を惹き起します。たとえば、大型石油コンビナートや原子力発電所などにおいて事故が起こると大変な被害が生じます。一個の過失行為によって、広範囲の地域で、さらには地球規模で大きな災害をもたらすことになります。そのような工場災害が過失犯として構成されますから、これを理論的にどのように捉えるかはきわめて重要です。組織として一定の監督者がいるばあい、その監督者の責任をどのように解するか、末端の者の責任をどうするのか、などの監督過失の問題が生じます。

監督責任、**管理責任**は、ホテル火災やデパート火災において特に問題とされています。これについて、非常に大きな理論的な問題点が包含されてます。ホテルの火災としては、最高裁の平成五年一一月二五日のホテルニュージャパン火災事件（最決平5・11・25刑集四七巻九号二四二頁）、平成二年一一月一九日の千日デパートビル火災事件（最決平2・11・19刑集四四巻八号八七一頁）、平成三年一一月一四日の大洋デパート火災事件（最決平3・11・14刑集四五巻八号二二一頁）などにおいて、注目すべき判断が示されています。それから日本アエロジル工場塩素ガス流出事件（最判昭63・10・27刑集四二巻八号一一〇九頁）において監督過失が問われています。その事件毎に、たとえば、ホテルの支配人やデパートの売り場の監督者などが、どういう地位に基づいて、どういう内容の具体的な注意義務を負うのか、監督過失としてどの部分が問われるのか、などが争点になっているわけです。判例においては、具体的な事実関係を詳細に個別的に認定したうえで、注意義務の内容を確定して、処罰範囲を明確にしようとしています。

(2) 業務上過失致死傷罪における「業務」の意義

業務の要件として判例は三つの要素をあげています。すなわち、①社会生活上の地位に基づくこと、②危険性のある事務、③反復継続性の三つの要素が必要とされます。なぜそれが必要なのか、はたして全部必要なのかがここで問題となります。さらに、業務によって通常の過失犯よりも重い刑が科せられるのはなぜか、が問題となります。言い換えますと、業務上過失致死傷罪の法的な性格が問題になるわけです。

業務という言葉は、業務妨害罪などにもありますが、それぞれの犯罪類型の**保護法益**との関連で内容に違いがあります。業務妨害罪における業務については、公務執行妨害罪における公務との関連でお話しします。ここでは業務上過失致死傷罪における「業務」について触れることにします。

まず、業務の要件から見ていきます。

① **社会生活上の地位**に基づくこと

業務は、ほんらい職業とか職務とかを意味するのですが、**判例**はその内容をかなり広げています。実際上、社会生活上の地位に基づくことの意義が広がっています。たとえば、車を運転していて怪我《けが》をさせたり、死亡させたりする業過事件のばあい、車を運転することそれ自体は、社会生活上の地位に基づくものとされています。車を運転すること自体が社会的地位に基づいているというのは、従来のわたくし達の法観念からしますと、違和感を覚えるにもかかわらず、車で怪我《けが》をさせたり死亡させたりしたりしますと、二一一条で処罰されるのです。社会生活上の地位に基づいているかどうかは、何の意味ももたなくて、実際上は、車を運転しているときに事故を起こせば、二一一条で処罰されることになるのです。

法定刑は、懲役刑まで科せられていますので、かなり重いと言えます。業過事件は全部二一一条で処罰されますので、実際上、社会生活上の地位に基づく要件は意味をもたないから、要件からはずすべきだとする見解もあります。しかし、非常に微々たるものですが、要件としてまったく無意味ではないのです。たとえば、母親が誤って自分の子供を死亡させてしまったばあい、これは通常の過失致死罪になります。社会生活上、親子関係はここでいう業務にあたらないとして、こういう行為を排除することができますので、その限度で意味をもち得ます。①の要件はまったくはずすわけにはいきませんが、実際上は大きな制約とはなっていないことを指摘しておくにとどめます。

② **危険性のある事務**

業務にかかわることによって他人の生命、身体に重大な危険を及ぼすことがあるため、二一一条で処罰されるわけですから、生命、身体に危険を生じさせるような事務でなければならないことになります。この要件は、保護法益との関連で要求されます。ここでは生命、身体が保護の対象になっていますから、それに危険を直接生じさせるような事務に限定されるのです。

業務の類型として、交通関係、医療関係、各種の危険物の製造、旅館・飲食店、あるいは乳児院や幼稚園などが挙げられます。たとえば、薬品・医薬部外品の販売、土木工事その他の保安機構の運営、各種危険物の製造・保管・販売・運搬、旅館・飲食店などにおける食品の製造・保管・販売・運搬など保護者的地位に基づく事務などがあります。これらについては、当然、他人の生命、身体に重大な危険を及ぼすおそれがある点が意味をもちますので、それにかかわる者は、本条の業務性を有します。

③　**反復継続性**

一回限りの行為は業務とは言えませんので、ある程度の継続性が要求されます。つまり、反復継続性が業務の要件としてみとめられます。反復継続性は、一般的には長い間続いていることを意味しますが、第一回目の行為についても、なお反復継続性を認定できるかが問題となります。これを肯定する理由づけをどうするかが重要です。その行為を繰り返しておこなう意思のもとでおこなわれていれば、今後もその行為がおこなわれ得るという意味で、反復継続性があると認定されます。そのように解しませんと、第一回目はつねに反復継続性がないとして排除されてしまうという不都合が生ずるからです。

⑶　業務上過失致死傷罪の法定刑が通常の過失犯より刑が加重される理由

次に問題になるのは、**業務上過失致死傷罪の法的性格**をどのように捉えるか、つまり、刑が通常の過失致死傷罪にくらべて加重されている理由をどのように解するか、です。これがここでの重要な論点になります。この点について、見解は次のように分かれています。

①　業務者には**特別に高度な注意義務**が課せられているから、刑が加重されると解する考え方が、**判例・通説**の立場です。

② この種の犯罪にあっては、被害者および被害法益が重大であるか、または、多数であることが多いので、**違法性の程度**が高いため、刑が加重されると解する立場があります。

③ 業務者は、通常人よりも広い範囲にわたって結果を認識・予見する能力をもっているので、結果の発生に対して**責任**が重いから、刑が加重されると解する立場があります。これは、その能力を十分に発揮していない点において責任が重くなるという捉え方です。

④ 業務者一般に警戒させるため、つまり、**一般予防**の見地から刑が加重されると解する立場もあります。これは、法理論的な側面からではなくて、刑事政策的観点から一般的に業務者に警告を発すると把握する刑事政策説にほかなりません。

わたくしは、①の**判例・通説**と同じ立場に立っています。つまり、業務上過失致死傷罪における業務者は、他人の生命・身体に直接、重大な危険を生じさせる事務にたずさわる以上、そのような結果を回避すべき特別な義務を課せられるのです。そのような業務については、通常のばあいより高い**注意義務**を課せられるわけで、それに違反したからより重い刑罰が科せられることになります。

たしかに、②説が言うように、違法性の問題として捉えることも可能ですが、必ずしも業務上過失致死傷罪だけが被害法益が甚大であり、被害者が多数というわけではありません。そうでないばあいもあり得ますから、違法性だけでは説明がつかないのです。また行為者の能力の点は、③説が言うような責任の問題ではなくて、むしろ客観的な注意義務の問題として、一般的にそのような危険な業務にたずさわる者については、それにふさわしいだけの義務、つまり、通常のばあいよりも高い義務を課している点が問題なのです。行為者自身がその能力を有するかどうかを問題にすべきではありません。このような観点から、わたくしは、判例・通説と同じように、業務者は**特別の注意義務**を課せられているから、それに違反すれば刑も重くなると解するのが妥当であると考えるのです。

(4) 自動車による軽い致傷のばあいの刑の免除（二一一条二項）

平成一三年の刑法改正により、自動車による業務上過失致傷罪について、「**傷害が軽いとき**は、情状により、その**刑を免除**することができる」とする規定（二一一条二項）が新設されています。自動車の普及に伴い、国民の日常生活において自動車事故による業務上過失致傷事犯が増加しており、多くの国民が加害者となる可能性も増大していますす。軽微な事案についても刑罰を科しますと、多くの国民に過大な負担を強いることになりかねません。そこで、「**傷害が軽いとき**」には、裁量的な「**刑の免除**」をみとめ、科刑からの解放の道を開いたのです。もっとも、このような軽傷事犯は検察官の訴追裁量により**起訴猶予**とされることが多いですから、本項が実際に適用されることはあまりないと考えられます。したがって、本項は、そのような起訴猶予処分に実体法上の根拠を与える機能を有することになると解されています。

(5) 重過失致死傷罪

二一一条の後段は重過失致死傷罪について規定しています。「重大な過失により人を死傷させた者も、同様とする」とされ、法定刑は、業務上過失致死傷罪とまったく同じです。

ここでいう**重過失**は、通常の過失である軽過失にくらべて、甚《はなは》だ軽率、非常に軽率であるといわれる事態です。ちょっと注意すれば結果発生を回避することができたにもかかわらず、そのような注意をしなかったばあいは、きわめて責任が重いわけですから、重過失犯として重く処罰するのです。

② 堕胎の罪

(1) 意　義

胎児については堕胎罪で処罰するのが、現行法の立場です。**堕胎罪の保護法益**をどのように解するかについて、理論上、対立がありますが、現在の**判例・通説**は、**第一次的には**胎児そのものが保護の客体であり、**第二次的**に母親も保護の客体になっていると解しています。

保護の客体論は、解釈論上、妊婦自身が堕胎行為をおこなったばあいに、かなり刑が軽くなっている点をどのように説明するかに関して問題となります。妊婦の同意があったばあいにも刑が軽くなることからしますと、妊婦そのものの生命・身体も保護の対象となっていることになります。妊婦自身が堕胎行為をおこなっても処罰されますから(二一二条)、胎児が保護の客体となっていることは否定できません。さらに妊婦も保護の客体として扱われていると解するのが、法の規定に適合すると言えるのです。

堕胎罪の処罰の在り方は、国の**人口政策**に関わります。人口の多い国は、堕胎の規制がゆるやかですが、人口が大変減少している国は、堕胎に対してかなり厳しく対処しています。さらには**宗教**が関わります。たとえば、カトリックでは、堕胎は全面的に禁止されており、カトリック教の国においては堕胎罪は、かなり厳格に取り締まりの対象になっています。そうでない国においては、わりあい緩やかになっています。

わが国は**母体保護法**との関連で、除外事由が広いですから、広範に堕胎に相当する**人工妊娠中絶**が合法化されています。人工妊娠中絶は、本来は堕胎行為の一環なのですが、法令による行為（三五条）として違法性が阻却されます。実際上、堕胎が処罰されるのは、かなりまれなばあいです。その意味で日本は堕胎天国であると、外国からいわれたりするのです。

ウーマンリブの立場から、「産む自由」・「産まない自由」は女性の**自己決定権**の範囲内にあると解すべきですから、「産まない自由」を根拠に堕胎罪規定を廃止すべきであるとする意見も主張されています。それが全面的に受け入れられるものかどうか、は必ずしも明白ではありません。と言いますのも、すでに生命体として胎児になっているものを法的に抹殺してよいかどうか、については高度な政策的判断が必要であると考えられるからです。堕胎行為の自由化を実現してよいのかどうかは、宗教・倫理の問題もからみますので、難しい問題なのです。現行法上、堕胎罪の規定がありますから、ここではそれについて解釈論上の問題点にしぼって説明することにします。

(2) 犯罪類型

犯罪類型として、自己堕胎罪、同意堕胎・同意堕胎致死傷罪、業務上堕胎・業務上堕胎致死傷罪、不同意堕胎・不同意堕胎未遂・不同意堕胎致死傷罪が規定されています。

個別的に規定を見ていきますが、二一二条は、**自己堕胎罪**として「妊娠中の女子が薬物を用い、又はその他の方法により、堕胎したときは、一年以下の懲役に処する」と規定しています。これは、妊婦自身がおこなう堕胎行為ですが、法定刑は一年以下の懲役であり、刑としては一番軽いです。

二一三条は、「女子の**嘱託**を受け」、つまり妊婦の方から依頼を受け、「又はその**承諾**を得て」、つまり妊婦の承諾を得たうえで「堕胎させた者は」、「二年以下の懲役に処する。よって女子を死傷させた者は、三月以上五年以下の懲役に処する」と規定しており、怪我をさせたり死亡させたりしたばあいには、三ヵ月以上五年以下の懲役に処せられます。これは、結果的加重犯の規定です。

二一四条は、業務上堕胎罪および同致死傷罪について、「医師、助産師、薬剤師又は医薬品販売業者が女子の嘱託を受け、又はその承諾を得て堕胎させたときは三月以上五年以下の懲役に処する。よって女子を死傷させたときは、六月以上七年以下の懲役に処する」と規定しています。これは、医師、助産師、薬剤師または医薬品販売業者という身分があることによって、刑が重くなっていますので、業務上堕胎罪という「**不真正身分犯**」です。

二一五条は、不同意堕胎罪について、「女子の**嘱託を受けないで**、又はその**承諾を得ないで**堕胎させた者は、六月以上七年以下の懲役に処する」と規定しています。前条の業務者であっても、嘱託を受けていなければ二一五条で処罰されます。要するに、女子の嘱託または承諾を受けていないばあいには、本条の刑で処罰され、しかも第二項は「前項の罪の未遂は、罰する」としており、この罪についてだけは未遂犯が処罰されます。

二一六条は、「前条の罪を犯し、よって」と規定していますから、女子の嘱託を受けないで、または承諾を受けないで堕胎させて「よって女子を死傷させた者」、つまり、妊婦を死亡させたり妊婦に怪我を負わせたりした者は、「**傷害の罪と比較して、重い刑により処断する**」と規定しています。「傷害の罪と比較して、重い刑により処断する」とは、傷害の罪として規定されている罪の法定刑と比較して、その上限および下限のいずれも重い方の法定刑を適用するという意味です。

以上が堕胎罪の条文ですが、それらに共通する堕胎行為については次項で説明することにします。

(3)　堕胎行為

堕胎とは、自然の分娩に先立って人工的に胎児を母体から分離することを言います。要するに、自然に分娩するよりも前に、母体から胎児を引き離すことです。生命をもって生まれても、死産であっても、堕胎行為をおこなえば処罰されるのです。

堕胎の方法については制限がありませんので、薬物を用いようが、その他の方法を用いようがかまいません。堕胎によって生まれた者を、その後、殺害すれば、すでに人として生まれていますから、新たに人を殺したこととなって殺人罪が成立し、堕胎罪と殺人罪とは併合罪となります。

(4) 堕胎罪と母体保護法による人工妊娠中絶

母体保護法による人工妊娠中絶については、母体保護法一四条に要件が規定されています。すなわち、次のばあいの一つにあてはまるものについて、医師が本人および配偶者の同意を得て、人工妊娠中絶をおこなう限り、刑法の三五条によって**法令に基づく行為**として違法性が阻却されます。

①妊娠の継続または分娩が身体的または経済的理由により母体の健康を著しく害するおそれのあるもの、②暴行もしくは脅迫によってまたは抵抗もしくは拒絶することができない間に姦淫されて妊娠したもの、というのが要件となっています。

①のうち身体的理由によるばあいは、「**医学的適応**」による人工妊娠中絶、①のうちの経済的理由によるものは「**経済的適応**」による人工妊娠中絶であり、②は「**倫理的適応**」による人工妊娠中絶と称されます。

先ほど日本は堕胎天国だと言われることがあるとお話ししたのは、この「経済的適応」による人工妊娠中絶が、かなり広くなされているからです。つまり、経済的理由に基づいて、医者が人工妊娠中絶をしますから、実際には無制限に近くなっているわけです。

以上が堕胎罪の中心部分ですが、**業務または同意の有無**によって、構成要件・法定刑に変更が生じますから、「**身分犯と共犯**」の問題として六五条二項の適用関係が、国家試験などにおいて事例形式で問われます。その点をきちんと押さえておいていただきたいとおもいます。

③ 遺棄罪

(1) 意義

遺棄罪は、現実の日常生活をいとなむにあたって、他人の扶助がなければ生活がうまくできない者を、危険な状態にさらす行為を処罰する犯罪類型です。このような行為は**遺棄行為**として捉えられます。生命・身体に対する危険への対応が必要とされる者とは、日常生活における**経済的な扶助**ではなくて、あくまでも日常生活をいとなむにあたって、保護されなければ生命・身体に危険が生じるという意味の扶助です。その点で経済的な扶助という観念と違うことを、知っておいてください。

無保護状態におくことによって**生命・身体に危険を生じさせること**が、処罰の根拠になります。遺棄罪には二種類あり、二一七条が単純遺棄罪または一般遺棄罪であり、二一八条が保護責任者遺棄罪です。二一九条は遺棄致死傷罪を規定しています。かつて尊属について加重規定がありましたが、平成七年の法改正で削除されました。

遺棄罪は、**危険犯**です。危険犯には**抽象的危険犯**と**具体的危険犯**があります。抽象的危険犯は、その行為が生命・身体等に危険を生じさせるから、その行為を処罰するのだという形で、危険の存在・発生が**立法理由**になっている犯罪形態です。通説の捉え方によりますと、抽象的危険犯のばあい、その危険が「擬制」されていることになります。すなわち、そういう行為をおこなえば一般的に法益侵害の危険が生じることが立法理由とされるわけです。これに対して具体的危険犯は、具体的状況において、生命・身体等に対する危険が現実に発生したかどうかを検討し、それが発生したばあいに、処罰される犯罪類型です。具体的な危険の発生を必要としますから、具体的危険犯と称されるわけです。具体的危険犯のばあい、行為がおこなわれても、具体的な状況において現実的な危険が発生しないときには、構成要件に該当しません。

遺棄罪について具体的危険犯と解するか、抽象的危険犯と解するか、という対立がありますが、**判例**は抽象的危険犯と解しています。したがって、判例によれば、その客体を遺棄すれば、それだけで遺棄罪が成立し、具体的に生命・身体に現実的な危険が生じなくても、遺棄罪として処罰されることになります。これに対して**通説**は、具体的危険犯として捉えるべきだと主張しています。これは、具体的に危険が発生したばあいにだけ、処罰することができるという捉え方です。わたくしも通説と同じように、具体的危険犯説の立場に立っています。

具体的危険犯説と抽象的危険犯説が異なる結論になるのは、次のようなケースです。たとえば、母親が自分の子供を遺棄するにあたって、警察署や交番の前に捨て、物陰から見ていて、警察官がその子を抱き上げて保護するのを確認してから、その場から立ち去るばあいです。警察官はその子を施設へ送って保護を受けさせることになりますが、その子供が施設に入れられることによって、現実的には生命・身体に対する危険は消えるわけです。その場から立ち去った母親の罪について、判例の立場によれば、その場に置いたこと自体で**抽象的危険**が生じていると扱われますので、警察官が保護したとしても、なお遺棄罪で処罰することになります。これに対して通説は、生命・身体に直接、危険を生じさせていない以上、**遺棄行為**にあたらないとして本罪の成立を否定するのです。

(2) 遺棄罪の客体

遺棄罪の客体である「**保護を要すべき者**」とは、他人の助けを借りなければ、みずから日常生活をいとなむのに必要な動作をおこなうことが不可能ないし著しく困難であるために、自己の生命・身体に対して生ずる危険を回避できない者のことです。前にも述べましたように、単なる経済的困窮者は含まれません。経済的に苦しいのかどうかではなくて、他人の扶助がなければ日常生活において、身体的な動作その他に非常な不自由を感じて、そのことによって生命・身体等に危険が生ずる者を「保護を要すべき者」と言います。

判例によりますと、扶助を要する者は、「老年、幼年、身体障害または疾病によって著しく失調または身体上の欠陥があって、他人の扶助力がなければ、みずから日常生活をいとなむべき動作をすることができない者」とされ、日常動作の観点から捉えられており、**通説**も同じ立場です。

行為客体は、ここに挙げられたものに限定されます。すなわち、老年者、幼年者、身体障害、それから病気を理由とするばあいに限定されます。その疾病の原因は問いません。負傷であれ、妊娠、飢餓、疲労、飲酒、麻薬使用によるものであれ、扶助がなければ困るという状態にあるばあいに、この客体にあたることになります。酩酊者も、かなりグデングデンに酔っぱらっている者をそのまま放置すれば、保護者について遺棄罪が成立することになります。

(3)　遺棄行為

遺棄行為の捉え方について、見解が対立しています。**通説**は、移置行為、つまり扶助者を場所的に移動する行為が狭い意味の遺棄行為であると解しています。単純遺棄罪の規定である二一七条は、それを含んでいるのです。一定の場所に移動して、無保護状態にさせるのが、**狭義の遺棄罪**です。これに対して**広い意味の遺棄罪**を規定しているのが、二一八条です。移置だけではなく、要扶助者を従来の場所に置いたままで立ち去ること、つまり**置き去り**、またはその他の方法で要扶助者の生命・身体に危険を生じさせることを含みます。場所的に移動しなくてもいいわけで、要するに、現在の保護状態から保護のない状態に移行させれば足りるのです。わたくしも、通説と同じ考え方を採っています。

(4)　保護責任

二一八条は、「老年者、幼年者、身体障害者又は病者を保護する責任のある者」と規定して、主体を限定していますが、保護責任が何によって生ずるかについては何も触れていませんので、問題が生じます。これは不真正不作為犯における作為義務の発生根拠に類似する問題です。これについても、法令に基づくもの、契約に基づくもの、事務管理、一般慣行・慣習ないし条理によって生ずるものなどが挙げられます。

法令に基づくものとしては、民法の八二〇条に**親権者の監護義務**があり、その監護義務を基礎にして保護責任が生じます。親族間における**扶養義務**も保護責任の根拠となります。警察官にも保護義務があるのですが、これは警察官職務執行法三条に基づいて生じます。契約に基づくものとしては子守契約(ベビーシッター契約)などがあり、その契約によって、子守の対象となっている幼児・乳児を保護する立場に立つことになります。事務管理に基づくものとしては、たとえば、老人を引き取って自分の家で世話を始めたものの面倒くさくなって放り出したようなばあいに、本罪が成立することになるのです。

前に殺人罪のところで、「**ひき逃げ**」が、殺人になるのか、保護責任者遺棄致死になるのかについてお話ししました。保護責任者遺棄致死罪や通常の遺棄致死罪は、もともと結果的加重犯です。したがって、故意の基本行為があって、死亡の点について故意がないばあいが遺棄致死罪の基本形態です。ところが、「ひき逃げ」は、通常のばあいと違って、死亡の点について故意があっても、殺人罪における作為義務と同程度と言えないとき、つまり、**作為との同価値性**がみとめられないときに、保護責任遺棄致死罪を構成することになります。一九九条の殺人罪の作為義務は、保護遺棄致死罪の作為義務よりも非常に重いわけですから、その程度に達しないものについては、二一九条で処罰するのです。殺意(殺人の故意)があるばあいであっても、なお本条の適用を肯定することをみとめるわけですが、しかし、これはあくまでも例外です。原則は結果的加重犯として、重い結果については故意がないことが適用の前提となるのです。「ひき逃げ」について、殺人罪としての作為義務をみとめ得ないばあいには、故意があるときでも二一九条で処罰され得ることを、ここで補足しておきます。

第*8*講　自由に対する罪

1 総　説

自由は、わたくし達が現実の社会生活をいとなむうえで、きわめて重要な意味をもっています。わたくし達は、自由主義社会に生きており、自由は、**基本的人権**の一つとして強い保護を受けるべき重要な法益です。自由に生活している限り、その大切さをあまり感じませんが、自由というものは、失ってはじめて、その重大さが痛切に分かるものです。日常生活において、何でもないこと、たとえば散歩をしたり、好きなときに寝起きをしたりするような自由は、とくに意識することもなくどうでもないこととおもわれがちですが、奪われたときに、それがいかに大事なものであるかが実感できます。自由を満喫できる社会にいるばあいには、逆に自由の尊さ、ありがたさが、ある意味では分からない状況にあるとも言えます。現実に失ってはじめて、それが分かるからです。自由の大切さは、いくら強調してもし足りません。

刑法の観点から、**どういう自由を**、**どのように**保護するのかを検討するのが、自由に対する罪における主要問題です。

刑法で挙げられるのは、個人的法益に対する罪として規定されている**意思決定の自由**、**身体的活動の自由**です。逮捕・監禁罪は、身体的活動の自由、つまり、行動の自由を害する罪です。脅迫罪は、精神的な意思決定の自由を侵害する罪です。人を脅す行為も悪質です。略取・誘拐罪も、身体的な行動の自由を損なう面をもっています。**性的な意思決定の自由**を侵害する強制わいせつ罪や強姦罪も、ここで自由に対する罪として位置づけられます。刑法典上は、強制わいせつ罪や強姦罪は、性的秩序に対する罪として社会的法益に対する罪のなかに位置づけられています。つまり、一七六条、一七七条は、わいせつ罪の一環として規定されているわけです。しかし、中身に即して言いますと、これらはあくまでも性的な自由に関する罪として捉えられるべきであると解するのが、現在の通説的な見解であり、わたくしもそのように解すべきであると考えています。刑法典は「二十二章　わいせつ、姦淫及び重婚の罪」において、これらを全部、わいせつまたは姦淫行為に関連するものとしてまとめています。たしかに性秩序に関わっているという側面をもっておりますが、しかし、より根本的には、被害者の意思決定の自由を損なう点に意味があるのです。その観点から、性的な意思決定の自由に対する罪として、ここで扱うことにします。

同じ自由の侵害行為であっても、他の罪との**結合犯形態**とされているばあいには、別に処罰され、ここに規定されている罪は成立しません。たとえば、強盗罪とか恐喝罪とかは、財産的な処分行為に関して脅迫によって意思決定を損ないますが、これは財産犯として扱われるのです。

② 逮捕・監禁罪

行動の自由を妨げる罪としてまず挙げられるのが、逮捕・監禁罪です。逮捕・監禁罪について二二〇条は、「不法に人を逮捕し、又は監禁した者は三月以上五年以下の懲役に処する」と規定しています。二二一条は、「前条の罪を犯し、よって人を死傷させた者は、傷害の罪と比較して、重い刑により処断する」と規定していますが、これは、結果的加重犯につき傷害の罪と比較して重い刑で処罰するという趣旨です。逮捕・監禁は、直接的にその人の行動の自由を侵害する行為ですから、逮捕または監禁されることによって、身体的行動の自由を奪われる犯罪類型です。

⑴　意　義

逮捕行為と**監禁行為**はどう違うかが問題になります。たしかに、二二〇条で一括して規定されていますから、実際上、厳密に逮捕なのか監禁なのかを区別する実益はありませんが、しかし、行為としては、逮捕行為と監禁行為はちがいますので、それを明確にしておく必要があります。

逮捕とは、直接、相手方の身体を拘束する行為です。たとえば、腕でつかんだり、はがいじめにしたり、あるいは縄でくくって動けなくしたりする行為です。直接、その身体を拘束して行動の自由を妨げるのが逮捕です。これに対して**監禁**とは、直接的に身体を拘束するのではなくて、一定の場所から出られなくすることによって、間接的に拘束する行為です。たとえば、一定の部屋に閉じ込めるばあいは、部屋の中では自由に行動できるのですが、場所的にそこから出られない状況を作り出していることを通して、行動の自由が阻害されているわけです。日常的に不法監禁という言い方がなされますが、別に不法監禁罪があるのではなくて、監禁罪そのものがあるのです。不法監禁の「不法」という点に意味があるのでなくて、監禁行為それ自体が重要なのです。また、一般用語として**軟禁**という言葉が使われます。これは、たとえば、豪華なホテルの一室に泊めて、そこから出られないようにして、その中では自由に行動させるばあいですが、刑法上はこれも監禁です。なぜならば、その場所から出られないからです。その中で待遇がよいか悪いかは、本罪の成立にとっては関係がありません。

逮捕した後、監禁すれば逮捕・監禁ということになるのですが、これは**包括して**二二〇条で処罰されます。同じ法益に対する侵害として一罪として扱われるわけです。

行動の自由が損なわれたと言えるためには、ある程度の時間の継続が要求されます。前にも話しましたように、これは**継続犯**です。ある程度の時間的な継続を必要としますので、一定の時間の経過を経て既遂に達するのです。

逮捕行為に出て、一、二分でパッとほどかれたばあい、自由の拘束に必要な時間に達していませんから、これは既遂ではなくて、理論的には未遂です。理論上は逮捕・監禁罪の未遂罪ですが、逮捕・監禁罪に関しては未遂罪を処罰する規定がありません。そうしますと、逮捕行為それ自体は、暴行行為にほかなりませんから、二〇八条の暴行罪で処罰されます。監禁にあたって暴行を用いていれば、その部分が暴行として処罰されるのです。

(2) 客　体

客体は**自然人**に限られます。なぜならば、行動の自由が前提とされているからです。自由に動ける自然人に限定されているのです。自然人のなかでさらに問題になりますのは、現実的な行動の自由をもっている者に限られるかどうかです。**通説**は、必ずしも直接的に、この時点で「**現実的な行動の自由**」をもっている者に限られないと解しています。つまり、「**潜在的な行動の自由**」をもっている者をも保護の客体となると解しているわけです。これは、たとえば、熟睡中の者、酒に酔っぱらって意識を失っている者をその人が気づかない間に部屋に閉じ込めておいたばあい、これについて監禁罪が成立するか、という問題にほかなりません。熟睡している間は、現実的には行動の自由をもっていないのですが、その人を部屋に閉じ込めておくことによって、行動の自由が侵害されたと言えるか、が問題になるわけです。目覚めれば行動の自由をもち得るから、潜在的にはなお行動の自由をもっていると捉えますと、これについても監禁罪が成立することになります。これは、通説の考え方です。その立場からは、嬰児《えいじ》、つまり、まだ自由に動きまわれない子供についても、なお監禁罪が成立し得ることになります。

しかし、わたくしは、通説の考え方はおかしいという反対説の立場に立っています。それはなぜかと言いますと、あくまでも行動の自由侵害の対象となる以上、現実的に行動の自由を阻害してはじめて、その自由が侵害されたことになるからです。そもそも行動の自由は、現実的に考えるべきであり、潜在的なものでは足りません。ほんらい自由というものは、**自由であることの意識**があるからこそ意味をもつのであり、そういう意識を有する者の自由しか侵害できないのです。**自由の意識**の無い者に対して、自由の侵害というのはあり得ません。こういうことがわたくし達の立場の根拠になります。自由は、自由の意識がある者にだけ存在し得るわけで、ただ外形的に、精神活動を抜きにして動いている状態は、自由ではありません。その人の意思に基づいて、他から拘束されずに自分の意思で動き回れるという状況が「行動の自由」の内実なのです。身体的に拘束されたり、場所的に拘束されたりするというのは、現実に動けなくなったり、そこから出られなくなったときに、分かることなのです。一定の場所から出ようとしても出られないときにこそ、行動の自由が侵害されることになります。したがって熟睡している間は行動の自由はまったくありませんから、まったく行動の自由のない者の自由を侵害するということはあり得ないのです。寝ている者をその人が知らないうちに鍵をかけたとしても、外見上は監禁行為かもしれませんが、自由の侵害が存在しない以上、監禁罪は成立しないことになります。そうしますと、その人が目覚めて、そこから出られないことに気がついたときから監禁罪の問題が生ずるのです。被害者が気がついて出られなくなったときに、そこから解放する作為をしなかったという**不作為による監禁**です。そのときに行動の自由が現実化しますから、そのときから監禁罪として構成するわけです。

このような考え方を採りますと、いったん行動の自由が生じた後、監禁罪が成立し、また眠ったばあいには、その間は監禁罪は成立しないという結論になって、おかしいという批判があります。たしかに理論的にはそのような結論になりますが、しかし、**包括して一つの行動**として見れば不都合は生じません。つまり、断続的に解するのではなくて一個の自由を侵害されたものとして一罪と解すれば十分であると反論できます。

まったく自由の意識をもっていない嬰児《えいじ》などについて監禁行為をおこなっても監禁罪が成立しないのは、実際上、不都合であるとの批判に対しては、次のように反論できます。このばあい、外形的な監禁行為によって**母親の保護状態**を悪化させることになりますから、これは略取誘拐の罪で処罰することが可能です。嬰児自身に対する監禁罪ではなくて、**保護監督権**という母親の法益を侵害していることを理由に処罰できますから、実際上の不都合は生じないのです。

(3) 行為態様・違法性阻却

行為態様は、必ずしも有形的な方法に限られません。**無形的な方法**、たとえば、嘘をついたり、脅迫したりすることによって逮捕・監禁することもできます。必ずしも有形的に身体的に拘束をすることに限られません。

先ほど不法監禁という言葉に触れましたが、二二〇条で「不法に人を逮捕・監禁する」となっていますけれども、「不法に」というのは犯罪論上は格別の意味をもつものではありません。これは他の犯罪類型におけるのと同じように、「違法に」というのと同じ意味であって、これに特別な意味をもたせる必要はないのです。

現行犯逮捕、通常逮捕は、刑事訴訟法に規定がありますから、刑法三五条にいう**法令に基づく行為**として違法性が阻却されます。たとえば、伝染病患者を閉鎖病棟の中などに隔離をする行為は、監禁行為にほかなりませんが、これも法令に基づく行為として違法性が阻却されます。また逮捕された被疑者を勾留するのも、場所的にその場から動けなくするわけですから、内容的には監禁行為ですが、これも法令に基づく行為として違法性が阻却されます。

3 脅迫の罪

(1) 意　義

これから脅迫罪と強要罪について説明します。「きょうはく」という言葉は民法でも使われますが、民法のばあいは「強迫」が用いられ、刑法のばあいは「脅す」という意味を込めて「脅迫」が用いられます。刑法では相手を脅して畏怖させる点に意義があります。民法のばあいは、強いて一定の意思表示をおこなわせますので、瑕疵《かし》ある意思表示を理由にして取り消すことができる旨を民法九六条が規定しています。

脅迫の罪として規定されていますのは、**狭義の脅迫罪**と強要罪の二種類です。脅迫罪は、相手を脅して畏怖心を生じさせるところに意義があるのですが、**強要罪**は、相手を脅したうえで、おこなうべき権利の行使をさせず、または義務のないことをおこなわせる点に特徴があるのです。

まず**狭義の脅迫罪**について、二二二条一項は、「生命、身体、自由、名誉又は財産に対し害を加える旨を告知して人を脅迫した者は、二年以下の懲役又は三十万円以下の罰金に処する」と規定し、二項は「親族の生命、身体、自由、名誉又は財産に害を加える旨を告知して人を脅迫した者も、前項と同様とする」と規定しています。二二二条については**未遂罪**を処罰する規定はありません。強要罪については二二三条三項が未遂罪を処罰しており、この点が違います。

(2) 脅迫行為

脅迫行為は、相手方の生命、身体、自由、名誉または財産、あるいは親族の生命、身体、自由、名誉または財産に対して、害を加えることを告知して相手を脅す行為です。脅迫と言えるためには、相手方を畏怖させるに足りるだけの事実を告げること、つまり「**害悪の告知**」が要求されます。害悪の内容は、ここに列挙されたものに限定されます。これは前にも言いましたが、**制限的列挙**です。ここに規定されている者の法益に対して害を加える趣旨を相手方に伝えることが脅迫行為なのです。

脅迫においては、相手方が現実に恐怖心を生じたかどうかではなくて、**一般的に恐怖心を生じさせるような事実**を告げたかどうかが重要です。ですから、脅迫行為をおこなっても、相手方がおびえないという事態も生じ得ますが、そういうばあいであっても、一般的に畏怖心を生じさせる内容を告げた以上は、脅迫したことになります。それが畏怖心を生じるようなものかどうかは、周囲の状況その他の事情を考慮にいれて判断されます。

たとえば、相手方の**貞操**に対する侵害を告知したばあい、貞操は性的自由を内容としますから、条文で挙げられている「自由」に対する侵害として捉えられます。また、たとえば、「**村八分**」にすることを相手に告げるのが脅迫罪になるのか、それとも**名誉棄損罪**になるのかが、争われています。「村八分」という言葉は、現代では死語になっていますが、もともとは中世に生じた言葉です。一定の共同体内部の付き合いにおいて、特定の者と集団で絶交するばあい、火事と葬式だけは付き合うが、それ以外は付き合わないとするわけです。八分の交際は絶つけれども、二分、つまり、火が出たばあいにはみんなで消してあげる、葬式が出たばあいにはそれに参加するというこの二分だけは付き合うというわけです。これが村八分といわれる言葉の由来です。このような村八分の処分にされますと、結局、その人のその地域における名誉が大いに損なわれることになります。したがって、このような形で名誉を害することを告知するのは、**脅迫罪にあたる**と解するのが、**判例・通説**です。これに対して、脅迫罪ではなくて名誉毀損罪が成立すると解する考え方もあります。しかし、やはり一定の地域内で村八分の処遇を受けることは、はなはだ不名誉なことであり、このような状態におかれることには、かなりの多くの者が畏怖心を生ずると解されますので、これは脅迫罪にあたるとする判例・通説の立場が妥当であるとおもいます。

告知される害悪は、直接、脅迫者自身が加えるものである必要はありません。第三者が害悪を加えるが、その第三者に対して**影響力**をもっているというような言い方をするばあいも、脅迫になります。よく暴力団関係者がそういう手を使います。「俺は別にかまわねぇが、うちの若い者がおとなしくしないだろうぜ」というような言い方をして、自分の影響下にある者が乱暴を働くであろうことを告知するわけです。これは、間接的に、第三者を使って害悪が実現され得ることを示すことにほかなりません。

それとの関連で問題になりますのは、いわゆる「**吉凶禍福の告知**」です。これは「吉」と「凶」、つまり「幸せ」と「災い」を意味し、一定の幸不幸が生ずることを告げるばあいです。たんに占い事として、こういう事をしたらこういう事態が生ずるとか、あるいは、こういうことをしないとこういうことをしにしかならないとか、というような言い方をすれば、これは吉凶禍福を告げたにすぎず、**単なる警告**の意味をもつにとどまります。「そんなことをしたらばちがあたる」というような言い方をしたばあい、災いが生ずることの単なる警告にすぎないのですが、その吉凶禍福の発生について、自分自身または第三者を使ってそれを支配できることを告げれば、これは脅迫になります。天変地異が起こることを予言するのではなくて、それを支配できることを示して自分自身が告げることを告知しますと、脅迫罪が成立します。現実に影響力を与える必要はなく、そういう影響力を及ぼし得ることを相手に示すことが、ポイントになります。そのばあいには、これは単なる吉凶禍福または天変地異の予告にすぎず、警告になりますが、自分は神通力をもっているので、何月何日に大震災が起こるとと告げるのは、単なる予言で天変地異の予告にすぎないことによって、脅迫罪が成立するのです。支配力を及ぼし得ることを示すことによって、脅迫罪が成立するのです。これは新興宗教などにおいて明らかに脅迫です。支配力を及ぼし得ることを伝えたかどうかが、ポイントとなるわけです。これは新興宗教などにおいてよく使われる手です。それは、自分自身がそれにそのばあいに脅迫にあたるばあいと、単なる警告にすぎないばあいとがあります。これは新興宗教などにおいて影響力を及ぼし得ることを示しているかどうかにかかっています。

脅迫と言えるためには、害悪の告知がなされていればよいわけで、あるいは電話、ファックスやEメールのように電波などを使おうと文書によろうと、**告知される状況**です。間接的な物言いをしながら、相手を脅すばあいが結構あります。たとえば、一定の状況のもとで、「外を出歩くときはご用心」とかいうような言い方をすることによって、何らかの害悪が加えられることを暗示するばあいがそうです。言葉使いは丁重であっても、それによって害悪が及び得ることが示されていれば、それは重要なのは、内容が**告知される状況**です。間接的な物言いをしながら、相手を脅すばあいが結構あります。たとえば、一定の状況のもとで、「いつもお月様が出ているとは限りませんよ。時には闇夜もありますよ」とかいうような言い方をすることによって、何らかの害悪が加えられることを暗示するばあいがそうです。言葉使いは丁重であっても、それによって害悪が及び得ることが示されていれば、それは脅迫にほかなりません。言葉がもっている機能だけではなくて、害悪を知らせたことになるかどうかが大事です。「いやがらせ」として火事がなかったにもかかわらず、「出火お見舞い申し上げます。火の元にご用心」という文面の葉書を送りつけたり（最判昭35・3・18刑集一四巻四号四一六頁）、警察に知らせると火をつけることを暗示したりするのも脅迫となり得るのです。文言の形式ではなくて中身によって一般的に由々しい事態を生じさせるとおもわせる効果があるかどうかという観点から、これを見ていくべきことになります。

害悪を告知したときに脅迫罪が成立しますので、害悪を告知する行為はなされたが、相手方に届かなかったばあいには、理論上は未遂ですが、脅迫罪には未遂犯を処罰する規定がありませんので、その行為は不可罰です。たとえば、強盗罪のばあい、手段として用いられた脅迫は、脅迫行為が結合犯の一部とされるばあいがあります。特別犯としての強盗罪に吸収されて脅迫罪は成立しません。

(3) 強 要 罪

二二三条の強要罪は、**暴行を用いるばあいを含む**点で脅迫罪とちがう側面をもっています。つまり、強要罪は、脅迫または暴行を用いることを通して、人に義務のないことをおこなわせる、または権利の行使を妨害する罪です。義務のないことをおこなわせるばあいには、明らかにこれが「**行動の自由**」を侵害する犯罪類型であることについては争いはありません。本人自身の法益に対するばあいには、暴行が含まれますが、親族の法益に対するばあいには、脅迫だけで暴行は含まれていないわけです。

この犯罪の**保護法益**をどのように捉えるかについて争いがありますが、脅迫罪では「意思決定の自由」がかなり前面に出てきます。強要罪のばあいは、さらに、現実に権利を行使することを妨害することが必要ですので、明らかにこれが「**行動の自由**」を侵害する犯罪類型であることについては争いはありません。**正当な権利の行使**、たとえば告訴権・告発権の行使を思い止まらせるために脅迫をすれば、強要罪として処罰の対象となります。

恐喝・強盗・強姦・逮捕監禁罪などの**特別類型**が成立するばあいには、強要罪はそれらに吸収されます。強要罪は、自由に対する**基本犯**としての性格をもっている一般類型ですから、特別類型が成立するばあいにはそれに吸収されるのです。

④ 略取および誘拐の罪

(1) 意　義

三三章は略取罪、誘拐罪を規定していますが、両罪を合わせて「**拐取罪**《かいしゅ》」と言います。略取・誘拐罪は、マスコミでは一般に誘拐罪として報道されます。**拉致**《らち》という言葉も、最近はよく使われますが、これは法律用語ではなく、いわゆるマスコミ用語です。よく新聞の見出しなどで、「X社社長誘拐さる」という見出しで報道されますが、わたくしは、このばあいの誘拐という表現には抵抗感を覚えます。誘拐とは、だましたりすかしたりして連れ去ることを意味しますので、客体が児童や少年のばあいであれば違和感はないのですが、大の大人を略取（拉致）することを誘拐と表現するのは、しっくりとこないのです。これは「略取」と表現されるべきです。無理やり車に乗せて連れて行ってしまうというような形態が略取にほかなりません。「略」は略奪の略で、無理矢理という意味です。これに対して誘拐というのは、相手に対して甘言を弄したり、誘惑したりして連れ去ることを意味します。

(2) 保護法益

拐取罪の**保護法益**をどのように捉えるかについては、見解の対立があります。これは、**被害者は誰か**という根本問題にほかなりません。被害者が被拐取者自身であれば、その人の自由を害する行為として捉えて、**自由に対する罪**ということになります。そうではなくて、被拐取者の保護者、保護監督者の保護状態を侵害する犯罪として把握しますと、**保護監督権**が保護法益となるわけです。

保護法益の理解の相違がどのような差をもたらすか、について見ることにしましょう。自由に対する罪として把握しますと、これは**継続犯**としての性格を帯びます。これに対して保護監督権を侵害する罪として把握しますと、拐取したことによって、ただちに監督権が侵害されますので、**状態犯**としての性質を帯びることになります。この点について、**通説**は、原則として保護法益は被拐取者の自由であると解しています。その被拐取者の自由が保護されている保護状態から、それと違う状態に移すことが拐取であり、原則として被拐取者の自由が保護法益とされるのです。しかし、行為客体が未成年者のばあいには、保護法益は、**第一次的には**被拐取者の自由であり、**第二次的には**保護監督者の**保護監督権**であるとされます。被拐取者が行動の自由をもたない嬰児《えいじ》や重度の精神障害者であるばあいには、その人自身の自由ではなくて、むしろその保護者の保護監督権を侵害することになります。そのばあいには、行動の自由ではなくて、保護監督権を侵害する状態犯としての性格を帯びると解する必要があるのです。したがって、原則的には被拐取者自身の自由が、第二次的に行動の自由がない者については保護監督権自体が保護法益になると捉えるのが妥当であるとおもいます。

(3) 行　為

略取とは、暴行または脅迫を手段として、他人をその生活環境から離脱させ、自己または第三者の事実的支配下におく行為を言います。手段としての暴行・脅迫は、必ずしも被害者の反抗を抑圧するに足りる程度であることを要しませんが、被害者を自己または第三者の実力支配内に移すことができる程度のものでなければなりません。つまり、保護監督者の支配を脱して、行為者または第三者に移すところに眼目がありますから、それを実現するに足りるだけの暴行・脅迫が要求されるのです。

誘拐とは、欺く行為または誘惑の手段によって、他人を自己の実力支配内に移すことです。**欺く行為**とは、虚偽の事実を告げて相手方を錯誤に陥れることを意味し、**誘惑**とは、欺く行為の程度には達しないけれども、甘いことを言って判断を誤らせることを意味します。略取と誘拐は、実力支配下に移す手段に差があるだけです。

本罪において**被害者の承諾**がどういう意味をもつのかについて争いがあります。本罪は、行動の自由と保護監督権という個人的法益に対する罪ですから、被害者の承諾があれば本罪の違法性が阻却されると解するのが妥当です。本罪は公序良俗に反する罪であるから、被害者の承諾は違法性を阻却しないと解する考え方もありますが、これは個人的法益に対する罪なのであって、処分権の範囲内にあるとみとめられるものについては、被害者の承諾により違法性が阻却されます。

(4)　犯罪類型

三三章は、略取誘拐の罪を二二四条以下に規定しています。二二四条は、「未成年者略取及び誘拐」の罪について、「未成年者を略取し、又は誘拐した者は、三月以上五年以下の懲役に処する」と規定しています。**客体**は未成年者であればよく、男女を問いません。

二二五条は、「営利目的等略取及び誘拐」の罪について、「営利、わいせつ又は結婚の目的で、人を略取し、又は誘拐した者は、一年以上十年以下の懲役に処する」と規定しています。**客体**については制限がありませんので、未成年者を略取・誘拐したばあいには、二二四条ではなくて加重類型としての二二五条だけが成立することになります。**営利等の目的**があることによって本罪が成立しますので、未成年者をそういう目的でもって拐取すれば、これは**不真正身分犯**としての側面をもつことになります。その観点から本罪の共犯については、六五条二項の問題として処理すればよいわけです。

営利目的の内容ですが、これは財産上の利益を自ら取得するか、または第三者に取得させる意思があればよく、必ずしも営業のように継続的な利益の取得を必要とするものではありません。一時的なものであってもかまわないのです。**わいせつの目的**は、直接の被拐取者に対するわいせつ行為をおこなう意思である必要はなく、その者を媒介にしてわいせつ行為をおこなわせる意思をも含みます。したがって、被拐取者に売春行為をさせるのも、わいせつ目的による拐取罪としての扱いを受けることになります。**結婚の目的**における「結婚」は、法律婚に限るとする考え方もありますが、**判例・通説**は、事実婚も含むと解しています。なぜならば、法文上、「婚姻」ではなくてわざわざ「結婚」という言葉を使っているのは、事実婚を包含させるためだからです。

二二五条の二は「身の代金目的の略取等」の罪を規定しています。これは、**身の代金目的の拐取罪**といわれる形態です。本条は、「近親者その他略取され又は誘拐された者の安否を憂慮する者の憂慮に乗じてその財物を交付させる目的で、人を略取し、又は誘拐した者は、無期又は三年以上の懲役に処する」と規定しており、法定刑は非常に重くなっています。二項は、「人を略取し又は誘拐した者が近親者その他略取され又は誘拐された者の安否を憂慮する者の憂慮に乗じて、その財物を交付させ、又はこれを要求する行為をしたときも、前項と同様とする」と規定しています。

本条項は昭和三九年に追加された条文です。その前の年に誘拐事件が多発し、社会問題になり、誘拐罪の法定は刑が軽すぎるという批判が強く主張されたのです。それまでは身代金目的による誘拐は二二五条の営利誘拐罪として処罰されていました。そうしますと、法定刑は「一年以上十年以下の懲役」でしたので、罪質としては社会を揺るがすような重大犯罪であるにもかかわらず、法定刑が軽すぎるとの批判に応じて、その法定刑を重くするために、新たに本条項が規定されたわけです。

条文上、「近親者その他略取され又は誘拐された者の安否を憂慮する者」があって、「その者の憂慮に乗じて、その財物を交付させる」というまわりくどい表現がなされています。要するに、略取・誘拐されたことによって、被害者の安否を憂慮・心配している者の憂慮・心配を利用して財物を受け取る行為を処罰しようというのです。ここ

第8講　自由に対する罪

にいう**財物**は、通常は金銭です。金銭目的のばあいを「**身の代金**」と言いますが、条文のなかには身の代金という言葉は出てきません。その者の安否に「乗じて、その財物を交付させ」る目的が身の代金目的なのです。そうしますと、この近親者の意味はすぐに分かります。近親者は身内ですから、当然、安否を気づかうわけですが、その他の「**略取されまたは誘拐された者の安否を憂慮する者**」の範囲をどのように解するのかが問題となります。たとえば、隣近所の人が、「かわいそうに」と言って安否を憂慮することがありますが、これらの者はいわゆる「**傍観的第三者**」と言われ、本条項には含まれません。

この点につき、**最高裁**の昭和六二年三月二四日の決定は「本条にいう近親その他の被拐取者の安否を憂慮する者には、艱難同情から被拐取者の安否を気づかうにすぎないと見られる第三者は含まない」が、「被拐取者の安否を親身になって憂慮するのが社会通念上、当然と見られる特別の関係にある者」は、ここでいう第三者に含まれる旨を判示しています(刑集四一巻二号一七三頁)。昭和六二年の最高裁決定で問題になりましたのは、相互銀行の代表取締役社長が拐取されたばあいにおける同銀行幹部らであり、これらの者は、被拐取者の安否を親身になって憂慮するのが、社会通念上、当然と見られる特別の関係にあたるから、本条にいう近親その他被拐取者の安否を親身になって憂慮する者と言えるとされたわけです。相互銀行の代表取締役社長が拐取されたばあいに、他の幹部は単なる傍観者的な同情心をもった第三者ではなくて、親身になって、その安否を憂慮する者の中に含まれるという判断です。これは、社会通念上、そのように解される関係があればよいのであって、たとえば、小さな会社などで雇っている社員を拐取したばあい、社長などの役員はもとより同僚の社員なども含まれることになります。

誘拐罪、**略取罪**は、もっとも成功確率の低い犯罪類型の一つとして挙げられていますが、必ずしもすべてが失敗するわけではありません。たとえば、森永グリコ事件では犯人は検挙されませんでした。しかし、ほとんどのケースは失敗に終わっています。非常に検挙率の高い犯罪であるにもかかわらず、犯行はけっして少なくはありません。

借金に追われて、現に金がないばあい、どうしても金が欲しいとして短絡的に、金を持っていそうな人の家族を略取し、電話をかけて「何千万円をよこせ」などと要求する類の人が多いわけです。なぜ成功する確率が低いかと言いますと、金銭を受け取るために、どうしても本人ないしその関係者が出て行かなければならず、その際に検挙されるケースが圧倒的に多いからです。そのような特徴をもつ犯罪ですから、現金授受の点がどうしてもネックになって、成功しないわけです。割が合わないのにもかかわらず、追い詰められてこういう行動に出てしまうのは、残念なことです。

一項は拐取それ自体が問題になるケースですが、二項は、安否を憂慮する者の憂慮に乗じてその財物を交付させるか、またはこれを要求する行為をおこなうケースです。これも前項と同一の扱いを受けます。現実に財物を交付させることが要求されますので、財産の取得ではなくて、あくまでも「財物」の交付を受ける行為に限定されています。**「要求する行為」**をするという表現はちょっと変わっています。「要求する行為をする」と**「要求する」**とは違います。現実に要求したこととの差はどこにあるかと言いますと、要求をする行為をすれば、相手の財物を取得したことまで必要ないわけです。「要求する行為」をおこなうのであって、その意味でこれは理論上は未遂形態になります。要求する行為をおこなえば、それで処罰の対象となるとして既遂と同じような処分をおこなう点で、これはかなり重い処罰形態になります。この点に特徴があります。

拐取行為であっても、さらに二二六条では**日本国外に移送する目的**で拐取する行為が規定されています。本条一項は、「日本国外に移送する目的で、人を略取し、又は誘拐した者は、二年以上の有期懲役刑に処する」と規定し、二項は「日本国外に移送する目的で人を売買し、又は略取され、誘拐され、若しくは売買された者を日本国外に移送した者も、前項と同様とする」と規定しています。二項のばあいには人身売買も含まれていますので、ここでは略取誘拐罪の他に、**人身売買罪**が規定されていることになります。ほんらい罪質はちがうのですが、国外に移送する目的による拐取も、人身売買をすることも、国外に移送して利益を得ようとするばあいが多いですから、罪質的に共通する側面があるとして、この章の中に規定されたわけです。

刑法典ができた当時は、日本人を外国に売り飛ばす目的で略取誘拐するケースが多かったと言えますが、最近はむしろ逆で、外国人を日本に売り込んで商売させるための人身売買、略取誘拐がおこなわれるケースが多いと言われます。つまり、古くは「唐行き」（からゆき）さんと称されていたのが、現在ではいわゆる「ジャパ行き」さんが多くなり、国際問題になっているわけです。人身売買は日本には存在しないとおもわれがちなのですが、現実にはおこなわれているのです。日本人がそういう行動に関与しているという恥ずべき事態もないわけではありませんので、このような条文もなお適用される余地は十分にあり得ます。

二二七条は、**被略取者を収受**などしたりする行為を処罰しています。本条一項は「第二百二十四条、第二百二十五条又は前条の罪を犯した者を幇助する目的で、略取され、誘拐され、又は売買された者を収受し、蔵匿し、又は隠避させた者は、三月以上五年以下の懲役に処する」と規定しています。これらの者を幇助する目的による収受などは、**事後従犯**と言われます。ここにいう**幇助**は、刑法総論の共犯論における幇助とは違います。狭義の共犯としての幇助は、実行行為をおこなう正犯を援助することを意味します。しかし、本条の幇助は、すでに実行行為が終わった後、その実行した者を収受などによって幇助するわけですから、本来の幇助とは違うわけです。

三項は、「営利又はわいせつの目的で、略取され又は誘拐され、または売買された者を収受した者」は「六月以上七年以下の懲役に処する」と規定しています。本項は、**収受行為**だけを処罰の対象としています。四項は「第二百二十五条の二第一項の目的で、略取され又は誘拐された者を収受した者は、二年以上に有期懲役に処する。略取され又は誘拐された者を収受した者が近親者その他略取され又は誘拐された者の安否を憂慮する者の憂慮に乗じて、その財物を交付させ、又はこれを要求する行為をしたときも、同様とする」と規定しています。本項の前段は、収受行為を処罰し、後段は、収受した後、**財物を交付**させたり、**交付することを要求**する行為を処罰しています。

二二八条は、これらの罪についての未遂を処罰する規定です。

二二八条の二は、**解放による刑の減軽**を規定しています。略取・誘拐などのばあいは、人身が拘束されていますので、かなり生命・身体に重大な危険が及ぶ可能性は非常に高いのです。そこで、刑事政策的な観点から、安全に解放したばあいには刑を軽くする旨を規定しているわけです。すなわち、二二八条の二は、「第二二五条の二又は第二二七条第二項若しくは第四項の罪を犯した者が、公訴が提起される前に、略取され又は誘拐された者を安全な場所に解放したときは、その刑を減軽する」と規定しています。これも昭和三九年の法改正のときに新設されたもので、できるだけ人身の安全を確保するための政策的な規定にほかなりません。

二二八条の三は、「身代金目的の略取等予備行為」を処罰する規定です。本条は、「第二二五条の二第一項の罪を犯す目的で、その予備をした者は、二年以下の懲役に処する。ただし、実行に着手する前に自首した者は、その刑を減軽し、又は免除する」と規定しています。これは、当時、**予備罪**の規定がなかったため、予備行為がおこなわれても何ら対処できないことを考慮して、できるだけ政策的に拐取行為を未然に防ぐ必要があるという観点から、昭和三九年の法改正で追加されたものです。

二二九条は、これらの罪を**親告罪**とする規定です。一定の期間、犯人と一緒にいる間に親近感が生じ、婚姻するという事態がありますので、ただし書きが設けられています。本条は、「二百二十四条の罪、二百二十五条の罪及びこれらの罪を幇助する目的で犯した第二百二十七条第一項の罪並びに同条第三項の罪並びにこれらの罪の未遂罪は、営利の目的による場合を除き、告訴がなければ公訴を提起することはできない。ただし、略取され、誘拐され、又は売買された者が犯人と婚姻したときは婚姻の無効又は取消しの裁判が確定した後でなければ、告訴の効力がない」とされています。営利目的でないばあいは親告罪ではありません。

ここで**婚姻**という言葉が用いられていますが、これは**法律上の婚姻**を意味します。婚姻が成立したばあいには、親告罪の扱いをしますが、婚姻が無効になったばあいは、取消し無効の裁判が確定した後でなければ、告訴はできないとして、親告罪としての区別をおこなうことになっています。

第9講　性的自由を害する罪／プライヴァシーに対する罪

1　性的自由を害する罪

(1)　意　義

性的自由を侵害する罪として扱われる犯罪類型は、強制わいせつ罪、強姦罪、準強制わいせつ罪、準強姦罪、強制わいせつ・強姦致死罪です。これらは、**刑法典上**は社会的法益に対する罪の中に包含されていますが、**理論的には**個人的法益に対する罪として把握されるべきです。**性的な意思決定**、**性的な行動の自由**を侵害する罪として把握するのが妥当であり、自由に対する罪の中で議論されるべきなのです。

一七六条は、**強制わいせつ罪**について、「十三歳以上の男女に対し、暴行又は脅迫を用いてわいせつな行為をした者は、六月以上七年以下の懲役に処する。十三歳未満の女子を姦淫した者も、同様とする」と規定しています。前段と後段は、十三歳以上か十三歳未満かという**年齢**によって取り扱いを異にしています。十三歳以上の者については「暴行または脅迫」を用いてわいせつ行為をおこなうことが要求されるのですが、十三歳未満の者については、暴行・脅迫を用いなくても、わいせつ行為をおこなえば、それだけで処罰されます。後者は、暴行・脅迫による強制はありませんが、法律で強制わいせつと同様に処罰されますので、**法定強制わいせつ罪**と呼ばれます。したがって、本条は、強制わいせつ罪と法定強制わいせつ罪を規定していることになります。

「わいせつ」という言葉は、平成七年の刑法改正で漢字の「猥褻」から平仮名に変更されています。強制わいせつ罪における行為の客体は、男女を問いません。したがって、強姦罪の客体が女性に限定されるのに対して、強制わいせつ罪は男性に対しても成立することになります。

「**わいせつ**」とは、「徒に性欲を興奮または刺激せしめ、かつ普通人の正常な性的羞恥心を害し、善良な性的道徳観念に反すること」を言います（名古屋高裁金沢支判昭36・5・2下刑集三巻五＝六号三九九頁）。わいせつ陳列罪や頒布罪においても、「わいせつ」という語が用いられており、内容的にはさほど差はありませんが、**公然わいせつ罪**やわいせつ物陳列罪・頒布罪においては、その行為によって「一般的な性道徳」を害する点が強調されるのに対して、強制わいせつ罪においては、「性的な意思決定の自由・性的な行動の自由」を侵害したかどうかが強調されます。したがって、具体的な場面では、内容がちがうのです。たとえば、公然と人前でキスをする行為は、現在では公然わいせつ罪にはあたりませんが、いやがる相手に対して無理やりキスをするのは、性的な意思決定の自由を侵害しますから、ここでいう「わいせつ」行為にあたります。このように、一方にはあてはまり、他方にはあてはまらないという事態が生じます。これは、前にもお話しした「**概念の相対性**」の問題です。**保護法益**の観点から、わいせつ概念の内容が変わるわけです。

(2) 罪　質

強制わいせつ罪・法定強制わいせつ罪について**判例・通説**は、本罪を**傾向犯**として捉えています。**最高裁**の昭四五・一・二九の判決は、もっぱら報復または侮辱・虐待の目的をもって、別れた女性を全裸にして写真を撮ったというケースにおいて、**復讐の目的**で女性を裸にして写真を撮る行為自体は、性欲を満足させる主観的な傾向が見られないから、強制わいせつにはあたらず、義務のないことをおこなわせている点で強要罪にあたるという判断を示しています（刑集二四巻一号一頁）。本罪を傾向犯として把握する通説の立場からすれば、判例の結論を支持することになりますが、わたくしは本罪は**傾向犯**ではないと解する説を支持しています。つまり、行為者側に性欲を満足させるという主観的な傾向を有しているかどうかは重要ではなくて、むしろ被害者が「性的羞恥心」を害されたかどうかが重要であり、その観点から、「**性的な意思決定・行動の自由**」の侵害の有無がポイントとなるのです。復讐目的にしても、全裸にされて写真を撮られることは、明らかに女性の「性的羞恥心」を侵害しており、それによって「性的な行動の自由」が侵害されていますから、これは**強制わいせつ罪**にあたると考えます。

客体が十三歳以上か十三歳未満かによって、扱いがちがいます。十三歳以上であれば、同意があるばあいには、本罪は成立しません。つまり、**同意（承諾）**の不存在は構成要件要素であり、同意がないのにもかかわらずわいせつ行為をおこなうことが、処罰の対象になりますので、被害者の同意・承諾があれば構成要件該当性がなく、本罪は成立しません。しかし、十三歳未満の者については、同意があろうがなかろうが処罰の対象となりますから、その同意はいわば無効であり、刑法上は意味のない同意ということになるのです。

十三歳未満については**法定強制わいせつ罪**の対象となりますが、それでは何歳ぐらいまで対象になり得るのかは非常に微妙です。つまり、性的羞恥心をどれ位の子供にまでみとめるべきかが、実際上、問題となります。法文上は十三歳未満であればよいのですが、性的行動の意思決定の自由の有無については、問題が生じます。被害者の女性は十三歳未満であっても、なお性的羞恥心をもち得るので、その観点からも本罪が成立し得るとしています。これは法定強制わいせつ罪ですが、それにあたるかどうかが争点になっており、その点についてこの判決は、七歳の子供であっても、その子の胸、臀部(でんぶ)をさわる行為がここでいう強制わいせつ行為にあたるかどうか、が問題となりました。これは法定強制わいせつ罪ですが、それにあたるかどうかが争点になっており、その点についてこの判決は、七歳の子供であっても、その子の胸、臀部をさわる行為がここでいう強制わいせつ行為にあたるかどうか、が問題となりました。これについては昭和六三年の新潟地裁の判決（新潟地判昭63・8・26判時一二九九号一五二頁）があります。被害者の女性は七歳の子供であり、その子の胸、臀部をさわる行為がここでいう強制わいせつ行為にあたるかどうかが問題となっており、その点についてこの判決は、法定強制わいせつ罪ですが、行為者側に性的に興奮する目的のもとに行動に出たのであれば、本罪が成立すると判示しています。この結論は妥当だとおもいますが、本罪を傾向犯と解する点には疑問があります。しかし、本判決は本罪を傾向犯として捉えて、行為者側に性的に興奮する目的のもとに行動に出たのであれば、本罪が成立すると判示しています。

(3) 暴行・脅迫の程度

暴行・脅迫の程度は、法益の侵害の観点から、強姦罪のばあいと同じように、**狭義の暴行**よりも少し軽い程度のもので足ります。

客体の年齢が十三歳以上または十三歳未満であることは構成要件要素ですから、**故意の認識の対象**になります。したがって、十三歳未満でないとおもっていたばあいには、法定強制わいせつ罪は成立しないことになります。それは、錯誤によって故意が阻却されるという意味です。ただし、強姦罪との関係で出てきますが、いわゆる**淫行条例**があり、地方公共団体が定めた**青少年保護育成条例**で未成年者に対する淫行が処罰の対象となるばあいがありますので、刑法上の取り扱いと違うことがあることに注意してください。

他の犯罪との関係ですが、本罪は、あくまでも被害者の性的な行動の自由あるいは性的な意思決定の自由を侵害することに重点がありますので、それが公然とおこなわれたばあいには、公然わいせつ罪も成立し、これとの観念的競合となるのです。

本罪においては被害者の意思が重要性をもちますので、**親告罪**とされています。すなわち、一八〇条は「第百七十六条から前条までの罪は、告訴がなければ公訴を提起することができない」と規定しています。しかし、二項は「前項の規定は、二人以上の者が現場において共同して犯した第百七十六条から前条までの罪については、適用しない」と規定しており、複数の人間によって犯されたときには親告罪とせず、告訴がなくても訴追できます。つまり、**非親告罪**とされているのです。罪質として重いですから、被害者の意思だけにまかせておくのはよくないとし

十三歳未満といっても、この判例では七歳の現実の適用には非常に難しい点がありますので、語弊があるかもしれませんが、興味深い問題だと言えます。そさらに年齢が下ったばあいはまた微妙な点が出てきます。法律の現実の適用には非常に難しい点がありますので、語弊があるかもしれませんが、興味深い問題だと言えます。それが実務に携わったばあいの面白さです。

て、非親告罪とされているわけです。

強制わいせつ罪における**わいせつ行為**には、姦淫行為は含まれません。と言いますのも、姦淫行為は一七七条で強姦罪として処罰されているからにほかなりません。

一七七条は、**強姦罪**について「暴行又は脅迫を用いて十三歳以上の女子を姦淫した者は、強姦の罪とし、二年以上の有期懲役に処する。十三歳未満の女子を姦淫した者も、同様とする」と規定しています。客体の年齢の扱いについては一七六条と同じです。十三歳以上の者に対しては暴行または脅迫を手段とすることを必要とし、十三歳未満の者には姦淫行為をおこなえばそれだけで強姦罪が成立しますので、後者は**法定強姦罪**です。行為客体は、女性、つまり女子に限られています。十三歳以上の女子の同意があれば、本罪を構成しません。つまり、いわゆる和姦ということで、犯罪とはならないわけです。ただ、先ほども言いましたように、いわゆる**淫行条例**で処罰の対象となるばあいには、同意があっても特別法違反として処罰されます。

ここでの暴行・脅迫の意義が最狭義の暴行・脅迫よりも少し広げられているのは、強制わいせつ罪のばあいと同じです。

ここで問題になりますのは、**実行の着手時期**の問題です。本罪における実行の着手時期は、暴行・脅迫を手段とするばあいには暴行・脅迫が開始された時点であり、そうでないばあいには姦淫行為を開始した時点です。たとえば、行為者が、夜間、女子を人家のまれな寺の境内に連れ込み、強姦の目的で同女を脅迫した時（最判昭28・3・13刑集七巻三号五二九頁）、行為者が、夜間通行中の女子を車内で強姦する目的でダンプカーの運転席に引きずり込もうとした時（最決昭45・7・28刑集二四巻七号五八五頁）に実行の着手がみとめられます。

強姦後に、被害者が畏怖しているのを利用して金品を奪取したばあいの罪責をどのように解するか、という問題があります。これについては、後の財産犯の個所で詳しく議論しますが、暴行を加えて犯行を抑圧した後に財物奪取の意思が生じてそれに乗じて物を奪取したばあい、**強盗罪**が成立するかどうか、という問題と共通する要素があります。強盗罪になるという考え方もありますが、新たに犯意を生じた時点で暴行を加えたときに強盗罪が成立するとする見解が多数説です。強姦行為後の奪取行為について、新たな暴行・脅迫を加えて財物を奪取したときに強取とみとめられるという考え方をとれば、強姦罪と、後の奪取については暴行・脅迫を用いていないから窃盗罪の成立を肯定して、両者を併合罪として処理することになります。

一七八条は、準強制わいせつ罪および準強姦罪について、「人の心神喪失若しくは抗拒不能に乗じ、又は心神を喪失させ、若しくは抗拒不能にさせて、わいせつな行為をし、又は姦淫した者は、前二条の例による」と規定しています。これは、直接、**暴行・脅迫を用いずに**、人が心神喪失または抗拒不能状態に陥っているのを利用して、わいせつ行為または姦淫行為をおこなうことを処罰するものです。「**心神喪失または抗拒不能に乗じ**」とは、すでに心神喪失状態となっている者、あるいは抗拒不能になっている者に対して、その状態を利用するという意味です。後段は、相手方を心神喪失または抗拒不能にさせて、わいせつ行為または姦淫をおこなうばあいの規定です。

このように、一七八条には**二つの類型**が含まれています。**一つ**は、たとえば、すでに酒に酔って心神喪失状態になっている者に対してわいせつ行為・姦淫行為をおこなうばあいであり、**もう一つ**は、たとえば、酒や睡眠薬などを飲ませて心神喪失状態にさせたうえでわいせつ行為・姦淫行為をおこなうばあいです。わいせつ行為か姦淫行為かによって、準強制わいせつまたは準強姦ということになります。

心神喪失・抗拒不能の状態を利用してわいせつ行為または姦淫行為をおこなうのは、暴行・脅迫を用いてわいせつ行為または姦淫行為をおこなうのと、罪質的には同じであるという観点から、強制わいせつ罪あるいは強姦罪に「準じて」扱うわけです。これについても親告罪の扱いが一八〇条にあります。

今あげた三つの犯罪の**未遂犯**は、すべて処罰の対象となります。つまり、一七九条によって未遂犯が処罰されるわけです。

一八一条は、強制わいせつ等致死傷罪として「百七十六条から百七十九条までの罪を犯し、よって人を死傷させた者は、無期または三年以上の懲役に処する」と規定しています。これは、**結果的加重犯**として処罰する旨の規定です。ここでも二〇八条と同じように、問題になりますのは、**最初から殺人の故意があったばあい**をどうするかです。強姦後、相手を殺したばあいに、本条を適用するのか、それとも強姦の罪と殺人の罪の併合罪として扱うのか、という問題が生ずるわけです。判例・通説は、強姦致死罪と殺人罪との観念的競合であるという扱いをします。しかし、死亡の点について故意に基づくものであると同時に過失に基づくものでもあると二重に評価できるのか、疑問があります。

2 プライヴァシーに対する罪

(1) 意　義

通説は、住居侵入罪を**私生活の平穏**を害する罪として説明しています。しかし、わたくしは、**プライヴァシーに対する罪**として明確に捉え直す必要があると考えています。私生活においてみずからがもっている私的な生活領域をプライヴァシーと言いますが、これを保護する罪として性格づける方が法益の実体に合っています。

私事（プライヴァシー）に他人がみだりに介入しないようにしてこそ、真に落ち着きのある安定した精神生活の基礎が確立されます。そこで、あえてプライヴァシーを前面に押し出して捉え直すようにしているわけです。これは、住居侵入罪の**保護法益**をどのように捉えるかという問題に直結するのです。

(2) 住居を侵す罪

① 意義

住居侵入罪については、刑法上、一三〇条に規定があります。これは**社会的法益に対する罪**の個所に置かれています。立法者は、これを社会的法益に対する罪として捉えたわけです。たしかに、そういう面もないわけではありません。なぜならば、みだりに他人の家に入り込むような状況が生じますと、その地域内における生活の安全が害されますから、社会的法益が大いに侵害されるという点があるからです。その観点から、住居侵入罪は社会生活上の平穏を侵害する犯罪類型であり、社会的法益に対する罪としての性格を有すると捉えることも不可能ではありません。しかし、住居は、社会秩序を構成するものとしてよりも、むしろわたくし達が生活をいとなむにあたって重要な基盤、基礎としての意味をもっているのです。したがって、むしろ個人的な色彩の方が強いと言えます。イギリスの諺（ことわざ）にありますように、まさに「**家庭は個人の城である**」のです。部外者が他人の城の中に勝手に入ってはいけないわけですから、侵入行為を処罰の対象にすることは、むしろ個人的な法益の側面を前面に押し出すことになります。

② 保護法益

現在では、本罪は、個人的法益に対する罪として説明されていますが、それでは何を侵害するのか、については争いがあります。つまり、保護法益・罪質をどのように捉えるかについて争われるわけです。

この点について、戦前、有力であった学説は、いわゆる**「住居権」説**です。その家の中に居住する権利、つまり民法上の居住権ではなくて、その住居に関する権利という意味での住居権です。この住居権を侵害する点に住居侵入罪の本質があり、住居権が保護法益であると捉えたわけです。なぜこういう捉え方をしたかと言いますと、戦前、法律上、「**家制度**」があって、家族は「家」を中心に形成されていたのであり、その家族の住居権を守っていたのが家長、つまり、戸主です。戸主は家制度の中核をなす制度上の存在であり、その戸主の戸主権を守るものとして住居権を捉えていたのです。そこで、戸主権が誰にあるかが問題になりますが、夫婦であれば夫、親子であれば親にあり、したがって、夫または親に住居権が帰属していたことになります。そうしますと、家屋への立入りについて妻の同意を得ていても、戸主たる夫の同意がなければ、その同意はいわば無効になりますので、戸主の同意なくして侵入したばあいには、住居侵入罪が成立することになるのです。たとえば、姦通目的で妻が男性を密かに家に入れるばあい、戸主の同意が得られていませんので、妻の同意を得て入っていても、これは住居侵入罪として処罰の対象になるわけです。旧憲法下における「家制度」を前提とした住居権説は、判例・通説によって支持されていました。

戦後、法律上の家制度は完全に廃止され、現在では、民法上、戸主権は存在しません。夫婦は対等となりましたので、夫の住居権として構成するのは妥当でないと解されるに至っています。それに代わって有力となったのが、「**住居の平穏**」が住居侵入罪の保護法益であるとする**通説**の見解です。つまり、住居が安全かつ平和に保たれているという「**事実状態**」が保護法益とされるわけです。これは、権利としての居住権ではなくて、平穏に保たれているという事実状態を保護の対象にしようという捉え方にほかなりません。この立場においては、従来の考え方と違って、住居に立ち入る行為であっても、平穏を害しない限り、住居侵入罪を構成しないことになります。その点で住居侵入行為があっても、侵害の形態、態様が住居の平穏を害しないものであれば、住居侵入罪を構成しないのです。

最近、**新住居権説**という考え方が主張されるようになりました。これに対して従来の立場は、**旧住居権説**ということになります。新住居権説は有力になっており、最近の**最高裁の判例**もこれに移行しつつあります。これは、住居の平穏という事実状態を保護するのではなくて、その住居に関して立入りを許すかどうかという**意思決定の自由**

を侵害する罪として捉える立場です。この説は、他人が勝手に住居などに入るのを阻止し、あくまでも立入りについて許可する立場にある者の許可に基づいているかどうかを問題にして、そのような意思決定の自由を新たな住居権として把握する立場なのです。これは、たんに住居の平穏が保たれるかどうかの問題ではなくて、むしろ**住居権者の意思**を尊重して、その意思に基づいた立入り行為は、住居侵入罪を構成せず、その意思に反して立ち入る行為が住居侵入罪を構成するという考え方にほかなりません。

わたくしは、**新住居権説**を採っており、その理由は、次のとおりです。**プライヴァシーの保護**という観点からは、住居の平穏という事実状態ではなくて、生活の中で自分自身が他人に干渉される必要はないということ自体が大事なのです。これは、まさにプライヴァシーの中身をなすのであり、「私事」に関する決定権は、住居に関しても同じことが言えるのです。住居に勝手に侵入されますと、プライヴァシーが侵害されますから、その住居に入れるか入れないかは、その住居で暮らしている者の自由ということになります。そのような意思決定の自由を損なうという観点からは、その自由の保護それ自体がプライヴァシーの保護になりますので、住居への立入りについての同意を与えることが住居権の重要な内容となります。これは、家制度の下における旧住居権説とは異なります。これは、個々人の住居に対する支配権としてもっている**立入りについての許可ないし同意**を重要視しているわけです。そして、プライヴァシーの保護の観点から、立入りについての許可ないし同意という意思決定の側面を重視して住居侵入罪を再構成しているのです。

この立場においては、**承諾権者**は誰か、という問題が生じます。このばあい、その住居で生活を共にしている者は、みな平等に承諾の権利をもっていると構成してかまいません。権利という言い方をするから語弊が生ずるのですが、居住者のプライヴァシーがその住居内にある以上、それを侵害されたら困る人の合意がなくてはなりません。そのような権利者の意思決定、つまり、合意・承諾ないし許可が最優先されるべきなのです。夫婦間であっても、いずれも独立しており、住居に立ち入るについては合意できる立場にあります。したがって、片一方の合意があれば、通常は侵入行為にはなりません。しかし、片一方が明白に反対したにもかかわらず、無理に入ってきたばあいには、その人の同意に対する侵害という面がありますから、住居侵入罪として構成することもあり得るわけです。具体的な場面において、意思決定の自由をどのように侵害していると言えるか、という観点から、これを見ていくべきことになります。

新たな観点からの**保護法益の捉え直し**の議論が盛んになっていますので、通説とされてきた平穏住居権説はぐらついてきています。事実状態を保護の内容とするのはおかしいのであり、やはり個人的保護法益である以上、それに対して個人がもっている意思決定の自由の要素を明確にする必要があるとされるわけです。

(3) 住居侵入罪

一三〇条は、住居侵入等の罪について、「正当な理由がないのに、人の住居若しくは人の看守する邸宅、建造物若しくは艦船に侵入し、又は要求を受けたにもかかわらずこれらの場所から退去しなかった者は、三年以下の懲役又は十万円以下の罰金に処する」と規定しています。前段が**狭義の住居侵入罪**であり、後段が**不退去罪**です。不退去罪は、**真正不作為犯**の典型例であり、要求を受けたにもかかわらず、これらの場所から退去しない不退去という不作為を内容としています。広い意味の(広義の)住居侵入罪には不退去罪が含まれますが、狭義の住居侵入罪は、侵入という作為だけを行為内容としています。

① 客体

行為客体は、人の住居または人の看守する邸宅、建造物、艦船です。住居と言いますと、通常は一戸建ての住宅やマンションと考えられがちですが、必ずしもそれに限られません。つまり、日常生活の場である住居、住宅がメインで、大部分はそうなのですが、それに限定されないのです。たとえば、ホテル・旅館の客室も住居侵入の客体となります。居住者が不在であっても、一定の期間だけ居住する別荘も住居にあたります。ただし、空家は、現実にそこで生活が営まれていないのであれば、住居ではなくて**邸宅**であることになります。邸宅と言いますと豪邸のように聞こえますが、必ずしもそれには限られず、人が居住していたが今は居住していないような現実に使用していないものがこれにあたります。

限界問題となりますが、バラック小屋とかテントとかも建造物にあたり得るわけです。要するに、人の起臥寝食の場として使用される施設であると言えるかどうか、が問題なのです。

建造物の回りの**囲繞地**（「いじょうち」または「いにょうち」）も含まれると解する立場が**判例・通説**となっています。最近、住居侵入ないし邸宅侵入の成否が問題になっているものに、駅のホームなどの施設があります。これについては、いくつかの**最高裁の判例**があります。これらにおいては、保護法益の観点から、立入りについての**施設管理権者の意思**の問題が議論されているのです。たとえば、最高裁の昭和五八年四月八日の判決は、建造物の管理権者があらかじめ立入り拒否の意思を明示していないばあいでも、その建造物の性質、使用目的、管理状況、管理権者の態度、立入りの目的などから見て、現におこなわれた立入り行為は、管理権者が容認していないと判断されるときは、他に犯罪成立を阻却する事実がみとめられない限り、建造物侵入罪の成立をまぬがれない旨を判示しています（刑集三七巻三号二一五頁）。たとえば、運行時間を過ぎた駅の構内などについて、今、述べたような問題が生じます。最高裁の最近の判例では、侵入行為としてこれを処罰する事例が見られます。

② 違法性

条文上、「正当な理由がないのに」という文言が規定されています。正当な理由があれば、当然、住居侵入罪になりませんから、「正当な理由がないのに」というのは、「違法性阻却事由がないのに」ということを意味し、特別の要素を付加するものではありません。

③ 既遂時期

住居侵入罪で特に問題になるのは、**既遂時期**はいつか、です。一三二条は、未遂犯を処罰していますので、どの時点で既遂に達したのか、が問題になるわけです。考え方としては、一歩でも立ち入れば既遂であると解する見解もありますし、体の重要部分が入った時点で既遂になるとか、あるいは体の全部が入った時点で既遂になるとか、いろいろな捉え方があります。プライヴァシーの侵害の観点からすれば、体の重要部分が入ればプライヴァシーが侵害されていると解することも可能ですが、体の一部であってもかまわないと解するのが妥当です。

(4) 不退去罪

不退去罪についても**未遂**の問題が生じます。不退去罪は「要求を受けたにもかかわらず」、一定の「場所から退去しなかった」ばあいに処罰されます。つまり、要求を受けたにもかかわらず、その要求を無視してなお居続けることが、処罰の対象になるわけです。住居に侵入してその場から退去しないばあいは、ここでいう不退去罪ではありません。このばあいには住居に入った時点で、住居侵入罪が成立します。不退去罪のばあいは、住居に入ること自体は適法化されているのです。最初、適法に住居などに入ったが、たとえば、乱暴狼藉《ろうぜき》を働いたため、「出て行け」と追い立てられたにもかかわらず、そこに居続けたようなばあいが不退去罪なのです。最初から違法で入ったばあいには、狭義の住居侵入罪が成立し、そこから出て行くまでの間、住居侵入罪が**継続犯**としてそのまま続いていることになります。

不退去罪は**不作為犯**なのですが、継続犯としての性質をもっています。従来の通説は、真正不作為犯については未遂はあり得ないので、**不退去罪の未遂罪**は存在しないと解しています。しかし、継続犯は、一定の時間の継続(経過)があったばあいに既遂犯になりますから、不作為の行為に出て、その法益侵害を充足するだけの時間が経っていないばあいには、未遂ということになります。したがって、**理論上**、未遂はあり得るのであり、不退去罪の未遂罪は一三二条で処罰することが可能になります。最近ではこのような理解の方が有力になっています。

(5) 秘密を侵す罪

秘密を侵す罪は、十三章に規定されています。これも**プライヴァシーに対する犯罪**として捉え直す必要があります。犯罪類型としては、一三三条の信書開封罪と一三四条の秘密漏示罪の二つの類型があります。

① 信書開封罪

一三三条は、「正当な理由がないのに、封をしてある信書を開けた者は、一年以下の懲役又は二十万円以下の罰金に処する」と規定しています。一三四条一項は、「医師、薬剤師、医薬品販売業者、助産師、弁護士、公証人又はこれらの職にあった者が、正当な理由がないのに、その業務上取り扱ったことについて知り得た人の秘密を漏らしたときは、六月以下の懲役又は十万円以下の罰金に処する」と規定し、二項は、「宗教、祈禱若しくは祭祀の職にある者又これらの職にあった者が、正当な理由がないのに、その業務上取り扱ったことについて知り得た人の秘密を漏らしたときも、前項と同様とする」と規定しています。

秘密を侵す罪は、刑法典上は、**社会的法益に対する罪**の個所に位置づけられています。これは、前に述べました住居侵入罪のばあいと同じ理屈によります。つまり、信書の秘密や業務上、知り得た秘密をみだりに漏らされたりしますと、社会秩序が乱されるという発想が基礎にあって、こういう位置づけがなされているわけです。しかし、現在では、むしろ個人がもっている秘密を勝手に漏らすのは妥当ではありませんので、個人の秘密を守るという観点から、**個人的法益に対する罪**として把握されています。まさに秘密自体がプライヴァシーの内容をなしますから、プライヴァシーの保護そのものをここで扱っているという捉え方が妥当なのです。

秘密が守られることによって、わたくし達のプライヴァシーは保護されるのですが、信書開封罪においては、**保護の客体**とされているのは、封をしてある信書に限られています。封をしてある信書を開く行為が、秘密を侵すことになるとされ、信書の内容を告げること自体は問題になっていません。したがって、封がされていない信書を勝手に読んで、その秘密をばらしたとしても、信書開封罪は成立しないことになります。信書開封罪は、あくまでも封をしてある信書を開ける行為、つまり、**開封する行為**自体が処罰の対象とされているのです。プライヴァシーの保護の観点からは、これでは足りないはずです。秘密をもらすこと自体が処罰の対象からはずされて信書の開披だけを処罰するのでは不十分であると言えなくもないのですが、通常は信書の開披を禁ずることで秘密が守られると解するわけです。封をしていないばあいには、信書の内容を隠す意思が明確ではありませんので、保護をする必要はないとされます。

信書は、通常、手紙を意味します。プライヴァシーに関する秘密に意義があるとしますと、手紙に限定する必要はないはずです。必ずしも意思表示を紙に書いたものに限らず、図表、図面、写真、原稿なども、保護の客体となり得るのです。

封をしてある信書を開けることは、信書を物理的に破壊して中身を見えるようにすることだけを意味するわけではありません。糊づけしてあるのを破って開けたり、あるいはハサミで切って開けたりするのが一般的ですが、しかし、開けることに意義があるのですから、たとえば、蒸気をあてて糊を剝がしたり、水をつけて糊を剝がしたりするばあい、物理的に破壊しているわけではありませんが、封を開けたことには相違ありませんので、処罰の対象となります。

封緘された信書を開けること自体が構成要件的行為ですから、信書に強い光を当てて**透《す》かして読む行為**はこれにはあたりません。封を開いていないからです。客体は封をしてある信書に限られますから、人のハガキ（葉書）を勝手に読んだとしても、信書開封罪は成立しません。

本罪は**親告罪**とされています。個人の秘密に関わりますから、一三五条は「この章の罪は、告訴がなければ公訴を提起することはできない」と規定しています。親告罪ですから、**告訴権者**となる被害者は誰かが重要な問題となります。この点について**判例**は、発信の場面と到達の場面を分けて、到達するまでは発信者だけが被害者であり、到達後はそれを受け取った受信者も被害者であると解していますが、**通説**はそうではありません。通説は、信書に含まれている者の秘密が大事ですから、発信者、受信者がともに中身について利害関係をもっていますので、発信の時点から、その両者が被害者であると解しています。わたくしは、通説が妥当であると考えています。

②　秘密漏示罪

本罪の主体は、限定されています。すなわち、医師、薬剤師、医薬品販売業者、助産師、弁護士、弁護人、公証人、宗教・祈禱もしくは祭祀の職にある者、またはこれらの職にあった者が主体です。秘密も限定されており、業務上、取り扱ったことについて知り得た人の秘密が保護の客体です。あくまでも**業務に基づいて知り得た秘密**だけが、保護の客体となります。したがって、業務をはなれて個人的に知った秘密を漏らしたとしても、これは処罰の対象とはなりません。業務に関連して、業務に基づいて取得したことが重要なのです。このことは、業務自体を間接的に**制度として保護**していることになります。たとえば、弁護士がいろいろな企業秘密に関わるばあい、弁護士が業務上、知った秘密を漏らしますと、弁護士業務一般に対する信用が損なわれてしまいます。そこで、そのような秘密の漏示を処罰の対象とすることによって、業務に対する公共の信頼を保護することになります。つまり、業務者が業務上、知り得た秘密をもらさないようにすることによって、業務自体を間接的に保護していることになるわけです。

秘密とは何か、が個別的には問題になります。主観的に秘密と考えているものだけが秘密なのではなくて、客観的に知られたら、いやな思いをしたり不利益を被ったりするような事情が、ここでいう秘密にあたります。しかし、すべてが客観的に決まるわけではなくて、一般に知られたら困るであろうような事項も秘密として扱われることになります。

秘密を漏らすとは、秘密を知らない人に対して、これを明らかにすることです。厳密に言いますと、その業務にある人が自分の家族に漏らす行為も、秘密漏示にあたります。構成要件としては何ら限定がありませんので、特定の人に漏らしたことになるのです。実際には起訴されることはほとんどありませんが、特定の者が一定の病気にかかっているという秘密を、通知することによって漏示したことになるのですが、その行為は**法令に基づく行為**として違法性が阻却されます。

法令に基づく行為（刑法三五条）として違法性が阻却される例として、たとえば、伝染病予防法、性病予防法、結核予防法などで、患者について必ず保健所に通知ないし届出しなければならないとされているばあいがあります。つまり、このばあい、特定の者が一定の病気にかかっているという秘密を、通知することによって漏示したことにな

第10講　名誉に対する罪／信用および業務に対する罪

1　名誉に対する罪

(1)　罪　質

名誉毀損罪における「**名誉**」をどのように捉えるか、がまず問題になります。つまり、名誉概念を明確にしておく必要があるのです。**名誉概念**は、三つに分けられています。第一は、「**内部的名誉**」であり、客観的に存在しているその人自身の価値を意味し、**真価**と言われるものです。これは、その人が本当にもっている価値にほかなりません。

第二は、「**外部的名誉**」であり、その人に対して社会から一般的に下されている評価です。わたくし達は、社会的生活をいとなむにあたって、構成員に対していろいろな形で加えられている評価を前提にして行動しています。わたくし達自身も、社会から一定の評価を受けていますが、そのような**外部的な評価**は、必ずしも真価と一致するわけではありません。社会一般の評価それ自体は、真価と合わなくてもよいのであり、むしろ本当の意味で真価と一致するケースは少ないのです。ほんらい有する価値以上の評価を得ている人もいますし、逆に、本当の価値よりも低く評価されている人もいます。少なくてもある人に対して社会は一定の評価をしているのです。本当の価値よりも高い評価を「**虚名**」と言いますが、「**有名**」に対する虚名という言葉には皮肉が込められています。虚名は、中身の伴わない評価であっても、社会的に存在する外部的名誉として保護の対象になっているのです。

第三は、「**名誉感情**」であり、その人自身が自分に対してもっている評価です。外的な評価とは別に、自分自身に対する**自己評価**は、別の言葉で言いますと、プライドにあたります。わたくし達は、一定の自負心をもっており、それに基づいて一定の活動をしていますが、内部的な自分自身に対する評価が名誉感情にほかなりません。

外部的名誉が保護の客体になっている点については、現在、争いはありませんが、しかし、名誉感情を保護の客体にすべきかどうか、は大いに争われているのです。この対立は、**名誉棄損罪の保護法益**と**侮辱罪の保護法益**をどのように解するかに関わっています。なぜこれが問題になるのかと言いますと、二三〇条に名誉毀損罪が規定され、二三一条に侮辱罪が規定されていますが、後で述べますように、この侮辱罪の規定の仕方が、解釈論上、議論を呼ぶことになるからです。

二三〇条は、**名誉毀損罪**について「公然と事実を摘示し、人の名誉を毀損した者は、その事実の有無にかかわらず、三年以下の懲役若しくは禁錮又は五十万円以下の罰金に処する」と規定しており、二三一条は、侮辱罪について「事実を摘示しなくても、公然と人を侮辱した者は、拘留または科料に処する」と規定しています。二三一条は、構成要件の内容として、「公然と人を侮辱した」ことを挙げていますが、「**事実を摘示しなくても**」と表現しています。名誉毀損のばあいは「公然と事実を摘示」することが要件となっているのに対して、侮辱罪のばあいは、事実を摘示しなくても侮辱行為をおこなえば、侮辱罪が成立するのです。そこで、「事実の摘示」の有無が決定的な意味をもち得るのかどうか、が条文の解釈をめぐって争われるわけです。これについては後で詳しく説明します。

(2) 名誉毀損罪

① 名誉毀損の意義

公然と事実を摘示して人の名誉を毀損したばあいに名誉毀損罪が成立しますが、摘示した「事実の有無」に関わらないとされています。これは、その事実が真実であろうとなかろうと、人の名誉を低下させるような事実であれば足り、そのような事実を摘示すれば、それによって名誉毀損罪が成立するという趣旨です。

名誉毀損と言いますと、一般的には、実際には存在しない事実（**虚偽の事実**）を示すことによって名誉を毀損することを意味すると考えられがちですが、しかし、現実に存在する事実（**真実**）を公表することによって名誉を侵害すれば、名誉毀損罪が成立するのです。「事実の有無を問わず」というのは、嘘を述べようが真実を述べようが、それによってその人の名誉を害し得る状況であれば、処罰の対象となるという趣旨です。その意味において、名誉毀損は事実の有無（真実か否か）を要求しておりません。

②　保護法益

ここで、名誉毀損罪と侮辱罪の保護法益をどのように捉えるべきか、について考えることにしましょう。**判例・通説**の立場によりますと、名誉毀損罪の保護法益は外部的名誉であり、侮辱罪の保護法益も外部的名誉です。つまり、名誉毀損罪も侮辱罪も保護法益は、同じ**外部的名誉・社会的な評価**であることになります。名誉毀損が「事実を摘示する方法」で名誉を損なうのに対して、侮辱罪は「事実を摘示しないで」名誉を損なう罪であると把握されているわけです。外部的な社会的名誉は、その評価を落とすような事実を指摘することによって低下させられるわけですから、事実を公然と示すという方法で評価を低下させることが、要求されることになります。これに対して、具体的事実を摘示するのではなくて、たんに「**抽象的な判断**」を示して名誉を損なうこともあり得るのであり、このばあいを侮辱罪として二三一条で処罰すると解しているわけです。同じく名誉を保護の対象としながら、「**行為態様**」によって、一方は名誉毀損罪として法定刑が「三年以下の懲役若しくは禁錮又は五十万円以下の罰金」になるのに対して、他方は侮辱罪として、法定刑が「拘留または科料」とされて非常に軽くなっています。その差は「事実を摘示」したかどうか、「抽象的な判断」を示したにとどまるのかどうか、にかかっています。このように判例・

通説は、行為態様の相違という観点から両罪を区別しているのです。

判例・通説の立場は、「公然と事実を摘示し」という文言と、「事実を摘示しなくても公然と人を侮辱した」という文言を根拠にして、「事実の摘示」をしたかしないかで両者を区別する捉え方です。これに対して**反対説**は、二三〇条の名誉毀損罪の保護法益は「**外部的名誉**」であり、侮辱罪の保護法益は「**名誉感情**」であると主張しています。通説は、反対説に対して、内部的な名誉感情を保護の対象とするのはおかしいのではないか、主観的なものを保護すべきではないのではないか、という批判を加えています。さらに、もし名誉感情が保護法益だとすれば、侮辱罪の成立要件としては、「**公然性**」ではなくて、むしろ「**面前性**」を要求すべきであるとも批判しています。と言いますのは、面前で相手を侮辱すれば名誉感情は強く損なわれますので、公然性を要求する必要はないのであって、かえって「面前性」を必要とすべきであるとされるからです。公然性がなくても、その人の目の前で（面前で）侮辱すれば、その人の名誉感情は十分に侵害されますから、公然性ではなくて、むしろその人の面前でおこなわれることの方が重要なはずだとされるのです。ところが二三一条は、公然性を要求していますから、結局、名誉を保護の客体としているのであって、名誉毀損罪と侮辱罪とを行為のやり方で区別していることになります。「公然と」事実を摘示することによって外部的評価の低下がもたらされるのに対して、たとえば、ある人に対してその人の目の前で「お前はバカだ」などと抽象的な評価を示すことによって、その人の社会的評価を低下させることはあり得ないではありませんが、事実を摘示したばあいよりも、その侵害の度合いははるかに低いと言えます。

わたくしは、この点については、反対説の立場に立っています。これは、団藤重光博士や福田平博士などの考え方ですが、わたくしもその方が妥当であると解しています。名誉感情は、たしかに主観的なものですが、しかし、わたくし達の精神生活において、名誉感情は十分に保護に値すると言えます。主観的なものだから保護する必要はないとする見解もありますが、しかし、現行刑法上、主観的なものであっても保護されているものもあるのです。

たとえば、**畏怖心**を生じさせる脅迫罪は、まさに主観的な行動の自由に対する侵害という要素があるのです。そうしますと、主観的なものはすべて刑法から排除すべきだとするのは、行き過ぎであり、主観的なものであっても、なお保護に値するものであれば、それは十分に刑法上、保護されるべきなのです。

このような観点からは、**名誉感情**も、刑法上、価値あるものとしてきちんと評価する必要があります。一定の社会的な活動の場や個人生活の場においても、自分自身に対する評価をもって、つまりプライドをもって行動しているわけですから、それを刑法は尊重すべきであると考えられます。**精神生活の基盤**となる「自分自身に対する評価」を勝手に侵害してもよいはずはありません。みなさんも自分自身に対するプライドをもっているはずであり、むしろプライドなくして精神生活がいとなまれること自体があり得ないのです。基本的なものとして**自己評価**、自分自身に対する評価は、最大限に保護される必要があります。わたくしも大学教授として、刑事法学者としてプライドをもって研究・教育活動をおこなっていますが、そのようなプライド・自己評価を他人によってむやみに勝手に傷つけられるのは、許しがたいことだとおもいます。みなさんも、個人として、一個の人格として、一定の自己評価を支えに生活をいとなんでいるわけであり、それを刑法が保護するのは、当然ではないでしょうか。

それでは条文上、この反対説の立場は正当性をもつのか、について検討する必要があります。二三〇条が「公然と事実を摘示して」となっているのに対して、二三一条は「事実を摘示しなくても」となっています。通説・判例の言うように、二三〇条は「事実を摘示し」、二三一条は「事実を摘示しないで」名誉を害することを意味するのであれば、むしろ二三一条の文言は「**事実を摘示せずして**」となるべきです。つまり、「事実を摘示しないで名誉を害した」という趣旨を明確にすべきなのです。ところが、実際はそうではなくて、「事実を摘示しなくても、公然と人を侮辱」したと規定されています。事実を摘示することによっても、名誉感情を害することができるのですが、しかし、**事実を摘示しなくても**、それは十分に可能です。したがって、事実を摘示しなくても、その人の名誉感情を害すれば、名誉毀損ではなくて侮辱罪が成立することになります。事実を摘示して名誉を害すれば、当然、二三〇条の名誉毀損が成立します。このような解釈が、むしろ文言としては筋が通るのです。**文法的には**、「事実を摘示しなくても」と「事実を摘示しないで」とは違います。文言を厳密に解釈しますと、反対説のように解するのが妥当ということになるのです。

名誉感情を保護法益と解する立場に対しては、「**面前で**」おこなわれたばあいに名誉感情は害されるので、「公然性」は必ずしも要求すべきではないという批判が、通説の側から加えられています。たしかに、そういう面もありますが、しかし、「**面前で**」おこなわれて名誉を害されるよりも、むしろ「**公然と**」、つまり、不特定または多数の者に知られ得るような形で、**名誉感情**が害される行為がおこなわれますと、決定的にその人の名誉感情は害されることになります。そこで、立法者は、目の前でなされているのと違って、公然となされて名誉感情を著しく害するばあいに限って処罰の対象を限定しようと考えたと推測できますから、むしろ「公然性」を要求することによって「**処罰範囲を限定**」していると解することができるのです。これは、合理的な観点から処罰範囲を限定する捉え方です。このようにして、保護法益は、名誉毀損と侮辱罪とでは中身が違うと解すべきだと考えられます。

(3) 要件の問題

「公然と事実を摘示する」ばあいの「公然」性の問題から見ていきましょう。判例・通説は、「**公然**」とは「不特定または多数の者が認識できる状態」を意味すると解しています。**不特定**であれば、少数の者であってもかまいません。これに対して、特定の者であっても、**多数の者**にそれが知れ渡るという状況であれば、公然性を具備することになります。「多数」とはいったい何名以上なのかを数字で示すのは困難です。社会的評価を低下させる行為が名誉毀損行為ですから、「社会的」評価を低下させるに足りるだけの数が、ここでいう多数になります。ですから、何名以上からそうだと数で割り切るわけにはいかないのです。少なくても**特定かつ少数の者**については、一般的評価の毀損という事態は生じません。逆に、不特定であればどんなに少数でもよいとなりますと、広がっていく可能性がありますので、不特定については厳格に解すべきだとする意見もあります。

この問題の延長線上に、いわゆる「**伝播《でんぱ》可能性の理論**」があります。伝播というのは、話の内容が多数人へ伝わっていくことです。人から人へとどんどん伝っていくおそれがあるばあいが、伝播可能性にほかなりません。これは、特定の少数の者に話しても、その人たちから伝わっていくばあいに公然性があると言えるのかという議論です。**判例**は、これをみとめます。摘示された事実がどんどん広がっていくばあいには、社会的評価に影響を及ぼしますので、特定かつ少数の者であっても、それが広がっていく性質を帯びるばあいには、公然性をみとめてよいとされるのです。

これに対して**通説**は批判的です。わたくしもこの理論を採るべきではないという立場に立っています。つまり、特定の少数の者に対して、直接、話しているばあいには、公然性はないと解すべきだとおもいます。やはり行為の時点で、摘示された事実が次々と広がる可能性があるだけでは足りず、まさにそれが多くの人数の者に知られて社会的な評価が低下する状況であればよいし、またそれがなければならないのです。特定の人に言ったことが、その人から伝わっていくことは、事後の問題であって、これと行為時の公然性とは関係がありません。つまり、公然性は、直接、その「**行為の相手方**」が不特定または多数の者であるばあいに限られるべきなのです。そうしますと、たとえば、特定の新聞記者やテレビ・ラジオの放送記者とかリポーターとかに話すようなばあいには、公然性がないことになって不当ではないか、という疑問が生ずるかもしれませんが、決してそうではありません。新聞記者などのマスコミ関係の人は、当然、その人が活字媒体または電波を通して、不特定多数の者に知らせるという前提で話を聞いているのです。直接的にはその**特定の記者**に対して話しているのですが、それは報道されることが前提になっていますので、**不特定または多数の人**に向けて話していることになり、当然、公然性がみとめられます。その記者またはレポーターは、聞いてその事実内容を報道すると言っているわけですから、その人に直接、話すことに意義があるのであって、情報として受け取る多数の人を直接的に対象とする必要はありませんし、それは不可能です。記者が媒体となって摘示事実がマスメディアにのることが問題なのです。つまり、マスメディアを通して社会的な評価が低下する点が問題となるわけです。したがって、特定かつ少数の者に語ったとしても、マスメディアにのせることを前提に話しているところに意味がありますので、当然、公然性がみとめられます。これに対して、伝播可能性という形でその枠を広げることには、問題がありますので、ここではそういう考え方をとるべきでないと解されます。

(4) 死者の名誉毀損罪

二三〇条の二項の死者の名誉毀損罪を見ることにします。**死者の名誉**を毀損したばあい、その**名誉の主体**はいったい誰なのか、をめぐって見解の対立があります。名誉の主体は遺族であると解する説などいろいろな説がありますが、**判例・通説**は、「**歴史的な存在者としての死者**」であると解しています。死んでしまえばその人の名誉はなくなるのですが、**歴史的な存在者としての社会的な評価**はまだ残っています。その評価を低下させるばあいに、名誉毀損が問題になるわけです。二三〇条の二項は、「虚偽の事実を摘示することによってした場合でなければ、罰しない」と規定していますので、名誉毀損の方法は、**虚偽の事実**を示すものでなければなりません。生きている者に対する名誉毀損のばあいには、事実を示していればよく、その事実が虚偽である必要はないのです。本当の事実を話しても、それによって評価が下がるわけですから、摘示された事実の真否は問われないのです。これに対して、二項のばあいは、虚偽の事実を示したばあいだけを処罰の対象にします。死んだ者については、**歴史的な評価**が、別個の観点から要請されます。学問的・学術的な観点からの評価を確保するためには、真実を明らかにすることを前提にして、名誉毀損罪の成立範囲を限定する必要があります。人間は「棺を蓋いて事定まる」と言われますが、生きている間はいろいろ差し障りがあって評価を下すことを遠慮していることでも、死んだことによってその人に対する学問的・学術的評価、客観的評価、歴史的評価をおこなう必要があるわけです。生前は明らかにできなかった**真実**を学問的・学術的観点から知るためには、真実は明らかにされるべきだという要請がみとめられます。死者の評価を適正におこなうにあたっては、真実を明らかにする必要がありますので、「歴史的な存在としての死者」の名誉の毀損は、あくまでも虚偽の事実を書きたてて、あるいはそれを暴き出したという形をとって、その評価を低下させることに重点が置かれますから、そのような要件が加えられます。

① **意義**

名誉毀損は、真実を明らかにしても成り立ち得ることが前提になっています。真実を明らかにしてこそ、正確な判断が可能になりますので、民主主義社会では、主権者である国民が一定の判断をするにあたっては、その前提となる事実に関する**真実**を知っている必要があります。その真実に基づいて判断しなければならないという要請があります。その前提として、主権者・国民の側に「**知る権利**」が保障される必要があります。これは、憲法上の問題として**表現の自由**に関わります。知る権利を保障するためには、事実はできる限り明らかにさせるべきことになるはずです。

ところが、一方において、社会生活をいとなむにあたって、社会的評価を維持しなければ、わたくし達の生活は破綻をきたします。その観点から、**個人の名誉の保護**は十分になされなければなりません。そこで、二三〇条では、事実の有無にかかわらず、つまり摘示事実が真実であろうとなかろうと、個人の名誉を保護するという基本姿勢を堅持しているのです。他方において、「知る権利」、あるいは表現の自由を保障しなければならないという観点からの要請があります。両者のバランスを図るために規定されたのが、二三〇条の二にほかなりません。

この規定は、「**公共の利害に関する場合の特例**」ということになります。まず一項は、「前条第一項の行為が公共の利害に関する事実に係り、かつ、その目的が専ら公益を図ることにあったと認める場合には、事実の真否を判断し、真実であることの証明があったときは、これを罰しない」と規定して、名誉毀損罪の成立を制限しています。二項は、「前項の規定の適用については、公訴が提起されるに至っていない人の犯罪事実に関する行為は、公共の利害に関する事実をみなす」としています。よくマスコミにおいて、容疑者（被疑者）が**実名で報道**されていますが、本条があるからそれが可能なのです。

ヨーロッパの一部の国では、いわゆる「**匿名報道**」がおこなわれており、犯罪者の犯罪行為の報道については、名誉毀損にかかわりますので、実名で報道しないようになっています。仮名を用いたりAとかBとかの形を用いて犯罪事実を報道することが多いようです。わが国では、そういう動きがないわけではありませんが、実際上、マスコミは実名で報道しています。逮捕された時点、あるいは容疑者（被疑者）になった時点から、あたかも真犯人であるかのように、残虐非道とか鬼みたいな人とか過激な表現で報道して被疑者の名誉を毀損している実態も存在するのです。しかも、その被疑者が被告人となって無罪判決が出たばあいには、あまり大きく報道しないこともないわけではありません。かつてあれほどオーバーに報道したことにはあまり触れないで、被告人に無罪判決が下った事実を淡々と伝えるだけというケースが多いのですが、それが**報道の在り方**としてよいのかどうかについては、真剣に考える必要があるとおもいます。

三項は、「前条第一項の行為が公務員又は公選による公務員の候補者に関する事実に係る場合には、事実の真否を判断し、事実であることの証明があったときは、これを罰しない」と規定し、**公務員**または**公選による公務員の候補者に関する事実**については、摘示事実が真実であることだけを判断することになっています。これは「公共の利害」に関するという前提に立って、要件が緩和されるのです。特に代議士など選挙によって選ばれる公務員などについては、主権者である国民の批判を十分に受けなければなりませんから、このような公務員に関する事項については、真実を明らかにすることが要請されます。「真実であることの証明があったときは罰しない」とすることによって、真実を明らかにすることを推進しているわけです。これは民主主義社会の要請にほかなりません。

②　法的性格

二三〇条の二をめぐって問題となりますのは、まず第一に、法的性格をどのように捉えるかという点です。どういう観点から問題になるかと言いますと、一つは、条文上、事実であることの証明があったときは、これを「**罰しない**」とされていますが、この「罰しない」という意味をどのように解するかです。もう一つは、「**真実の証明があったとき**」の意味です。この「証明」という文言は**訴訟法上の言葉**です。これが**実体法**としての刑法にどういうかかわりをもっているかが問題になるわけです。「罰しない」というのは、通常、「犯罪として成立しないこと」を意味します。たとえば、正当防衛とか、緊急避難とかにおいて、これを罰しないという文言で、「犯罪として成立しないこと」を示しています。これが原則ですが、二三〇条の二のばあいも、そのように解すべきか、仮にそうだとしても、なぜ犯罪が成立しないのか、が争点となります。

さらに、真実であることの証明があったということは、本当にその訴訟の場において真実であることが**証明**されることを意味するのかどうか、が証明制度との関連で、重要となります。この部分が分かりにくいのです。いろいろな学説が主張されていますが、学説の把握に混乱が生じて分からなくなってしまうわけです。

そのうえ、**錯誤の問題**がからんできます。いわゆる「**真実性の錯誤**」をどのように扱うのかという論点がからむことによって、問題が錯綜して難しくなるわけです。その点をまず頭に入れておく必要があります。

このように種々の制度がからむ問題については、条文から論点を引き出していく基礎訓練をやった方がよいと言えます。ここで、まず条文にあたって、それがどういう性格を有していて、それが要件論にどのように投影され、それが錯誤論とどのように関連するのかを、理路整然と説明できるようにしておかなければなりません。その観点からお話しすることにしましょう。

まず、「**罰しない**」という点については、**処罰阻却事由説**が主張されています。立法者の意思としては、「処罰しないと解する立場の方が有力だったと言えます。つまり、名誉毀損罪においては、摘示した事実が真実であろうがなかろうが、その人の名誉を守ってあげるという個人的法益の側面を重要視し、できるだけ名誉毀損罪の成立をみとめて名誉の主体を保護してあげた方がよいと解されたわけです。真実であったとしても、いや真実であればこそ、その名誉は低下することになりますから、できるだけ名誉毀損罪の成立をみとめて、処罰を厳格にする方がよいけれども、**表現の自由**、**知る権利**の観点から、その限度で、処罰だけは免れさせようとしたのが、二三〇条の二であるとされます。犯罪としては成立していることが、処罰阻却事由説の前提です。

これに対して、表現の自由ないし言論の自由あるいは知る権利を重視する観点から、「罰しない」というのは、「犯罪それ自体が成立しない」趣旨であると捉える見解が主張されています。そのような観点から**通説**は、違法性を阻却すると解しているのです。真実の証明があったばあいには、構成要件に該当する名誉毀損行為なのだけれども、表現の自由という憲法上の要請がありますので、個人的法益である名誉の主体の利益と言論の自由・知る権利とのバランスを図るべきであるとするのです。民主主義社会の正しい運営、あるいは、その在り方の盾となる行為は許されるべきであるから、違法性が阻却されるべきであるという捉え方をします。これが**違法性阻却事由説**であり、通説となっています。

わたくしも通説の立場に立っています。個人の名誉の保護と知る権利および言論の自由との調整という点からしますと、名誉毀損行為は、構成要件に該当する一般的には違法な行為としてみとめられますが、二三〇条の要件を具備する状況があれば、その行為を許すという意味で正当化することによって調整を図るべきなのです。

これに対して、言論の自由・表現の自由あるいは知る権利をもっと強く保障すべきであるとする考え方を徹底しますと、これは違法性の問題ではなくて、その前の段階である構成要件該当性の問題であり、そういう行為は定型的に違法でないから構成要件に該当しないと主張するのが、**構成要件該当性阻却事由説**です。これを最初に主張されたのは団藤重光博士です。構成要件該当性阻却事由説の支持者は少なかったのですが、表現の自由を守るという観点からは非常に強力な主張ですから、学説上、大きな意味をもっています。この考え方をとれば、二三〇条の要件を具備する行為は、一般的に許されており、刑法上、問題にするまでもありませんから、構成要件に該当しないという捉え方になります。団藤博士は、当初はそういう考え方を主張されたのですが、最高裁判事になられて、いわゆる「月刊ペン」事件の裁判に関与されて以降、見解を変えられました。つまり、通説と同じ立場に移られたわけです。名誉毀損は、たしかに表現の自由の観点から重要性をもっていますが、個別・具体的な状況において、違法性を帯びてくるばあいもあり得るという考え方を、実務の場面で感じられて、団藤説は変わったと解されています。つまり、個別・具体的な状況の中で、違法なものとそうでないものがあり得るとして、**違法性阻却事由説**を支持したわけです。

構成要件該当性の次元でまったく問題にならないとして蹴ってしまうには、個人の名誉の保護という観点からは問題がありますので、具体的状況によってはその行為が許される場面が生ずることを考慮して規定されたのが二三〇条の二にほかなりません。

次に、そもそも**正当な行為**として違法性が阻却されると解する見解があります。これは、**三五条の適用**によって一般的に違法性が阻却され、二三〇条は例外的なばあいにすぎないとする捉え方です。この点につきわたくしは、そこまでいくのは行き過ぎであると考えています。やはり二三〇条の二という条文があってはじめて、違法性が阻却されると解すべきであって、正当行為として二三〇条の二が特別に設けられたのであり、その要件の範囲内で調

却されると解すべきであって、正当行為として二三〇条の二が特別に設けられたのであり、その要件の範囲内で調ですが、表現の自由との調整という観点から、二三〇条の二が特別に設けられたのであり、その要件の範囲内で調
個人の名誉の保護は重要
そこまでいくのは行き過ぎです。
一般的条項で処理するのは行き過ぎとする捉え方です。この点につきわたくしは、

整するのが妥当であると言えるのです。

さらに問題になりますのは、**どういうばあいに違法性が阻却されるのか**、です。真実であることの証明が実際になされたばあい、すなわち、**訴訟法上の証明**がなされたばあいに違法性が阻却されると解するのが、一般的な見解です。現実に訴訟の場において真実が証明されたばあいに限り、その行為の違法性が阻却されると解されるわけです。これは、「証明」を純粋に訴訟法上の問題として理解する点で明解であると言えます。ところが、このように解しますと、自分の行為が違法かどうかは、現実の訴訟の場で真実が証明されたかどうかにかかってくることになります。**行為の時点**では、それはまったく分からないわけで、現実の裁判で証明されてはじめて、その行為は違法ではないことになるのです。そうしますと、行動する側、つまり、真実を明らかにする側からしますと、はたして自分の行為が正当かどうかは、裁判になってみないと分からないことになりますので、かえって真実が表に出にくくなります。真実であることについて、**十分な資料・根拠・証拠**をもっていて、真実と確信して報道したにもかかわらず、裁判で証明できなかったばあいには違法になるということになりますと、かえって**報道の自由**が制約されます。つまり、報道を差し控えざるを得なくなるという不都合が生じます。やはり行為の時点で、十分な根拠・資料に基づいて表現活動をおこなっている限り、真実の証明があったのと同じような意味で、犯罪の成立を否定すべきであるという主張が提示されるのです。これは錯誤の問題とからんで出てきます。

「**真実性の錯誤**」の問題に関して、最高裁の当初の判例は、真実性の錯誤は故意を阻却しないとする立場を採っていました。つまり、「罰しない」とは、「処罰」しないことを意味すると解釈し、**処罰阻却事由説**を採っていたわけです。真実であると錯誤に陥っていたが、実際はそうでなかったばあい、刑法上、犯罪の成否には関係ないのであり、ただ真実性の証明がなされたばあいには、処罰しないだけであると解されたわけです。しかし、処罰阻却事由説は、前にも述べましたように、妥当でないとされますが、逆に故意阻却をみとめる立場に立ちますと、真実であると思い込みさえすれば、故意がないことになってしまいます。しかし、真実であると考えて行動に出て、実際は真実ではなかったばあいであっても、故意がないとして名誉毀損罪の成立を否定してしまいますと、名誉の保護に欠けるばあいが生じます。そこで、昭和四四年に**最高裁の大法廷判決**は、次のような判断を示しました。すなわち、「本条一項にいう事実が真実であることの証明がない場合にも、行為者がその事実を真実だと誤信し、その誤信したことについて**確実な資料、根拠**に照らして**相当の理由**があるときは、故意がなく、名誉毀損罪は成立しない」旨を判示したのです（最判昭44・6・25刑集二三巻七号九七五頁）。確実な資料、根拠に基づいて事実が真実であるとおもって行動したばあいには、現実の訴訟で真実であることの証明がなくても、**故意が阻却**されるとして、その錯誤の処理をしたわけです。ほんらい真実であるという証明があってはじめて、二三〇条の二で不処罰になるはずですが、相当な資料、証拠に基づいて、それが真実であるに違いないとおもわれるようなばあい、つまり、一般的には真実であると考えられるばあいには、真実であることの現実的証明がなくても、故意がないとされるわけです。たんに真実だとおもったから故意が阻却されるのではなくて、あくまでも相当の資料、根拠に基づいてそれが真実であるとおもったという錯誤があるばあいには、故意が阻却されて処罰されないという立場を示したわけです。これは、通説から支持を受けています。

しかし、わたくしは、これを「**正当化事情の錯誤**」、つまり、**違法性阻却事由の事実的要件ないし前提に関する錯誤**として把握すべきであると考えています。摘示事実が真実であることが違法性阻却事由であり、真実性の錯誤が確実な資料・根拠に基づいているばあい、すなわち、相当の理由があるばあいには違法性が阻却され、相当の理由がないばあいには違法性の錯誤（禁止の錯誤）として処理されるべきなのです。これは、**二元的厳格責任説**からの結論です。

(5) 侮辱罪

本罪については前に述べましたように、法益との関連で問題が生じます。すなわち、**判例・通説**は、名誉毀損罪と侮辱罪とは**保護法益**を同じくし、ただ**行為態様**が異なるだけであると解し、前者が事実を摘示して名誉を害するものであるのに対して、後者は事実を摘示せずに名誉を害するものであると解します(大判大15・7・5刑集五巻三〇三頁)。したがって、「侮辱」とは、事実を摘示しないで、たんに抽象的に人格を蔑視するような言語・動作をすることを意味することになります。たとえば、「馬鹿野郎」と怒鳴ったり、不浄なものに塩をまいたりするのが侮辱行為の典型例として挙げられます。これに対して本罪の保護法益を**名誉感情**と解する説は、侮辱とは他人の名誉感情を害するに足りる軽蔑の表示を意味すると主張します。**表示の方法**には制限がなく、口頭、文書、動作のいずれによるものであってもよいのであり、侮辱行為は、事実を摘示してなされると否とを問わないとされます。**表示の内容**は、他人の能力・特性・身分・身体の状況などのいずれでもよいとされ、事実を摘示すべき方法で行為がなされれば足り、事実を摘示したか否かは、格別、意味をもたないことになります。すなわち、相手方の名誉感情を害する方法で行為がなされなければ足りないのであり、侮辱行為は、事実を摘示してなされると否とを問わないとされます。本罪が成立するためには、侮辱行為によって現実に名誉感情が害されたことを要しないとされています。

② 信用および業務に対する罪

(1) 罪　質

犯罪類型として、信用毀損罪と業務妨害罪があります。二三三条は、「虚偽の風説を流布し、又は偽計を用いて、人の信用を毀損し、又はその業務を妨害した者は、三年以下の懲役又は五十万円以下の罰金に処する」と規定していますが、前段の部分が**信用毀損罪**であり、その行為態様は、虚偽の風説を流布し、あるいは偽計を用いて、人の信用を毀損することです。後段は**業務妨害罪**です。業務妨害罪は、虚偽の風説を流布すること、または、偽計を用いることによって業務を妨害する罪ですが、そのほかに、さらに**威力業務妨害罪**が二三四条に規定されています。業務妨害罪は「威力を用いて人の業務を妨害」することも含みますから、業務妨害罪には三種類の行為態様があることになります。したがって、業務妨害罪は、虚偽の風説を流布するか、偽計を用いるか、威力を用いるか、の三つによって業務を妨害する犯罪類型です。

(2) 信用毀損罪

ここでいう「**信用**」は、わたくし達が日常使っている信用という言葉とは少し意味が違います。日常生活において、ある人が信用できるかどうかを問題にするばあいには、その人が人格的に信頼できるかどうかを意味するのですが、ここでいう信用とはそうではなくて、経済的な面におけるその人に対する社会的な評価を意味するのです。誤解を招くかも知れませんが、あえて言えば、**人格的要素に関わる名誉**が名誉毀損でいう名誉であり、**経済面における名誉**が信用です。信用「毀損」は、行為類型としては実質的には名誉「毀損」の一種なのです。その共通性をつかんでおいてください。両者は、**客体**がちがっているにすぎません。

信用とは、人の経済的側面における価値、つまり、支払い能力とか支払い意思についての一般的な社会的評価を言います。一般的には「支払い能力」があるかないかによってその人の経済的な信用は決まるのですが、さらに支払い能力や資産があっても、その人に「支払い意思」がないばあいには、信用は大いに損なわれますから、その点についての評価がここでは問題になります。

行為は、「**偽計を用いる**」か「**虚偽の風説を流布**」することです。虚偽の風説の流布とは、虚偽のうわさを流すことです。偽計にもいろいろな種類がありますが、要するに、他人を錯誤に陥らせるに足りる計略を用いることです。昭和六一年二月三日の**最高裁決定**では（マジックホン事件）、発信側の電話の度数計器の作動を不能にするマジックホンと称する電気機器を電話回線に取り付けて使用する行為は、偽計業務妨害罪にあたると判示されています(最決昭61・2・3刑集四〇巻一号一頁)。マジックホンと称する機械を設置しますと、実際に電話をかけると通話代金がただになってしまうわけですから、そういう偽計(トリック)を用いて電々公社(現在のNTT)の業務を妨害していることになるわけです。

(3) 業務妨害罪

業務妨害罪において特に問題になりますのは、「公務」が業務に含まれるかどうか、です。一般的に「**公務は業務に含まれるか**」という形で争われます。なぜこれが問題になるのかと言いますと、公務については九五条が公務執行妨害罪を規定しているにもかかわらず、さらに業務妨害罪として保護の対象にすべきかどうかが争われるからです。業務という概念は、公務を含み得るのですが、公務執行妨害罪として特別規定があるにもかかわらず、なおそれを含み得るかどうか、含み得るとすればその理由は何か、が問題になります。

第一に、二三三条および二三四条が業務妨害罪を規定し、さらに九五条が公務執行妨害罪という**特別の犯罪類型**を規定していますので、両者の関係が問題となります。刑法典上、公務執行妨害罪は、公務という国家的法益に対する罪ですが、業務妨害罪は、個人的法益に対する罪として位置づけられています。しかし、公務、つまり公の職務は、概念上は、業務と解される部分も含まれるのです。

第二に、**法定刑**に差がある点も問題となります。二三三条と二三四条の法定刑は、「三年以下の懲役又は五十万円以下の罰金」であり、九五条の法定刑は「三年以下の懲役または禁錮」です。公務執行妨害罪には罰金刑がありませんので、その分だけ業務妨害の方が軽いことになるわけです。両者の差異をどのように基礎づけるのか、が二つ目の問題です。

第三に、両者は**行為態様**が違います。業務妨害のばあいには、虚偽の風説を流布する、偽計を用いる、あるいは威力を用いるという三つの手段がありますが、公務執行妨害のばあいは暴行または脅迫だけです。このように行為態様に差がある点をどのように把握するか、が問題となります。

かつて試験で「偽計を用いて公務を妨害したばあいの罪責はどうなるか」という形で出題してみたことがあります。そうしましたら、学生諸君は出題意図が分からなかったのです。参照条文として二三三条と二三四条と九五条を示しておいても、その関係が分からないのです。それは、今お話しした問題の把握がきちんとなされていないからです。「業務は公務を含むか」という形で出題しますと、今述べた論点が欠落してしまいますから、その論点について書けないという事態が生ずるわけです。

学説は両極端に分かれています。まず業務は公務を含まないとする説と含むとする説に分かれるのです。**判例・通説**は、業務の中に公務も含まれると解しています。なぜかと言いますと、業務妨害における業務は、一定の職務などでおこなわれる仕事を保護するという形態になっていますので、公務であっても同じように業務性の観点から保護をみとめることができるからです。ただ、九五条については、**暴行または脅迫**を用いるばあいに限られ、威力を示すものは除かれます。これは国家的法益に対する罪としての色彩が強いため、罪数上、観念的競合あるいは法条競合となります。

公務は業務に含まれないとする考え方を採る立場は、公務執行妨害罪はあくまでも国家的法益に対するものであり、業務妨害罪は個人的な法益に対する罪であるという観点を貫いているのです。

権力的公務は業務に含まれないが、**非権力的公務**は含まれるとする説が、有力に主張されています。権力的公務とは、強制力を用いて国家意思を実現する公務です。公務であっても一般的な事務的な要素を伴うものは非権力的公務ということになります。非権力的公務は、私人がおこなうのと同じような意味で、私的な業務としての性格が強くなりますから、これは業務妨害に含まれます。わたくしは、この説を支持しています。

典型的な公務執行妨害は、暴行・脅迫を用いて一方的な権力的な意思発動に対する抵抗を示す行為ですから、これについては国家権力は、**権力的な公務**の円滑な実現をはかるという観点から九五条で重く処罰していると言えるわけです。すなわち、権力に明白に抵抗ないし反抗することを示すのが、暴行・脅迫という手段で権力的な職務の執行を妨害する行為であり、このような公務執行妨害は悪質であるとして重く処罰されるのです。

通説・判例によれば、たとえば、公務員が役所でおこなっているデスクワークを妨害する行為は業務妨害罪になります。これに対して、公務は業務に含まれないとする立場を採りますと、公務員が役所でおこなっているデスクワークの妨害は業務妨害罪を構成しません。たとえば、偽計を用いたり、威力を示したりしてその公務を妨害する行為は、犯罪行為にはならないわけです。ただし、それによって一定のことを要求するのであれば、強要罪を構成しますが、少なくても業務妨害罪は成立しないことになります。公務員のデスクワークは、民間会社のデスクワークと比較して、行為自体として見ればその性質には差はありません。そこには権力的な要素はありませんから、同じ扱いを受けるべきだとされます。公務員なのか民間人なのか、という観点から区別するのではなくて、**非権力的な公務**として通常の一般事務と同じ扱いをすべきかどうか、という観点から区別すべきことになります。

公務が権力的か非権力的かという観点から説明する見解に対しては、次のような批判があります。すなわち、権力的な公務を全部公務執行妨害罪だけでまかなうとしますと、**偽計**を用いたり、**威力**を用いたり、あるいは**虚偽の風説を流布**したりする形で公務の執行が妨げられるばあい、たとえば、警察官に嘘をついて逮捕を免れさせる妨害行為を処罰できず、不当であるとする批判です。たしかに、わたくし達の立場によれば、逮捕行為は権力的公務ですから、偽計を用いたばあいには、公務執行妨害罪でも業務妨害罪でも処罰できないことになります。そうしますと、重要な公務である権力的公務は、私的な業務よりも保護が薄くなるという不都合が生じます。たしかに、結果的にはそういうことになります。しかし、なぜそういう結果をみとめるのかと言いますと、国家的法益の中で、公務の円滑な執行という観点があるからです。つまり、権力的な公務については、あえて刑法は、**明確な反権力的な意思表示**としての暴行・脅迫に限って処罰の対象としたのです。それ以外の手段を用いたとしても、権力的公務の執行の妨害として処罰するまでもないとされたわけです。このような観点から、積極的な意志的反抗、つまり国家の権力的な意思実現を阻害するような行為だけを処罰するために公務執行妨害罪が規定されているのですから、あえて業務妨害罪による保護を必要としないのです。

(4) 電子計算機損壊等業務妨害罪

① 意義

電子計算機損壊等業務妨害罪が、**コンピュータ犯罪**の一環として規定されていますが、理論的にはさほど難しい問題はありません。業務妨害について、ここに記載されているような内容でもって、それを妨げるという点がポイントとなります。

電子情報処理組織(コンピュータシステム)が急速に普及し、国および地方公共団体の諸機関や民間の諸企業がこれを採用し、各種の事務処理に威力を発揮しています。電子計算機(コンピュータ)は、大量の情報処理を可能にしますので、業務の大部分がコンピュータにとって代わられ、広い範囲にわたって重要な役割を果たすようになっています。このような状況において、電子計算機を使用しておこなわれる業務を電子計算機に加害する方法によって妨害する行為に対して、現在の偽計または威力による業務妨害罪の規定では十分に対応できなくなっています。**電子計算機による業務**は、人の遂行する業務よりも業務処理の及ぶ範囲が広くなり、その妨害によって広範囲にわたる国民生活に重大な支障を来すおそれが大きいのです。そこで、昭和六二年の改正により本罪が新設され、**法定刑**も従来の業務妨害罪よりも重くなっています。本罪は、基本的には、電子計算機を設置・管理している業務主体の個人的法益に対する犯罪ですが、副次的には、右の意味での社会的法益に対する保護をも意図しているとされています。

② 電子計算機業務妨害罪の内容

本罪は、人の業務に使用する電子計算機もしくはその用に供する電磁的記録を損壊し、もしくは人の業務に使用する電子計算機に虚偽の情報もしくは不正の指令を与え、またはその他の方法で、電子計算機をして使用目的にそうべき動作をさせず、または使用目的に違う動作をさせて妨害する罪です。法定刑は五年以下の懲役または一〇〇万円以下の罰金です（二三四条の二）。

(i) 客体

本罪の客体は、電子計算機による人の業務に使用する電子計算機もしくはその用に供する電磁的記録に限られ、また、電子計算機も、それ自体が独立に情報処理能力をそなえているものであることを要し、他の機器に組み込まれてその構成部分とされているものは除かれます。

本罪の業務は、とくに電子計算機を使用しておこなわれるものに限られ、また、電子計算機も、それ自体が独立に情報処理能力をそなえているものであることを要し、他の機器に組み込まれてその構成部分とされているものは除かれます。

(ii) 行為

本罪の行為は、（ア） a 人の業務に使用する電子計算機もしくはその用に供する電磁的記録を**損壊**し、もしくは、b 人の業務に使用する電子計算機に**虚偽の情報**もしくは**不正の指令**を与え、または、b **使用目的**にそうべき動作をさせず、または、b **使用目的と違う動作**をさせて、c その他の方法で、（イ）a 電子計算機をして使用目的にそうべき動作をさせず、または、b **使用目的と違う動作**をさせて、（ウ）人の**業務を妨害**することです。これを分説すると、次のようになります。

α 行為の手段

行為の手段には次の三種があります。

a 電子計算機または電磁的記録を「**損壊**」すること。これは、電子計算機または電磁的記録を物理的に損壊することだけでなく、磁気ディスクなどに記録されているものを消去することも含むと解されています。

b 電子計算機に「**虚偽の情報**」もしくは「**不正の指令**」を入力すること。「虚偽の情報」とは、真実に反する内容を包含する情報を言い、「**不正の指令**」とは、当該業務過程においては本来予期されない指令を言います。

c　その他の方法によるもの。「その他の方法」は、ａｂの例示との関係から、その方法によることが電子計算機自体の動作に直接影響を及ぼす性質のものに限られるべきであり、たとえば、電子計算機の電源の切断、動作環境の変更、通信回路の切断などのように、電子計算機への直接的な物理的攻撃を伴わない侵害行為や、入出力装置等の付属設備の損壊などのように、物理的攻撃ではあるがａに包含されない侵害行為がこれにあたるとされます。

β動作障害の結果発生

本罪が成立するためには、電子計算機をして使用目的にそうべき動作をさせないこと、または使用目的と異なる動作をさせたという結果の発生が必要です。

ａ電子計算機をして使用目的にそうべき動作をさせないこと。「使用目的」とは、電子計算機の設置運用者が、一定の具体的な業務の遂行にあたり、当該電子計算機の情報処理によって実現しようとしている目的を言い、「使用目的にそうべき動作」とは、電子計算機設置管理者の使用目的に適合した電子計算機の機械としての活動を言い、「動作をさせない」とは、電子計算機の活動を停止させることを言います。

ｂ電子計算機をして「使用目的に違う動作をさせる」とは、電子計算機の設置運用が意図している使用目的に対して実質的に矛盾することとなる活動をさせることを言います。

γ業務の妨害

α・βの結果として、他人の業務を妨害したことが必要です。「業務を妨害する」とは、業務妨害のばあいと同様、業務を妨害するおそれのある状況を生じさせれば足り、現実に妨害の結果を発生させたことを要しません。

第*11*講　財産犯総論

1 意　義

財産犯には古くから存在する犯罪類型が多く、財産犯に関して精密な解釈論が展開されてきていますので、財産犯論は非常に問題点が多い領域です。現実の事件でも、**窃盗事犯**などをはじめ財産犯の発生件数は非常に多いのです。

財産犯に関連して複雑なケースが増加していますが、基本的に**財産犯の解釈論**をきちんと押さえていれば、他のものについても同じような**類推**が可能になります。財産犯は、刑法各論の中でも最も重要な犯罪類型として扱われています。

憲法は、**私有財産制度**を採用し財産権を保障しており(憲二九条)、それを前提にして刑法は、その財産権を侵害する行為を刑罰でもって鎮圧するために、財産犯を規定しています。刑法の基本的な性格として**補充性**、**断片性**があります。刑法は、民法による規制からもれる行為について、重要なものを刑罰で抑制しようとしますから、財産権を侵害する行為のすべてを処罰するという考え方を採っておりません。その意味で財産犯は補充性・断片性をもっているのです。さらに財産犯については、次の三つの観点が重要となるのです。

財産犯は、非常に**歴史的な性格**を帯びていますので、歴史の変化によって、財産権の内容にも差が生じますし、その重要性にも大きな差が出てきます。したがって、歴史的な変化が、解釈論にも反映されるわけです。これが「**財産犯の歴史性**」という観点にほかなりません。

財産犯は、歴史的に非常に古いものが多いですので、法と倫理の未分化状態のときから、わたくし達の社会生活上、大きな意味をもってきました。たとえば、モーゼの十戒の中にも、「盗むなかれ」という戒律があり、仏教の戒律においても窃盗は禁止されています。このように、窃盗行為は**宗教上の罪**としても考えられていたのです。盗む行為に対して、法秩序はかなり厳しい対応をしてきています。私有財産制を阻害する行為を放置しますと、社会秩序の維持にとってまずいからです。それは、宗教上もよくないし、倫理的にもよくない行為であるとして、多くの社会が倫理と結びつけたのです。しかし、ここで注意しなければいけないのは、窃盗をはじめ、各種の財産犯の行為は、倫理的によくないから刑法で処罰するわけではないということです。そのような行為は、社会の構成員に対して**重要な危害**をもたらすから処罰されるのです。「反倫理的だからこれを罰せよ」というような形で議論をするのは妥当ではありません。「**使用窃盗**」を例に考えてみましょう。他人の物をちょっと借りてすぐに元にもどす行為を「使用窃盗」と言います。「使用窃盗行為は倫理的に正しくないから罰すべきである」と解するのか、「それは財産権の侵害をもたらすから罰すべきである」と解するのかどうかで、まったく質がちがってきます。ここでは、あくまでも、財産権のどの部分をどのように侵害したのか、こういう侵害があったから罰せられるのだ、というような形で議論すべきであり、これが、「**倫理と財産犯の峻別**」という観点です。

2　財産犯の種類

物事を**分類**をするばあい、ただ分けること自体に意味があるのではありません。分類するばあいには、分ける意味を明確にすることが必要です。つまり、「**分類基準**」が大きな意味をもつわけです。何を基準にして分けるのか、なぜその基準を用いるのか、それを分けることによってどういうメリットがあるのか、をつねに意識しておくことが大事です。分類のための分類は無意味であると言わなければなりません。

(1) 客体による分類

財物と財産上の利益という分け方があります。これは、「財物罪」かそうでないか、という分け方です。**財物に対する罪**としては、窃盗、強盗、詐欺、恐喝、横領、盗品等に関する罪があります。財物罪は、**客体**が財物である点に意味があり、その財物に対してどういうかかわりをもつのか、それによって他の「利益罪」との差が生じます。ここにポイントがあるのです。

財産上の利益に対する罪は、通常、二項犯罪として規定されます。たとえば、強盗、詐欺、恐喝については、一項は財物罪を規定し(**一項犯罪**)、二項は財産上の利益に対する犯罪として規定されているわけです(**二項犯罪**)。たとえば、二三六条の強盗罪の規定においては、一項は「強盗又は脅迫を用いて他人の財物を強取した者は、強盗の罪とし、五年以上の有期懲役に処する」と規定しており、「財物を強取する」点に意義があります。二項は「前項の方法により、」つまり、暴行または脅迫を用いて、「財産上の不法の益を得、又は他人のこれを得させた者も、同項と同様とする」と規定しています。ここに「財産上の利益」の問題が出てくるのです。このように**一項が財物罪**、**二項が利益罪**という形をとりますから、これについては二項犯罪と称することが多いわけです。詐欺罪、恐喝罪についても、同じことが言えます。

背任罪については、「財産上の損害」という要件がありますので、客体は財産上の利益です。

(2) 客体としての財産の形態による区別

これは、財産がどういう**形態**をとっているか、による分類で、「個別財産に対する罪」と「全体財産に対する罪」

という類別がなされます。**個別財産に対する罪**は、それ自体を奪ったり壊したりすることだけで犯罪が成立しますが、**全体財産に対する罪**は、そうではなくて、全体財産の減少がなければ犯罪は成立しません。全体財産について、それが減少したという観点が重要であり、「全体としての財産」をどのように捉えるかについて、学説が三つに分かれています。つまり、①法的財産説、②経済的財産説、③法的・経済的財産説とが主張されているわけです。

①**法的財産説**は、あくまでも権利・義務を中心にして考える見解です。この立場は、純粋に法的な観点だけから財産犯を捉えることになります。これに対して②**経済的財産説**は、法的な形態よりも、むしろ純粋に経済的な観点から、一定の全体的な価値をもっているかどうかを重視します。③**法的・経済的財産説**は、経済的な観点から捉えたものの中から、違法に得られたものを除去する見解です。これは、法的な要素を加味している点に特徴があります。

通説は、法的・経済的財産説を採っていると言えるでしょう。しかし、**判例**は、経済的財産説を採っているといってよいと考えています。つまり、不法領得の意思という観念で説明するわけです。これについてわたくしは、判例を支持していますが、要するに、純粋に経済的な観点から利益を捉えるべきだと考えています。これは、窃盗罪などの財物罪について、不法に得られたものを取得する行為をどうするか、という問題に関連するのです。

(3) **行為態様による分類**

これは財産を取得する形態による分類です。**通説**は、窃盗、強盗、詐欺、恐喝、横領のように、**不法領得の意思**をもって財産を取得する犯罪類型を「**領得罪**」として説明します。つまり、不法領得の意思という観念を不可欠の要素とする犯罪類型を領得罪という観念で説明するわけです。これについてわたくしは、領得罪という観念をみとめるべきではないと考えています。これは、「不法領得の意思」が必要かどうか、にかかわりますので、その個所で説明します。財産を取得したり移転したりする犯罪類型とはちがって、財産を破壊したり価値の減少を生じさせたりする犯罪類型が、**財産毀損罪**としての毀棄罪にほかなりません。

このような観点から犯罪類型を分類して、それに基いて説明をしていくことにしましょう。

財物罪は、「占有を奪うかどうか」という観点から、**奪取罪**と**非奪取罪**に大きく分けられます。奪取罪の中に**盗取罪・盗罪**に分けられるものがあります。それは、窃盗罪・強盗罪です。不動産侵奪罪もそれに関連します。相手の意思に反して奪取する形態に対して、相手方の**任意の処分行為に基づいて取得**する形態、つまり相手方から交付を受ける形態の犯罪類型が、詐欺罪、恐喝罪です。だまして相手方を錯誤に陥れたうえで財物を取得するのが詐欺罪です。脅して取るというばあいも、反抗を抑圧して無理やり取れば強盗罪ですが、そうではなく相手方を脅して畏怖させて、相手方の任意の意思に基づいて交付を受けると恐喝罪になります。

占有奪取をともなわない犯罪類型として横領罪があります。これは、自分が占有している他人の物を処分することによって利益を得る犯罪類型です。

盗品等に関する罪は、財産犯によって得られた物の処分に関与する犯罪形態です。二五六条一項は「盗品その他財産に対する罪に当たる行為によって領得された物」を「無償で譲り受ける」罪を規定し、二項は「前項に規定する物を運搬し、保管し、若しくは有償で譲り受け、又はその有償の処分のあっせんをした者は、十年以下の懲役及び五十万円以下の罰金に処する」と規定しています。これは盗品等を有償で譲り受ける罪です。

毀棄罪は、いわゆる器物損壊等の罪で、条文上、二五八条以下に規定されています。

③ 財物の意義

「財物の意義をどのように捉えるか」という問題は、「財物罪の客体の意義」をどのように解するのか、という問題にほかなりません。

民法八五条は「本法ニ於テ物トハ有体物ヲ謂フ」と規定しています。民法上、**有体物**だけを「**物**」としていますので、無体物は、物として扱わないことになります。民法上の有体物が刑法上の財物となり得ることは問題ありません。問題は、有体物に限られるのか、ということです。なぜならば、刑法では、財物について条文上、規定を設けていないからです。そこで**財物の意義**を解釈によって決めなければならないことになります。この点について、民法は物を有体物に限っているから、刑法における財物も有体物に限定すべきだという立場を**有体物説**と言いますが、これも論理的に成り立ち得る一つの立場です。

しかし、**判例・通説**は、民法が有体物に限ったのは、民法においては、その物に対する権利関係を明確にするためであって、刑法がそれに拘束される必要はないと主張しています。このばあいには「**概念の相対性**」が強調されます。民法は民法の目的に沿うような形で有体物を想定しますが、刑法は、必ずしもそれに拘束される必要はないとされるのです。民法と刑法の目的が同じであれば、民法に従ってよいのですが、目的がそれぞれ違うばあいには、違った捉え方をすべきですから、刑法では、当然には有体物は限定されるべきではありません。

そこで判例・通説は、次のような捉え方をします。刑法は、その物に対する支配を奪って、それによって利益を得る行為を処罰するのです。これが財物罪の特徴をなしているわけです。支配関係を排除する行為、すなわち、奪取したり壊したりする行為を禁圧するのですが、そのばあいには物理的に管理されていることが大事ですから、物理的に管理可能なものかどうか、が重大な関心事となります。これが**物理的管理可能性説**であり、判例・通説はこの説を主張しています。

財物性が問題になった有名な判例は、いわゆる**電気窃盗事件判決**です。電気窃盗事件においては、当初は電気は有体物ではないから、窃盗の対象にならないとされ、電柱に支線をつけて電線を室内に通して電気を消費したとしても、窃盗罪にならないとする考え方が有力でした。しかし、盗電行為は窃盗ではないという考え方を否定して、盗電行為は窃盗罪にあたるとして起訴されたのがこの事件です。大審院は、これは窃盗にあたると解しました（大判明36・5・21刑録九輯八七四頁）。電気は、「有体物」ではないけれども、「財物」であるという形になりますと、明らかに電気は有体物なのですが、そうではなくて電線を通して流れる電流をもとにする電気は有体物ではありません。しかし、電気は物理的に管理が可能であるという観点から、財物として扱ってもよいのでこれを物理的な方法で盗む行為は、窃盗罪として処罰されるべきだとされたわけです。

実際上の利益の保護という観点からは、電気会社が一定の電気を供給することによって財物的な経済関係が成り立っているのですから、それを勝手に盗む行為は窃盗罪として処罰することが可能と考えられます。これに対しては、有体物説から次のような批判が加えられます。すなわち、物理的な管理可能性を財物性の根拠にしますと、債権についても、その債権に関する証書を物理的に管理しているばあいには、窃盗罪の対象となり、**権利が表示されている証券、権利書**それ自体が経済的価値を有する財物なのであって、そこに表示されている債権その他の権利が盗まれるわけではありません。債権を表記している書類それ自体が、財産的な価値をもっている財物ですから、それを盗ったことになるのであって、債権を盗んだことになるのではないのです。したがって、判例・通説は、権利を表記している証書とか権利書とかは、**権利窃盗**をみとめざるを得なくなり不当であるとされるのです。債権に関する証書を物理的に管理しているばあいには、窃盗罪の対象となり、**権利が表示されている証券、権利書**それ自体が経済的価値を有する財物なのであって、そこに表示されている債権その他の権利が盗まれるわけではありません。

次に、「**みなし**」規定が窃盗及び強盗の罪のところにおかれています。つまり、二四五条は「この章の罪については、電気は、財物とみなす」と規定しています。このような「みなし」規定は、もともと例外的な規定ですから、電気以外のものを物理的管理可能性を根拠にして財物として扱うのはおかしいとの批判があります。たしかに、「みなす」という文言は、法律上の用語としては、例外を示すことを意味します。たとえば、「AをBとみなす」というばあい、これは、「AはBではない」ということを前提として、「AはBではないけれども、法律的にはAもBとして扱う」ことを意味します。したがって、二四五条が「電気は、財物とみなす」と規定しているのは、「ほんらい電気は財物ではないが、刑法は、この章の罪に関しては、これは財物として扱う」ことを意味するわけです。これは、あくまでも電気についてだけの「例外規定」としてみとめたという理解です。つまり、立法者としては、有体物説を採ったうえで、電気については二四五条の規定によって例外的に処罰することになります。

たしかに、「みなす」という言葉は、本来はそういう意味です。ところが、立法者の見解は、法の解釈において一定のばあいに意味を有するにとどまり、必ずしも絶対的なものではありません。法の解釈として、**立法者意思説**という考え方があります。これに対して、法の客観的な目的に従って解釈がなされるべきであるとする考え方があります。立法者意思説は、解釈は立法者の意思に拘束されるという捉え方です。たしかに、立法者がはっきりしていればよいのですが、ここでいう「立法者」とは誰か、を議論しますと、必ずしもはっきりしないのです。法律は国会で制定されますが、その法律案が国会に政府案として提出されたばあい、政府の立案者の意思を意味するとしても、個々の人の意思をいうのか、政府で決まった全体としての意思をいうのかは明確ではありません。提案した人はいろいろいるわけですから、その段階で必ずしも明確ではないわけです。かりに立法者が一人であったとしても、法律が実定化されたことによって、他の条文とそぐわなければ、論理的にその意味が明らかにされなければなりません。**目的論的な解釈**による合理的な把握が必要になります。立法者がどのように考えていたとしても、間違った条文が法律に取り込まれてしまいますと、他の条文との関連で、その意味・内容が規範的な観点から修正されるのです。論理的な整合性をもった目的論的な考察が必要なのであって、立法者意思に拘束されないという前提で考えるべきなのです。

「財物とみなす」という規定について言いますと、立法者は有体物説を前提にしていたと解されます。しかし、その時の立法者がそのように考えていたとしても、法全体の中で規範的意味は確定されるべきですから、必ずしも立法者の意思に拘束されません。それは決定的な根拠とはならないのです。**目的論的観点**からは、電気だけではなく、物理的に管理可能なものであれば、財物として扱うべきであると解することも可能になります。

判例・通説の考え方をとりますと、**情報窃盗**も処罰されてしまうとの批判があります。たとえば、機密書類を精度の高い写真機で写して内容を探知する**産業スパイ**のばあい、物自体には全然、変更を加えずに文書の中身である情報を盗むことによって、物理的に管理されている情報を盗み出している以上、窃盗罪を構成することになるはずであるという批判です。しかし、管理可能性説をとる判例・通説は、そのようには考えていません。このばあいには、**情報が化体された物体**、つまり、管理された書類自体が財物なのであって、それを持ち出したりして、何らかの形でその占有を奪う事態が存在しない限り、情報窃盗として処罰することは許されません。物自体の占有を奪っている状況がない以上、これを窃盗罪として処罰すべきではないのです。物理的に管理可能である「書類」の中身である情報それ自体は、物理的に管理可能な財物ではありません。その中身が記載されている「書類」が物理的に管理されている財物ですから、中身だけを取得しても、これは窃盗罪にならないわけです。

実際の産業スパイ事件で処罰されたのは、書類を社外に持ち出してコピー屋でコピーをとって元に戻すという行為です。書類の一時持ち出し行為が窃盗罪を構成するかどうか、がここでの問題です。これは、情報を盗み出したこと自体を窃盗罪として罰するのではなく、**情報が記載されている書類**を勝手に持ち出してコピーをとって元に戻した行為が、窃盗罪になると解されるのです。これについては、下級審判例があります。

さらに社外に持ち出すのではなくて、社内にあるコピー機を使ってコピーをとったばあいはどうなるか、という問題もあります。このばあいには、**占有**を奪ったかどうか、が問題になりますが、会社のコピー用紙をコピーして持ち出した点が窃盗罪を構成するのです。コピー用紙一枚には大した価値はありませんが、結果的に、情報が化体されることによって、決定的な価値をその中に包含しているわけですから、大きな価値を有していることになります。したがって、コピー一枚といえども、物質的な要素を超えて、情報が化体されたことによって付加価値を有するに至った財物としてのコピー用紙を勝手に持ち出した行為が窃盗罪にあたることになります。

たしかに、このような処理は、あまり筋の良いやり方ではないとおもいます。そういう形で処罰することには、問題がないわけではありません。しかし、情報それ自体の窃盗を処罰することが立法化されていない以上、このようないわば姑息な処理をせざるを得ないのです。秘密情報を勝手に盗み出す行為が処罰に値するのであれば、この点を真正面から立法化すべきなのです。そのような**立法**がなされない以上、情報が化体されている用紙やそのコピー用紙が財物とされて、窃盗罪にあたるとして処理することをみとめざるを得ないわけです。

窃盗罪に関連して述べてきましたが、基本が物理的に管理可能なものであれば財物と解されますから、同じ産業スパイであっても、その**行為態様**によって横領罪または背任罪が成立し、罪名が違うばあいがあります。占有が誰にあるのか、あるいは、それについての権限が誰にあるのかによって、個別的な財産犯の行為類型に差が生ずることになります。

このように財産犯の構成要件に該当する限りにおいて、その財産犯の規定で処罰すればよいのであり、現行法の下で情報窃盗そのものを処罰しようとしているわけではありません。したがって、**管理可能性説**を採ると、情報窃盗も処罰されることになるという批判は、的を得ていません。

④ 財物と言えるかどうかが争われる諸事例

(1) 不動産

財物と言えるかどうかが争われた事例として、**不動産**が挙げられますが、現在は不動産侵奪罪が二三五条の二に規定されていますので、大部分の問題は立法的に解決されています。ここでは、なぜ不動産侵奪罪がこういう形で設けられたかについて触れておきましょう。

二三五条の二によりますと「他人の不動産を侵奪した者は」十年以下の懲役刑に処せられますが、法定刑は窃盗罪とまったく同じです。なぜ不動産についてこのような規定が必要になったのかと言いますと、その背景には次のような事情があったからです。

窃盗に関して不動産をどうするか、が問題になりますのは、ドイツ刑法が窃盗の対象を**可動物件**、つまり**動産**に限っていることに関係します。可動物件・動産を奪取する行為が窃盗であるとドイツ刑法の条文で規定されていますから、わが国の学者も、これと同様に窃盗とは動産を奪取する行為であると解してきました。しかし、わが国の刑法二三五条は、窃盗罪の客体を動産ではなくて、「**財物**」と規定しているのです。財物とは財産的に価値のある物であり、不動産も、きわめて高い価値を有する物ですから、財物と言えないことはないわけです。それを前提として、不動産についても、**不動産窃盗**として二三五条で処罰することができると解する学説もありました。

ところが、**通説**は、不動産はやはり窃盗罪の客体とはなり得ないと解しましたので、不動産を盗む行為は処罰できなかったのです。不動産窃盗の処罰の可否が問題になった背景には、次のような事情があります。終戦直後、住宅事情が悪くなって非常に混乱した時期に、他の家に入って勝手に住み着いてしまったり、他人の土地に勝手にバラック小屋を建てて、そこに住み着いてしまったりする行為が頻繁におこなわれて、民事裁判で立ち退き請求をしても、時間がかかって実効性に欠けるため、大きな社会問題になりました。被害者は泣き寝入りをせざるを得ませんでしたので、これを何とか救済すべきであるという社会的要請が強くなったのですが、いざ刑法で処罰しようとしますと、これは窃盗罪にならないと通説が主張したため、うまく対応できなかったわけです。そこで、不動産窃盗を処罰するために立法されたのが、二三五条の二です。昭和三五年のことです。これは、内容的には不動産の窃盗ですけれども、動産の「窃取」とは違うことを示すために、「侵奪」という言葉が使われました。不動産については**侵奪罪**という言葉で置き換えたのですが、内容的には、動産の窃盗における窃取とまったく同義であるという前提のもとに作られましたので、大部分の問題点は窃盗罪のばあいと同じと言えます。

しかし、強盗罪におけるのと同じ暴行・脅迫行為でもって侵奪したばあいはどうなるかという問題は、これだけでは片がつきません。つまり、二三五条の二は、窃盗行為にあたるとされますので、それ以外の形で占有を奪う点には及ばないこととなり、解釈上、考え方が分かれるわけです。そのこととの関連で**不動産の財物性**がなお問題になるのです。

(2)「価値の要否」の問題

財物は、財産の「財」という言葉を使いますから、かなり価値の高いものというニュアンスが出てきますが、必ずしも高価な物に限定されません。高価な価値があろうがなかろうが、それが刑法上の保護に値する物である限り、「財物」性をみとめるべきであるとされます。そのばあい、たんに個人的、主観的な価値しかないような物も保護すべきかどうかが問題となります。これは、客観的には**価値**（**交換価値**）がないけれども、本人にとっては、たとえば思い出の品（記念品）として主観的な価値をもっている物も財物と言えるかという問題にほかなりません。

まず**客観的な価値**を有する物が、ここでいう財物にあたることは問題がありません。ただ、必ずしも経済的に高価な物である必要はないのです。社会的に見て価値があるとみとめられている物が、ここでいう「価値」です。通説によれば、**主観的な価値**だけでは足りず、その人個人だけの問題ではなくて、一般的に、誰でも一定の価値をみとめるであろうと考えられる物でない限り、これは財物として扱うべきではないとされるのです。わたくしもそのように解すべきだとおもいます。

(3) 禁制品

禁制品とは、私人（国家、公人との関係でいう私人です）の**所有または所持**を禁止されている物を言い、たとえば、これを盗んだばあいに窃盗罪になるかどうかが問題となります。さらに、たとえば、それをだまし取ったばあいには、詐欺罪が成立するかどうかが問題になります。この点について**判例**は、禁制品、たとえば、麻薬、銃器などのいわゆる銃砲刀剣類であっても、なお財物にあたると解しています。わたくしも判例と同じ立場です。私人が、所有を禁止されている物を所持しているばあいも、財物なのです。私人が、所有を禁止されている物を所持しているばあいには、きちんと**法定の手続き**をとらなければならないのであって、国家権力がその占有を奪って国家に帰属させるときには、きちんと**法定の手続き**をとらなければならないのであって、勝手に剥奪してよいわけではありません。それは私人についても同じです。一定の物については、きちんとした法的な手続きをとらないかぎり、それを奪われない自由、つまり**事実上の利益**がある以上、それを刑法上、保護する必要がありますから、禁制品を財物としてみとめるべきことになるのです。

(4) 葬祭対象物

葬祭対象物が財物となるかについて、見解の対立があります。一九〇条は、社会的法益に対する罪の一つである宗教上の犯罪の一環として規定されています。通常、一九〇条は死体損壊罪の条文として引かれることが多いのですが、「死体、遺骨、遺髪又は棺に納めてある物」を「損壊し、遺棄し、又は領得した者は、三年以下の懲役に処する」と規定しています。一定の宗教上の対象として、その人が生前に使っていた物、たとえば、愛用の金時計とか眼鏡とかをお棺の中に**副葬品**として入れることが、よくおこなわれます。このような副葬品を「**棺に納めてある物**」（**納棺物**）と言います。副葬品が高い財産的な価値を有する物であるばあい、たとえば、ダイヤをはめ込んだ指輪を棺に入れたばあい、それが財産犯の対象となる財物と言えるか、それを勝手に盗み出したばあい、窃盗罪が成立するのか、それとも一九〇条が成立するのかが問題となるわけです。

これについて、客観的に財産的な価値がみとめられるものである以上、それを盗み出せば、一九〇条の罪と二三五条の窃盗罪が成立し、法益が違うので観念的競合となるとする見解があります。この見解によりますと、観念的競合ですから、法定刑が重い二三五条の窃盗罪で処罰されることになります。

しかし、これに対しては、多くの学者が反対しており、わたくしも反対しています。

たしかに、客観的には、副葬品は財産としての価値をもっていると言えますが、しかし副葬品が高い客観的な価値があったとしても、すでに財産秩序から取り外されているかぎり、それはもっぱら宗教上の信仰の対象として扱われるべきであり、そうであるからこそ一九〇条は**法定刑**を軽くしているのです。いわゆる領得犯の法定刑としては比較的軽いと言えます。ところが、これについても窃盗罪の成立をみとめますと、つねに懲役十年以下の刑を科することとなって、重くなってしまいます。せっかく一九〇条がわざわざ法定刑を軽くしておきながら、財産犯の成立をみとめれば、実際上、法定刑は重くなります。そうしますと、一九〇条がわざわざ法定刑を軽くした意味がなくなります。**宗教上の信仰の対象**として特殊な性質を帯びていることを理由に、法定刑を軽くして特殊な扱いをする以上、観念的競合をみとめるべきではありません。

これは、**財産秩序**の枠から外して、もっぱら宗教上の理由から棺の中に入れていることになります。それは、いかに客観的な価値があったとしても、すでに財産秩序から取り外されているという評価を受けることになります。棺内に置かれている限り、それはもっぱら宗教上の信仰の対象として扱われるべきであり、そうであるからこそ一九〇条は**法定刑**を軽くしているのです。いわゆる領得犯の法定刑としては比較的軽いと言えます。ところが、これについても窃盗罪の成立をみとめますと、つねに懲役十年以下の刑を科することとなって、重くなってしまいます。せっかく一九〇条がわざわざ法定刑を軽くしておきながら、財産犯の成立をみとめれば、実際上、法定刑は重くなります。そうしますと、一九〇条がわざわざ法定刑を軽くした意味がなくなります。**社会的法益に対する罪**として特殊な性質を帯びていることを理由に、法定刑を軽くして特殊な扱いをする以上、観念的競合をみとめるべきではありません。

第*12*講　不法領得の意思／権利行使・不法原因給付と財産犯

1　不法領得の意思

(1)　不法領得の意思の要否

判例・通説は、**領得罪・領得犯**という観念をみとめて、「不法領得の意思」が必要であると解しています。逆に言いますと、「不法領得の意思」を本質的な犯罪要素とする犯罪が「領得犯」または「領得罪」ですから、不法領得の意思による領得があるばあいにのみ、その犯罪が構成要件に該当することになります。これに対して、不法領得の意思はいらないと解する立場もあります。わたくしはその立場に立っています。不法領得の意思は必要なのか、仮にそれが必要だとしたばあい、その内容はどういうものかがここでの争点になります。

古典的な犯罪として領得犯を考えたばあい、その典型例は**窃盗罪**であると言えます。ドイツでは領得犯の典型例は横領罪とされていますが、わが国ではむしろ窃盗罪をその典型例とする解釈が主流ですので、その観点から説明しましょう。

窃盗行為は、「他人の財物を盗む」ことであり、客観的に他人の財物を取得することを意味し、これは**所持の侵害**または**所持の侵奪**と言われます。刑法では「**所持**」という言葉を使いますが、これは、民法で言う**占有**に相応します。しかし、民法の占有と刑法の占有（所持）は意味がちがいます。事実状態として一定の物を持っているという点で共通の要素があるのですが、刑法のばあいはそれだけでよいのです。**占有の意思**について代理占有とか、占有の相続とかは、刑法上は、みとめられません。あくまでも「現実的な占有」を意味するものとして、「所持」という言葉を使うわけです。刑法の二四二条には「占有」という言葉がありますが、それは、所持のことであり、民法上の占有とはちがいますので注意してください。

二三五条の窃盗罪の成立にあたって、「所持を奪う」ことだけで足りるのかどうかが問題とされます。故意犯ですから、当然、窃盗罪についての故意が必要です。つまり、人の物を盗む点についての**故意**は、所持を侵害するについての表象・認容ということになります。さらに、その故意のほかに、不法に領得する意思を必要とするかどうかが争われるわけです。

この点について、じゅうらい、たんに他人の物を盗っただけでは窃盗罪は成立せず、それを**自分の物**にして、それによって何らかの**経済的利益**を得ようとする意思があるばあいに、窃盗罪として処罰されると解されてきました。これは、常識的な考えであると言えるでしょう。つまり、他人の物を盗んで、それによって利益を得るのは倫理的にも善くない行為として捉えられてきたわけです。そのばあい、**所持の侵奪**は、財産犯における犯罪類型を区別する基準にすぎないとされます。つまり、窃盗罪は、他人の所有物を盗って、それによって何らかの利益を得る点に問題があると解されてきたのです。所持ないし占有が、財産上の価値としてどういう変化をしてきたかによって、その侵奪の評価はなされるべきです。かつては、「所有権絶対の思想」から、窃盗罪の**保護法益**は**所有権**であるという捉え方がなされたのですが、はたして所有権だけで説明がつくのかどうかが問題となります。そこで、財物についての占有の価値をどのように捉えるかが重要になってくるわけです。これは、窃盗罪の保護法益をどのように捉えるかに関わるわけで、これについては後で詳しく説明します。ここでは**不法領得の意思の要否**という観点から、他の領得犯としての横領罪や強盗罪との関連をも含めて、総合的な観点から、不法領得の意思そのものに的をしぼってお話しします。

(2) 不法領得の意思の内容

不法領得の意思の中身に関して三つの考え方がありますが、最初にあげている考え方①（判例・通説）が基準的な意味をもつのです。

①**権利者を排除**して他人の物を自己の所有物として、その**経済的用法**に従ってこれを**利用または処分する意思**が不法領得の意思であると解する説。本説は、不法領得の意思の重要な要素として、(イ)自己の所有物として利用・処分すること、および、(ロ)その経済的用法にしたがって利用・処分することを挙げています。

まず(イ)は、「**所有者らしく振る舞う意思**」と一般に言われている要素です。(ロ)は「**共益意思**」と言われるもので、経済的な利益を受ける意思のことです。「所有者として振る舞う意思」における所有者「らしく」とは、所有者としてしかできないような処分をおこなう意思、という意味です。さらに、この二つの要素のうちのどちらを重要視するかという点をめぐって、学説は二つに分かれています。すなわち、**判例**が(イ)も(ロ)も必要であると解しているのに対して、学説としては、(イ)だけが必要であるとする見解と(ロ)共益意思、つまり経済的な利益を受ける意思だけが必要であると解する見解があります。

「所有者らしく振る舞う意思」がなぜ必要かと言いますと、ローマ法時代以来、「**使用窃盗**は処罰すべきではない」という大きな前提があるからです。つまり、使用窃盗を窃盗罪として扱ってはならないことを説明する原理として、(イ)の要素が要求されたのです。使用窃盗においては(イ)に相当する意思がないから、外形上は窃盗のように見えるけれども、窃盗罪は成立せず、したがって不可罰であると説明されてきたわけです。

使用窃盗とは、他人の物を一時使用した後、元に戻す意思で、他人の財物の所持を奪取する行為を言います。使用窃盗は、日常茶飯事的におこなわれており、たとえば、他人の自転車を自転車置場から勝手に持ち出して駅まで乗って、用事を済ませて戻ってきて元の位置に戻しておくというようなばあいがこれにあたります。このような使用窃盗は、窃盗罪として処罰すべきでないと、じゅうらい考えられてきました。もっとささいな例としては、教室で隣りの人の鉛筆や消ゴムを使って元に戻しておく行為が挙げられます。このようなささいな行為は、当然、不可罰と考えられますが、他人の自動車にキーがかかったままだったので、それを使って、勝手に数時間乗り回して、また元に戻しておいたばあいも使用窃盗として不可罰であると言えるかについては、争いが生じます。時間的に数分ないし数十分であればともかく、数時間であったばあいには、単なる一時使用とは言えないのではないかという疑問が生じます。

一時使用のばあいには、「所有者として振る舞う意思」がないとされます。すなわち、他人の物を勝手に使うばあい、これは自分の物にしようとするわけではなくて、ちょっと使ってまた元へ戻す意思で使っていますから、所有者として振る舞っているわけではありません。つまり、他人の物を「他人の物として」使ってから、元へ戻すわけですから、「所有者として」あるいは「所有者のように振る舞う」意思をもって行為しているわけではないのです。このばあいには、(イ) の意思の要素が欠けるから、窃盗罪にはならないと説明されるわけです。

じゅうらい、この点についてはあまり疑問はなかったのですが、**判例**がこの (イ) と (ロ) の要素を必要としながらも、自動車の使用窃盗は可罰的であると解するに至っていますので、問題とされるようになりました。四、五時間乗り回したケースにおいて、四、五時間であっても、元に戻す意思がある以上、少なくても所有者として、それを使おうとしたわけではなく、他人の物を拝借して返そうとしているわけです。所有者として振る舞う行動ではないはずであるにもかかわらず、判例は、不法領得の意思の存在を肯定してこの使用窃盗は窃盗罪であるとして可罰性をみとめたのです (最決昭55・10・30刑集三四巻五号三五七頁)。そうしますと、(イ) の要素は必ずしも重要な意味をもたなくなってきていると言えるでしょう。

使用窃盗においては、元に戻す意思が重要な意味をもっていますので、「**乗り捨てる**」意思で自転車や自動車に短時間勝手に乗って、それを乗り捨てたばあいには、話しは違ってきます。このように乗り捨てる意思があれば、これはもはや使用窃盗とは言えません。通常の使用窃盗のばあい、元に戻すことによって、「所有者として振る舞う」という要素が消えるのですが、乗り捨てるばあいには、元に戻すわけではありませんので、他人の物を自分の物として扱って、処分しているという評価が可能になります。したがって、これを単なる使用窃盗ではなくて、**窃盗罪**として処罰するのが現在の**判例・通説**の立場です。

少なくても使用窃盗として処罰されないのは、一時的な使用にとどまり、元に戻したばあいです。そのばあいでも、あくまで一時的な使用に限られます。それが数カ月にわたるばあいになりますと、それはもはや「一時」使用ではありませんから、使用窃盗の枠を越えてしまうことになります。

使用窃盗には、窃盗行為にあたるけれども、**可罰的違法性**がないばあいがあります。そうしますと、可罰的違法性の不存在によって不可罰性を論証できますので、判例が、使用窃盗の不可罰性を論証するために不法領得の意思を必要としたことの根拠が弱くなったと言えます。つまり、不法領得の意思は、使用窃盗の不可罰性を論証するための機能がかなり弱くなってきているのです。

もう一つ、**享益意思**の問題があります。すなわち、その物がもっている経済的な価値を取得する意思があってはじめて、窃盗罪が成立するという捉え方は、いわゆる「**毀棄目的**」で他人の物を奪ったばあいに、窃盗罪の成立をみとめるべきではないことの論証のための根拠として享益意思を要求しています。

じゅうらい、この点について、判例・通説は、その物の経済的な価値を取得するのではなくて、その物を壊す目的で他人の物を盗っても窃盗は成立しないと解してきました。その物によって経済的な利益を得ようとしているわけではありませんから、(ロ)の要件が欠けるとして不可罰性を基礎づけたのです。嫌がらせのために他人の物を壊す目的で盗んでも、窃盗罪として処罰すべきではないと考えられてきたのは、**享益意思**が窃盗罪の要件として重要であると捉えてきたからです。他人の物を盗んできて、それによって経済的な利益を得るからこそ、窃盗行為が頻繁におこなわれると考えられてきたわけです。したがって、享益意思のある者を処罰すれば、窃盗罪を犯す者はそれほど増えないはずであると理解されてきたのです。

しかし、**被害者**の側からしますと、行為者が財物によってどういう利益を得ようが、自分の財産権を侵害されている点では変わりはありません。少なくても物を壊す目的で盗られたことによって被害を被っているにもかかわらず、**行為者**の側の享益意思の不存在によって可罰性が失われるのは不都合です。最近ではこのことが反省されるようになっています。他人の**物を壊す目的**で盗んだばあい、その財物を壊してしまえば、毀棄罪として処罰されますが、二六一条の三年以下の懲役という法定刑はかなり低いと言えます。窃盗罪は、十年以下の懲役でかなり重いのです。**毀棄目的**で他人の物を盗って持ち去っただけでは、器物損壊罪は成立しません。財産権の保護の観点からは、行為者の側の犯罪学的な側面だけを重視するのは、動機に重点を置きすぎ、財産権の保護に欠けることになります。経済的な利益を得ようとしている動機まで考える必要があるのかという疑問が生じます。

たとえば、②説のように（イ）の要素が必要であるとする見解によれば、**毀棄目的**で他人の財物を盗る行為も窃盗罪を構成することになります。物を壊すこと自体は、所有者としてその物を処分する行為にほかなりません。これによって不法領得の意思があるとして窃盗罪の成立をみとめるのは、不法領得の意思を必要とするという立場に立ちながらも、実際には**不法領得意思不要説**に近くなっていると言えるわけです。

(3)　横領行為の把握との関係

毀棄目的であれ**隠匿目的**であれ、他人が現実に所持している財物を盗み出すことそれ自体が、重要な財産権侵害であることを重視しますと、窃盗罪として処罰すべきであることになります。窃盗罪を例にあげて説明しましたが、たとえば、横領罪についても、必要説と不要説とでは考え方の差が出てきます。つまり、不法領得意思必要説は、横領罪の本質について、横領行為を不法領得の意思が現れた行為として捉える「**領得行為説**」と結びつきます。これに対して、不法領得意思不要説は、横領罪の本質について、「**越権行為説**」と結びつきます。この説は、不法領得の意思とは無関係に、権限を越えた処分行為をおこなうことを横領行為として理論的に説明する見解です。

いわゆる領得行為について、ドイツ刑法では、不法領得の意思が刑法上、要求されていますから、問題はないのですが、わが国の刑法の二三五条は、不法領得の意思を明文上は要求していませんので、不法領得意思必要説を採らなければならない必然性はありません。むしろ不法領得の意思を問題にする必要はなく、端的に財産権の保護という観点から、これを考えていけば十分であると解されます。

(4) 本権説・所持説との関係

じゅうらい本権説は不法領得の意思必要説と結びつき、所持説は不要説と結びつくと言われてきました。しかし、**通説**は、必ずしもこのような相関関係にあるわけではないと捉えているのです。

一般的な傾向としては、**所持説**は、不法領得の意思不要説と親近性を有すると言えます。なぜならば、窃盗罪の**保護法益**が所持である以上、所持の侵害があれば窃盗罪の成立にとって十分であるからです。それ以外に不法領得の意思は要求されないはずです。論理的にはそうですが、さらに別の観点から付加的な要素としてこれを要求することは不可能ではありません。つまり、それは必要ではないけれども、別の観点からそれを要求することができる、という説明は可能です。その観点は、次のようなものです。他人の物でもって利益を得ることが窃盗行為を蔓延《まんえん》させるので、そういう行為だけを処罰すれば窃盗犯人を減少させるのに十分であると解するものです。他人の財物を窃取する行為であっても、そのような経済的利益にあずかろうとする意思がないばあいには、これを処罰する必要はありませんし、また処罰すべきではないことになります。その意味で、窃盗行為の可罰性の範囲を限定するという観点から、不法領得の意思をみとめても論理的にはおかしくはないと言えます。このように**限定機能を**もつものとして不法領得の意思の必要性をみとめるのは、所持説をとったうえで、さらに享益意思を必要とする捉え方をする立場なのです。これは、**物的不法論**を採りつつ、享益意思を必要とすることによって限定機能をみとめることになるわけです。しかし、これは理論的には一貫しないと言えます。もともと物的不法論は、主観的なものをできるだけ排除することによって「刑法の厳正な適用」を強調する理論的立場です。領得罪のばあいについてだけ、**主観的な要素による限定**をみとめることは、主観的なものは違法性の領域から排除すべきであるとする物的不法論の基本的立場と相容れません。

不法領得の意思は、**主観的違法要素**ではなくて、単なる主観的な意思としての責任要素であると解する見解も主張されています。この説は、違法性の問題としては、所持それ自体の侵害が客観的に違法であり、責任の段階で、不法領得の意思がないことを根拠にして責任がないと説明するのですが、しかし、はたしてそのように言えるのかという疑問が生じます。本権説を採ったばあい、単なる所持それ自体には意味がなく、窃盗の手段として所持に意味をみとめるにとどまり、最終的には本権が保護される点が重要であるとされます。本権が保護されるべきであるとすれば、財物をただ盗っただけでは窃盗行為として評価できないことになります。なぜならば、あくまでも本権の侵害があってはじめて、窃盗行為としての違法評価が可能になるはずだからです。**毀棄目的**で他人の財物を盗んだばあいに、他人の本権を侵害したと評価できるかは、理論的にはかなり疑問であると言えます。

本権説を採る以上、理論的には、不法領得の意思を必要とすると解すべきだとおもいます。不法領得の意思をもっているばあいにのみ窃盗罪の構成要件に該当するという構成が合理的に説明できます。責任論の段階にきて、それが窃盗罪として評価されるというのは、理屈に合わないのです。したがって、本権説をとったばあいには、理論的には、不法領得の意思必要説を採るべきことになります。

(5) 客観主義・主観主義と不法領得の意思必要説・不要説との関係

じゅうらい**客観主義刑法学**は必要説を採り、**主観主義刑法学**は不要説を採ることになると主張されてきましたが、論理的にはこのような必然性はありません。主観主義者の牧野博士や木村博士が不要説を採ったという歴史的偶然に起因するだけであって、両者は理論的に結びつくものではないと解するのが、現在の一般的な理解です。

わたくしは不法領得の意思はいらないとする**不要説**を採りますので、**領得罪の観念**は不要であるという結論になります。仮に領得の意思が必要であるとしても、量刑上、考慮すればよいのであって、窃盗罪が成立するかどうかに関わる構成要件該当性の次元では、考慮する必要はありません。

2 権利行使と財産犯

(1) 意　義

タイトルとしては**財産犯**という形で一般化していますが、これは、とくに**恐喝罪**に関して重要な争点とされますので、恐喝罪にしぼってお話ししますけれども、ここで述べたことを他の犯罪類型について推し及ぼすという思考方法をとりますと、分かりやすいとおもいます。教科書などで恐喝罪のところで説明されているのが多いのは、そのような趣旨からです。ここでは財産犯をできるだけ一般化した形で捉えたうえで、個別的な各論的な問題で処理していくという形で議論を進めていきます。

たとえば、AがBに対して一〇〇万円の債権をもっているばあい、Aは、履行時期がきたときには、Bから一〇〇万円の債務を履行してもらえる権限を有する地位にあります。そこで、Aは、Bに対して「金を返してくれ」と催促したにもかかわらず、Bが何やかやと言って返さないので、業を煮やして「返さなければ痛い目に合わせてやるぞ」と言って脅迫したとします。脅迫された結果、Bは、放っておくとAは自分を傷つけると考えて怖くなったので、一〇〇万円を返済したとします。

(2)　脅迫罪説

右の事例において、Aは一〇〇万円の債権を有していて、脅迫によってその返済を受けたのですが、これは自分の**権利を行使**したまでの話であるとも言えます。つまり、Aは一〇〇万円を受けるべき立場にあって、一〇〇万円を受け取ったにすぎないわけです。Bも一〇〇万円の債務を負っており、その債務はマイナス財産です。脅されたとはいえ、返済したことによって、その**債務が消滅**していますから、**マイナス財産**もなくなり**差し引きゼロ**となって、Bも利益を得たことになります。そうしますと、Aは自分の権利を行使したにすぎませんし、Bも返すべき債務が消滅したことによって、債務の負担がゼロになり、差し引きゼロとなっていますので、**財産上の損害**はないのではないかという疑問が生じます。つまり、脅迫行為を用いて財産的な利益を取得したという恐喝罪の構成要件にあてはまらず、手段としておこなわれた脅迫行為についてだけ罪責を追及すればよいのではないかとされるわけです。そのばあいには、恐喝罪ではなくて脅迫罪の成立をみとめるべきであるとされます。このような考え方を**脅迫罪説**と言いますが、当初、大審院の判例はその考え方を採っていました。

(3)　恐喝罪説

その後、**判例**は、脅迫罪にとどまらず、恐喝罪の成立をみとめる**恐喝罪説**に移行するに至ったのです。この点について、**通説**も、判例と同じく、手段として脅迫が用いられていますが、脅迫行為それ自体に意味があるのではなくて、手段としてなされた脅迫の結果として、Bから債務の返済を受けていることが重要なのであり、一連の流れを実体に即して見ますと、単なる脅迫行為ではなくて、脅迫を手段として財産的な利益をAが取得していると評価しているのです。たしかに、AはBに対して一〇〇万円の債権をもっており、これは権利です。しかし、返済請求をしたからと言って、Bがすぐにこれを支払うわけではありません。本当はすぐに支払うべきなのですが、事実として、それを履行するかどうかはBの意思いかんにかかっているのです。Bが自らの意思でAに返還する行為があってはじめて、**債務の弁済**と言えます。あくまでも**任意性**をもって、BがAに返す必要があるのです。それでもBが返さないばあいには、返還請求権に基づいて返還請求訴訟を提起して、裁判に基づいて弁済を受けるのが本来の筋です。相手を脅して返済させることがはたして権利と言えるかは疑問です。あくまでも債務の履行が自発的な意思に基づいてなされたものを受けることが権利としてみとめられているのであって、Bが応じないかぎり、裁判によって債権の実現を受けるべきことになります。そうであるにもかかわらず、脅迫行為を手段としてこれを取得するのは、権利の枠を越えた行為であって恐喝罪にあたると考えるべきなのです。

これに対して、**物的不法論**の立場から、脅迫罪説が再評価されています。その立場から、行為無価値だけを根拠にして財産犯である恐喝罪として処罰するのは不当であるとして恐喝罪説は批判されています。脅迫罪が自由に対する罪であるのに対して、恐喝罪は脅迫を手段として財産的な利益を取得する財産犯です。脅迫罪説によれば、被害者側に、財産による損害が発生したという結果無価値が存在するばあいに、財産犯としての処罰が可能であるにもかかわらず、権利行使の部分をも財産犯として処罰するのは、行為無価値だけを理由にして処罰することになるから不当であるとされます。このように恐喝罪説は、行為無価値だけを重要視して処罰の拡大をみとめるものであると批判されています。

しかし、わたくしは、**判例・通説**である**恐喝罪説**が正当であるとしてこれを支持しています。ここでは**財産上の損害**が発生したと言えるかどうかが、重要な争点となります。損害の発生が客観的な存在としての**結果無価値**であることは、間違いありません。わたくしは**二元的人的不法論**を採りますから、結果無価値の存在を必要と解しています。このばあいにも、Bに結果無価値としての「財産上の損害」は発生していると解することができるのです。

(4) 損害の内容

ではどの部分が「**財産上の損害**」か、が問題となります。一〇〇万円の債権がAにあって、その債務がBにあるという場面で、債権があるからといって当然にBが有している現金一〇〇万円がAに移転するわけではありません。Bの交付行為をとおして、その一〇〇万円はAに移転するのです。一〇〇万円が現金の形でBの手元にあるということは、その時点では、Bはこの一〇〇万円を自由に処分できることを意味します。つまり、Bは、その一〇〇万円に対する「**事実上の利用権能**」をもっていることになります。この事実上の利用権能、つまり**利用する権限ない し利益**こそが、ここでの財産的な利益なのです。現金一〇〇万円が大きな意味を有するわけです。現実の経済取引あるいは商売において、現実に一〇〇万円が手元にあることは、経済的に非常に大きな価値をもっており、前に挙げた事例においては、その利用権能が脅迫行為によって奪われているわけです。これは、単なる脅迫行為という人身の自由に関する問題にとどまりません。それによって財産的な利益を失っていることは無視できません。現実に利用できる利益が、脅迫行為を媒介にしてAに移っているのであり、これは、利用権能がAに取得されていることを意味し、この部分が「財産的な損害」として評価されるのです。

このように財産的に価値のある現実的な利用権能の侵害があるからこそ、これは恐喝行為として評価され得るわけです。たんに得るべき自分の債権の実現を受け、それによって消滅させたことにとどまりません。どうしても債権を実現したければ、裁判によるべきです。なぜならば、権利は、それが実現できないばあいには、国家権力の強制力を用いて実現し得るものだからです。逆に債務者は、任意の履行がないばあいに国家権力の強制に服する必要があるのであり、私人の脅迫行為によって強制されるべきではありません。脅迫行為によって現実的な利用権能を失わされたばあいには、その部分がまさに「財産的な損害」となります。

判例・通説も、このように「財産上の損害」をもちろん考慮に入れていることになりますから、物的不法論者からの批判は、その意味では的外れであると言えます。恐喝罪説は、Aの行為が倫理的に善くないから、恐喝罪として処罰すべきであると主張しているのではありません。**財産上の現実的な損害**があるがゆえに、財産犯として構成すべきであって、単なる人身に対する脅迫行為としてだけ評価するのは、一連の**行為の意味**を十分に把握していないことを主張しているのです。

3 不法原因給付と財産犯

(1) 意　義

財産犯の総論的な問題点として、不法原因給付と財産犯という問題があります。**民法の七〇八条**は、**不法原因給付に関する規定**です。不法原因給付が財産犯の成否にどういう影響を及ぼすのかが問題となるのです。財産犯には民法の規定を前提にしている部分がかなりあります。刑法の解釈論の限度で、不法原因給付について見ておくことにしましょう。

民法の七〇八条は、「不法ノ原因ノ為メ給付ヲ為シタル者ハ其給付シタルモノノ返還ヲ請求スルコトヲ得ス但不法ノ原因カ受益者ニ付テノミ存シタルトキハ此限ニ在ラス」と規定しています。不法な原因でなされた給付物についてはその給付物の返還を請求することはできないとされているわけです。不法原因給付の制度は、**クリーン・ハンズの原則**を基礎にしています。この原則は、**法の保護**を受ける者は、手が汚れていてはいけないということを意味します。自らの手を汚していない者、つまりクリーン・ハンズをもっている者だけが、法の保護を求めることができるとされるのは、次のような考えが基礎にあるからです。すなわち、自ら手を汚しておいて、その自ら手を汚したことを根拠にして法の保護を受けるのは、**公平の観点**からは許されるべきではありません。自分自身は手を汚しておいて、汚したことを法律上の根拠として、それでもって保護を受けることをみとめますと、法が違法行為を自ら推奨し、それを助長していく結果となってしまいます。これは、そのような事態を避けるためにみとめられた法原則なのです。

本書では、この問題を財産犯の成否という一般的な観点から議論しますが、教科書によっては、これは、詐欺罪、恐喝罪または横領罪の個所で取り上げられることが多いのです。ここでは総論化した形で共通項をくり出して説明することにします。

(2) 不法な原因に基づく給付の取得行為の可罰性

まず、不法な原因を理由にして給付を受ける行為それ自体が、財産犯を構成するかどうか、が問題になります。詐欺や恐喝のばあいを考えてみましょう。

たとえば、通貨偽造をおこなうための資金として金銭をだまし取ったり（詐取）、脅し取ったり（喝取）するばあい、**詐欺罪**や**恐喝罪**が成立するかどうか、が問われます。通貨偽造行為をおこなうという「**違法な目的**」のために財物としての金銭を給付させるわけですから、この給付は民法七〇八条にいう「不法原因給付」になります。これについて**判例・通説**は、詐欺罪・恐喝罪の成立を肯定しており、わたくしは判例・通説の立場を支持しています。根本的な問題点は、不法原因給付物の処分行為と横領罪の成否に集約的に出てきます。これを基本的な問題として捉えたうえで、他に推し進める方が分かりやすいですので、その観点から説明します。

たとえば、AがBに対して、公務員Cに賄賂として高価な名画を渡してほしい旨を告げて預けたとします。つまり、「賄賂として」Cに交付するために名画を預けたわけです。これは贈賄のための行為ですから、「違法な目的」でその物を渡したのであり、その物は民法でいう**不法原因給付物**です。絵画の所持がAからBに移り、Bは自分が所持していることを利用して、Cに渡さないで画商Dに売却し、そのお金を遊興費にあてて飲み食いをしたばあい、このBの行為が**横領罪**を構成するかどうか、が問題になります。横領罪については二五二条が、「自己の占有する他人の物を横領した者は、五年以下の懲役に処する」と規定しています。つまり、自分が占有している他人の物を勝手に処分すると横領罪が成立することになるわけです。

占有がBにあることは間違いありませんし、**処分行為**をおこなったことも間違いありません。問題は、Bが所持している名画が、なおAの物であると言えるかどうか、です。つまり、「他人の物」としてBが「占有」していることになるのかどうか、が争点になるわけです。この点について、**判例・通説**は、AがBに違法な目的で渡したとしても、なお所有権はAにあると解しています。そうしますと、Bは、自己が占有している他人であるAの物を処分したことになりますので、横領罪が成立するのは当然であることになります。しかし、民法七〇八条との関連で考えますと、問題が生じます。なぜならば、民法七〇八条は、**所有権の移転**について直接的には何も触れておらず、ただ返還請求をすることができないと規定しているにとどまるからです。したがって、これは、AからBに違法な目的で渡すと当然に所有権がAからBに移転することを規定したものではないと言えます。そうしますと、所有権は依然として預けた側のAにあり、Bは勝手にAの物を処分したこととなって、横領罪が成立すると解することができます。

これに対して反対説は、次のように主張します。このばあい、AがBに移転した不法原因給付物はAが返還請求することはできませんから、返還請求のできない物は、もはや所有物としての意義はほとんどないとされます。所有物である以上、それを好きなようにできるはずであり、返還を受けて自由に処分できることは所有権の中身を成しているにもかかわらず、返還請求ができないとすれば、仮にAに所有権があったとしてもそれは保護に値しないはずです。保護に値しない所有権を処分する行為を、刑法が横領罪として処罰することによって保護するのは不当ですから、所有権は、実際上、Bに帰属すると解すべきであるとされます。そして民法上、保護に値しない所有権を、刑法が刑罰でもって保護するのは不当であることになります。

さらに、**民法と刑法との関係**の観点から見れば、民法七〇八条が不法原因給付物の返還請求をみとめず返還の請求には協力しないとしているのに、それを勝手に処分すると刑法が横領罪で処罰するのは、事実上、Bは預かった物をAに返すべきであることを刑法が要求することになるとされます。民法で返さなくてもよいとしておきながら、刑法ではこれを返さないと処罰するとして実質上の強制をおこなうのは、**法秩序として矛盾**していることになります。民法と刑法が矛盾するのは妥当ではありませんので、横領罪として処罰するのはみとめられるべきではないとされるわけです。

また、通説・判例の立場は、民法の判例と適合しないと批判されています。内縁関係の解消を約束して家を贈与したばあい、正規の婚姻ではない内縁関係の維持は不法目的であるから、その約束を破棄して返還請求したケースにおいて、その請求をみとめず、最終的に所有権は受け取った側にあるとするのが、最高裁の昭和四五年一〇月二一日の民事判決(民集二四巻一一号一五六〇頁)です。これは、不法原因給付によって所有権が移転することをみとめたものと理解されています。

このように、基本的には積極説と消極説が対立しており、中間に、委託関係の中で横領罪が成立すると解する折衷説もあります。しかし、ここでは積極説と消極説の観点の理論的な根拠づけを見ることにしたいとおもいます。

財産権の保護という観点は、民法と刑法とでは違いますので、その相互関係をどのように捉えるかについて、基本姿勢をはっきりさせておく必要があります。そのためには、まず**保護法益**をどのように捉えるか、が問題となります。保護法益の決定は、**刑法の立場**から**独自**にできる問題です。すなわち、規定対象となっている犯罪の保護法益は、もっぱら刑法が刑法の立場から決定することができますし、またそうしなければなりません。その観点から横領罪を見ますと、二五二条における保護法益は、**信任委託関係に基づく所有権**です。つまり、他人に物を預けたことによって委託者と受託者との間に信頼関係・信任委託関係ができていますので、受託者は、その関係に基づいて受託物を保管すべきことになります。受託物の保管をしないで勝手に処分しますと、所有権が侵害されますので、それを阻止するために、横領罪が規定されているのです。そのばあいの占有の移転は、信頼関係を設定するための一つの手段としてなされたに過ぎないのであって、その占有自体は保護法益ではありません。あくまでも物の占有を他人に移転して、その物を保管してもらうことによって、両者の信任委託関係が生ずるわけです。そして、その信任委託関係を利用して所有権が侵害されることを防ぐために、横領罪が規定されているのです。

保護法益としての**所有権**は、刑法上の独自の所有権ではなくて、あくまでも民法で規定されている所有権です。このように保護法益は、民法で規定されている所有権ですから、その**内容**も**帰属関係**も全部、民法が決めるべきものです。つまり、その得喪変更も民法で規定すべきなのです。得喪変更を民法が規定する以上、不法原因給付物についても所有権の帰属関係は民法七〇八条で決まるわけですから、所有権の帰属問題は、民法七〇八条の解釈問題に帰着することになります。これは**クリーン・ハンズの原則**を定めたものと把握できます。つまり、民法の七〇八条は、クリーン・ハンズの原則を定めたものであって、直接、所有権の得喪変更を定めたものではないとわたくしは理解しています。

この原則は、自らの違法行為を根拠にして保護を請求しても、法は協力しないとするものです。AからBが賄賂として渡すべき名画を受け取ったばあい、民法の七〇八条により、Aが返還請求しても返す必要はありませんから、Bは、違法な目的で預かった以上、自分勝手に処分してもよいと考えるかもしれません。そうしますと、裁判になってもAが七〇八条で取り返すことはできない以上、自分に権利があるとして、自ら違法行為に加担しながら、違法行為に加担したことを理由にして、国家権力の援助を受けることをみとめることになってしまいます。そういうことはさせないとするのが七〇八条にほかなりません。

Aの立場から見ますと、Aは名画を賄賂として渡すように依頼してBに預けたにすぎませんから、所有権はBには移転していないはずです。違法な目的で渡した以上、「それを返せ」といったばあいに、民法七〇八条は、自分で違法行為をしていながら、それに基づいて所有権が自分にあると主張するのはおかしいので、その返還請求には協力しないとしています。そうしますと、七〇八条は、所有権の移転を規定しているのではなくて、違法行為を理由にして保護を求めることについては協力しないことを規定しているにすぎません。返還に協力しないということは、法的な強制力をもって返還を強制しないことを意味します。これがクリーン・ハンズの本来の存在理由です。したがって、このばあいには、所有権はAにあるけれども、Aが取り返そうとすることについては、法は協力しないだけのことです。

Aが返還請求できない以上、所有権はBに移転したのと同じではないかという反論がなされますが、そうではありません。仮に所有権が移転したとしますと、BがAに**任意に返還**したばあい、所有権が再びBからAに移転することになります。実際には、預かった物を返しただけにすぎないにもかかわらず、法律的には**「贈与」契約**を締結したことになります。これは**実体**に合いません。つまり、Aから預かった物をBに返したにすぎないにもかかわらず、新たに「私の方から所有権をあなたにあげます」という**贈与契約**をしたという形で構成せざるを得ないのはおかしいと言えます。仮に贈与契約が必要だとしますと、AがBから勝手にそれを受け取るのは**「不当利得」**であることになるはずです。しかし、こういう扱いは、法律的な観点からはおかしいことになります。やはり所有権を移転しないという前提で、考える必要があります。

先ほどの最高裁の民事判決のケースにおいては、**贈与契約**を締結していますが、その贈与契約は、内縁関係を維持するという**違法な目的**が含まれていますから、無効とされているに過ぎないわけであり、**贈与形態と貸与関係**とでは質が違います。贈与のばあいは所有権を移転するという意思表示している以上、**返還に協力しないことは**、相手方にそのまま贈与関係をみとめることになります。解釈論としてそういうことをみとめたとしても、不都合は生じません。物を預けるばあいと物をあげるばあいは全然、ちがうのです。預けたばあいは自分の物として返還してもらえます。贈与についてあてはまることが、ただちに委託関係についてもあてはまるわけではありません。民法上も、所有権はなおAに残っていて、Bは自己の占有する他人の物を勝手に処分して利益を得ているとして、横領になるのだという理屈になるわけです。

この点について、民法上、返さなくてもよいとされているのに、刑法では返すことを要求するのは、**法秩序の不統一**になるという批判があります。しかし、刑法上、横領罪の成立をみとめても、これはあくまでも間接的な要求にとどまり、「返しなさい」として返還を強制しているわけではないのです。刑法は、そのまま持っている分には何ら問題はなく、返すばあいも関与しないという姿勢をとっているのであって、「返さないと処罰するぞ」と言っているわけではありません。民法は、返還請求に協力しないという基本的な態度をとり、刑法も、返すことについていっさい関与しないとしているだけであって、「返さなければ処罰する」としているわけではないのです。その意味で、直接、返還を要求していることにはなりません。したがって、民法と刑法は、けっして矛盾しているのではなくて、むしろ一致しているのです。

わたくしは、**保護法益**の決定の段階と**所有権の帰属関係**を決定する段階とを分けて考えるべきであるとする立場から、肯定説を採っていることになります。

以上で財産犯の総論的な問題点の説明を終えて、次講からは財産犯の個別的な犯罪類型の内容などを見ていくことにしましょう。

第*13*講　窃盗罪の保護法益

1　本　権　説

窃盗罪の**保護法益**については、すでに**所持説**をとることを明らかにして、それとの関連でいろいろなことを議論しました。**判例**も所持説を採っています。窃盗罪は、財産犯の中でももっとも古い犯罪類型でありながら、保護法益について今なお争いがあります。窃盗罪の保護法益について、**本権説**が、最初に主張されました。もともと本権説の出発点は**所有権説**ですから、窃盗罪の保護法益は所有権であると捉える見解は分かりやすいと言えます。窃盗罪の保護法益の捉え方として、所有権説は、一番古典的ですなおな理解であったとおもいます。たしかに、人の物を盗むということは、人の所有権を侵すことだという捉え方が普通の理解と一致するとおもわれます。つまり、それは、所有権を奪うことによって利益を得る行為として一般的に理解されていると言えます。所有権を侵害するには、いろいろな方法がありますが、窃盗罪のばあいには、他人の占有を侵奪することを手段として他人の所有権を侵すのが本来の形態であると考えるのが所有権説なのです。

近代になって**所有権絶対の思想**が優勢となり、所有権を絶対的なものとして保護しようとする立場が確立されました。この観点から、窃盗罪の保護法益は所有権であり、所有権がここでの保護の対象になっているという理解する立場が有力となりました。

財物を占有していることによって、一定の利益を確保したばあい、所有権でなくても、たとえば、賃借権とか抵当権とかが「**権原**」となります。占有それ自体を適法化するのが「権原」にほかなりません。この権原が「**本権**」ということになるわけです。本権は、占有を正当化する権原ですから、本権があることによって、占有自体が適法化・正当化されるわけです。所有権説は、現在では本権説になっており、所有権だけではなくて、占有を正当化する本権を保護の客体としています。

② 本権説の論拠

本権説の解釈論上の論拠は、次のとおりです。

(1) 刑法二三五条は「**他人の財物**」を窃盗罪の客体としています。二三五条でいう「他人の財物」は「他人の所有する財物」を意味するとされます。なぜならば、他人「の」というのは「他人に属する」ことを示す所有格の助詞であるからです。所有権が他人に帰属する物ですから、これは「他人が占有している物」とはちがいます。ここでは、他人が所有しているかどうか、所有権が他人に属しているかどうか、が問題なのであって、単なる所持が保護されるべきものとして扱われるわけではありません。

(2) 次は**沿革的な理由**です。沿革的に見ても本権が保護法益であるとされます。「歴史的にこうであったから、こう解すべきである」とする沿革的な根拠付けも、解釈論上、有力な理由付けになります。解釈論においては、一番目には文言解釈が重要です。文法上の観点からの**文理解釈**です。二番目には**歴史的、沿革的解釈**です。旧刑法は、三六六条において「人ノ所有物」を窃取したばあいに窃盗罪として処罰する旨を規定していました。現行刑法の二四二条に相当する旧刑法三七一条は、「自己ノ所有物ト雖モ典物トシテ他人ニ交付シ又は官署ノ命令ニ因リ他人ノ看守シタル時之ヲ窃取シタル者ハ窃盗ヲ以テ論ス」と規定していました。旧刑法においては、他人の「所有物」あるいは自己の「所有物」として明言されていたわけです。そして現行刑法は、旧刑法の趣旨をそのまま引き継いで規定されているとされ、現行刑法も「所有物」を客体としていると解されるわけです。つまり、「他人の」という言葉も「他人の所有物」の意味であるとされます。

(3)　次に二四二条との**論理関係**が、根拠とされます。刑法は、二三五条の規定を前提にして二四二条で「他人の占有等に係る自己の財物」について規定しています。これを矛盾なく解釈するには、ここでの保護の対象は、あくまでも他人の所有権であると理解すべきであるとされます。つまり、二四二条に規定されている「占有」は、「**権原のある占有**」を意味することになります。条文の関係として、二三五条は他人の所有物を窃取したばあいには、窃盗罪として処罰するという原則を示し、例外規定として二四二条が置かれています。つまり、窃盗罪は、ほんらい他人の物をとることを意味するのですが、自己の所有物であっても、二四二条によって他人が占有している物については、他人の所有物と同様に扱われます。つまり、二四二条は、自分の物であっても、窃盗罪の客体として扱うばあいがあるとする例外規定なのです。

すなわち、本来は所有権が保護の対象とされるべきですが、二四二条のばあいには、所有権それ自体は自分に帰属していますから、自分の物に対する窃盗罪が成立するはずがないにもかかわらず、他人が「権原に基づいて」これを占有しているときには、これを他人の物として扱って、それを盗ったときに窃盗罪の成立をみとめるのは、占有それ自体を保護するのではなくて、所有権以外に占有を正当化する権利としての本権を保護の客体とすることを意味します。つまり、保護の客体は、「権原に基づく占有」であって単なる占有それ自体ではないわけです。例外規定は限定的に解釈すべきですから、ここでいう占有は非常に限定されます。

(4)　**不可罰的事後行為**は、本権説でなければ説明がつかないとされます。つまり、本権の侵害は窃盗罪として評価し尽くされていますので、その後になされる処分行為は不可罰とされることになります。これが「不可罰的事後行為」という概念です。じゅうらい「不可罰的」事後行為という言葉が使われてきましたが、最近では**「共罰的」事後行為**と称されるようになっています。概念内容はどちらも同じです。「事後」行為というのは、窃盗行為をおこなった後の処分行為という意味です。たとえば、AがBの物を盗んできた後、盗んできた物を壊す行為がこれにあたります。盗んだ物を後から壊しても、実際の**罪数処理**としては、窃盗罪一罪だけで処罰されます。そうしますと、財産犯の一つである毀棄行為が処罰されないことになります。それは「不可罰的」と理解されます。なぜこれが処罰されないのかと言いますと、財産権の侵害が窃盗罪として全部包括して評価されているからです。したがって、毀棄行為は独立しては評価されないわけです。盗んできた物については、後でそれをどのように処分しようが、改めて新たな法益侵害をもたらさないかぎり、それに関する事後的な行為については、別個の財産犯として処罰するまでもないとされてきたわけです。

これは見方を変えれば、窃盗罪でもって、その後の事後的処分行為をも**共に処罰**していることになります。共に窃盗行為で処罰されていますから、不可罰的ではなくて、「共罰的」なのです。そこで、最近では「共罰的」な事後行為と表現されることが多くなっています。

なぜ窃盗罪として**包括的に評価**されるのかという疑問に対する合理的な説明は、本権説をとらない限りうまくいかないと主張されています。所有権の侵害がなされたことを理由に二三五条で処罰されている以上、これによって所有権の侵害として評価され尽くしていますから、盗品を壊す行為も所有権の侵害ですので、窃盗罪としてまとめて評価されていることになります。所有権侵害として評価されるべきものは、後で独立して処罰する必要はないとされるのは、窃盗罪の**保護法益**が所有権その他の本権であるからなのであるとされます。仮に所持説のように、所持（占有）が保護法益であるとしますと、窃盗罪（二三五条）で保護されるのは占有の侵奪だけですから、毀棄行為によって所有権の侵害がなされたばあいには、占有の侵害に対する評価だけでは毀棄行為に対する評価はなされてはいないことになります。そうだとすれば、不可罰事後行為という概念はみとめられず、占有侵奪としての窃盗罪のほかに所有権侵害としての毀棄罪の成立を独立してみとめるべきではないかと批判されるわけです。こういう結論になるにもかかわらず、所持説が窃盗罪一罪で処罰するのはおかしいのであって、本権説のように所有権侵害という形の評価が可能であるからこそ、毀棄行為の部分を独立して評価しないという説明が一貫して可能であるとされるわけです。これが不可罰的事後行為についての根拠づけであり、所持説に対する解釈論上の批判です。

(5)　ここまでは本権説の積極的な基礎づけですが、さらに所持説をとったばあいに生ずる不都合を理由とする論拠づけがあります。

本権説は、所持説をとったばあい、盗まれた物を取り返す行為が窃盗罪を構成することをみとめざるを得ず、その結論は法感情に合わないという批判を展開しています。「自分の物を取り返すのが、なぜ悪いのか。これはむしろ**権利行為**ではないのか」という批判です。たとえば、AがBの物を窃取したことによって、Aの物がBの占有に属するに至りますと、Aが取り戻す行為は、Bの所持を侵害することになりますから、所持説によれば、これは窃盗罪として処罰すべきことになります。しかし、それはわたくし達の日常の法感情に合わないという批判にほかなりません。

たしかに、自分の物を盗まれたばあいに、明らかに自分のものだと知っていながら、それを取り戻す行為が窃盗であるとされますと、何となくおかしい気がするかもしれません。自分の物なのに、なぜ取り戻すことができないのか、という疑問が生じ、明らかに非常識な結論であると感じられることでしょう。しかし、この問題について、さらに考えてみますと、別の側面が見えてきます。これは、民法上は**占有訴権**の問題となります。占有を奪われた物の回復請求は、占有権に基づいてなされるか、あるいは所有権に基づく返還請求としてなされます。占有回収の訴えのばあい、それが自分の物であることを立証する必要はありません。自分の物であることは明らかであり、だれでも証明できるとおもわれるかも知れませんが、実際には必ずしもそうではないのです。**所有権の存在**を法律的に証明することは、結構、難しいのです。したがって、その証明が不要とされることの意義は非常に大きいと言えます。これに対して占有の事実の証明は、比較的容易です。したがって、**占有回収の訴え**の方が負担は軽くなります。その意味で占有の有する意義は重要と言えます。

自己の物の取り戻し行為であっても、本権説は窃盗罪の成立をみとめているばあいがあります。たとえば、BがAの物を盗ってそれをさらにCに占有を移転しているばあいに、それをAが取り戻す行為については、本権説も窃盗罪の成立をみとめています。つまり、A自身が取り戻す行為は適法としてよいけれども、Cがこれを取得するのは許されず、窃盗罪を構成するとされるのです。これは常識的な結論と言えます。泥棒が所持しているからといって、それを他人が勝手に盗ってもよいということにはなりません。しかし、この占有・所持は、もともと違法であったにもかかわらず、Aとの関係においては保護に値しないが、Cとの関係では保護に値するという形で、客観的な占有状態のもつ意味が人によって違ってくるのはおかしいのではないでしょうか。もし取り戻す行為が権利行為であるとすれば、Cがそれを取ったとしても、ほんらいこれは処罰すべきではないはずです。なぜならば、その占有は違法であるからです。

3 所持説の論拠

(1) **所持説の根拠**として、まず二三五条の**沿革的な理由**が挙げられます。同じ条文が、本権説とはまったく逆の方向から根拠づけられるのです。つまり、旧刑法では人の「所有物」と規定されていたものが、二三五条では、たんに「他人の財物」と規定されていることは、「所有物」かどうかを議論する必要はないとされたからであると解されているわけです。「所有」関係を議論しないために、たんに「財物」という言葉を用いて**本権説から所持説への移行**という変化をみとめたものと解されるのです。沿革的な観点からこのように言うことができます。

(2) 本権説が二三五条を二四二条の例外として捉えるのに対して、所持説は、これを例外規定ではなくて**注意規定**であると解釈しているのです。注意規定というのは、当然のことを「念のために」、「注意的に」規定したものにほかなりません。

二三五条は、「他人が占有」している「他人の財物」を盗れば、それだけで窃盗罪が成立することを規定していますが、二四二条は、「自分の物」であっても、例外的に「他人が占有」している財物を盗る行為を処罰の対象にしています。そこで、所持説は、原則的には、二三五条で「所持そのもの」の侵奪が処罰される以上、自分の物でも他人に占有されているばあいには、当然、処罰の対象になることを、誤解がないように、「念のため」に、「注意するため」にこの規定が設けられたと説明するわけです。

それと同時に、二四二条の「**占有**」の**範囲**にも違いが生じます。つまり、二四二条は、本権説からは、「権原に基づく占有」であることが、当然の論理的な前提になっているとされます。これに対して所持説によれば、二三五条の所持、占有は事実上のものであればよいわけですから、必ずしも本権に基づく必要はないことになります。言い換えますと、本権説からは、二四二条が例外的に保護の対象にしていると捉えるわけです。これに対して所持説によれば、二三五条の所持、占有は事実上のものであればよいわけですから、必ずしも本権に基づく必要はないわけですから、必ずしも本権に基づく必要はないのであればよいわけですから、必ずしも本権に基づく必要はないのであればよいわけですから、**占有の適法性**は要求されません。**客観的な所持それ自体**を問題にしますので、二四二条の占有も権原に基づく占有である必要はないことになります。

(3) 本権説から、所持説は「**不可罰的事後行為**」ないし「**共罰的事後行為**」を合理的に説明できないと批判されますが、これに対して所持説は次のように反論しています。二三五条が保護の客体としているのは所持そのものなのですが、所持を保護するということは、本権を問題にしないで所持だけを保護することを意味します。しかし、所持を保護することによって、**究極的**には、あるいは**反射的には**、本権をも保護することになります。つまり、所持そのものが保護されれば、その背景にある本権も当然に保護されているのであって、本権だけを取り出して保護しているのではなくて、その前段階にある占有を保護することを通して、究極的には本権をも保護しているのです。器物毀棄としての事後行為は、所持を侵奪するという「より重い行為」によって十分に評価されているのであり、言い換えますと、それと一緒に評価されているという説明が可能になります。したがって、所持説が、不可罰的事後行為・共罰的事後行為の観念をみとめても、けっして不合理ではないのです。

(4) 窃盗犯人から盗物を取り戻す行為について窃盗罪の成立をみとめても、非常識な結論になるわけではありません。勝手に自分の物を取り返す行動を是認するのが社会常識なのではなくて、むしろ自分の物を取り返すのは裁判によって実現されるべきであるとするのが、**法治国**における常識であると言えるのです。自分自身が勝手に自分の権利を主張して盗物を奪取してよいという捉え方は、権利関係が複雑化している現代社会の実態に合わないと考えられます。

4 平穏占有説とその論拠

現在では、平穏占有説が多数説となっています。これは、**理論的には**本権説および所持説の**修正説**として主張される見解です。本権説を修正する立場が本権説を拡張する見解であるのに対して、所持説を修正する立場は、所持説を制限する見解です。

本権説の修正という観点から見ますと、本権説を採ったばあい、二四二条の占有は**権原に基づく適法な占有**を意味すると解するのが筋であることになります。そうしますと、AがBに物を貸していたばあい(賃貸契約)、契約期限が経過したときは、本権としての賃借権が消滅したことになりますから、Bの占有は権原に基づかない占有となります。これは違法な占有にほかなりません。そうしますと、二四二条で保護されるべき占有ではありませんから、Aが自分の所有物を自分で取り戻す行為は、ほんらい適法のはずです。しかし、AがBの所持している物を取り戻す行為が適法な行為、つまり窃盗罪にあたらないものとして、放置されてよいのかは疑問です。すなわち、本権説の立場を貫く限り、盗物の取り戻しは、当然、適法な行為であり、二四二条による保護を受けないものとして扱うべきことになるはずです。

ところが、Bは、平穏に占有しており、もともとは適法な権原があって、それが消滅したにすぎず、最初から他人の物を盗んだばあいの占有とはちがいますから、保護されるべきであると考えられます。厳密に言いますと、Bの占有は違法ですが、法律的な理由に基づいて占有を開始したものであるばあいには、平穏な占有として刑法上の保護に値するとされるわけです。これは、ほんらい保護を受けるべきでない占有の枠を、保護すべきものとして拡張しているのです。本権説は、二四二条を二三五条の**例外規定**と解しながら、その例外規定を広げる解釈をすることになり、例外規定はできるだけ厳格に解釈すべきとする法解釈の原則を無視しています。

これに対して**所持説の修正説**は、Aの物をBが盗み、それをAが取り戻す行為は窃盗罪として処罰すべきではないが、平穏な占有を侵奪する行為は処罰してもよいと解します。所持説の立場を貫きますと、BがAから盗んだ盗品をAが自分の物として取り戻す行為も処罰すべきはずですが、これは処罰すべきではないとして所持説を制限するわけです。これは、平穏な占有の侵害のみを処罰すべきであるとして占有の範囲を逆に狭めているのです。

5 判例の立場

前述のように、学説は三つ主張されていますが、わたくし自身は、もともと**所持説**を主張していますので、ここでも所持説をそのまま維持しています。これは、じゅうらい少数説として扱われてきましたが、最近では**最高裁の判例**が所持説にかなり近くなってきていますので、学説上、わたくし達と同じように考える論者も増えつつあります。これは、当該行為は窃盗罪の構成要件に該当するけれども、後は違法性の問題として処理すべきだと主張しているのであり、最高裁の判例が、これをみとめるに至っているのです。

すなわち、**譲渡担保事件判決**と称される最高裁の昭和三五年四月二六日の判決は、「不法な占有も本罪における保護の対象となりうるから、トラックが譲渡担保に供され、その所有権は債権者に属したが、引き続き債務者側が占有保管中、債権者がそれを無断で運び去る行為は窃盗罪を構成する」旨を判示しています（刑集一四巻六号七四八頁）。すでに昭和三五年の段階でこのような判断を示していることは、注目に値します。この判例がきっかけとなって、平穏占有説が急に増えてきました。それまでは本権説と純粋の所持説とが対立していたのですが、この判例が、譲渡担保として保管している物に対して窃盗罪の成立をみとめることによって、従来の本権説とちがう考え方を示しましたので、一挙に本権説が少数説になって平穏説が多数説になったという経緯があります。本件の事案は、次のとおりです。Bは、自分が持っているトラックについて譲渡担保を設定してAから融資を受けていましたが、期限が来ても債務を払えなかったので、Aは、トラックの所有権がAに移転したので自分の物になったことを理由にして、Bが保管中のトラックを勝手に持ち去ったというケースです。判例は、このばあい、譲渡担保によって所有権はAに移転したけれども、なおBが保管しているものについては、勝手に持ち去ると窃盗罪を構成することをみとめたのです。

所有権がAにある以上、Bがトラックをそのまま占有しているのは、権原に基づかない占有ということになります。従来の本権説からしますと、二四二条にあてはまらないのですが、しかし、判例は、このばあいについても窃盗罪が成立すると解しているのであり、これは重要判例と言えます。

さらにその趣旨は徹底され、最高裁の平成元年七月七日の決定で、次のようになりました。つまり、最高裁は、「**買い戻し約款付き自動車売買契約**をしていた被告人が、借り主が従前通り保管し使用していた自動車を、返済期限の前日から数日後に、同行した合鍵屋に作らせた合鍵などを利用し、またはレッカー車に牽引させて借主に無断で引き揚げたが、その時点では自動車は借主の事実上の支配下にあったから、かりに被告人にその所有権があったとしても、被告人の引き揚げ行為は、刑法二四二条にいう他人の占有に属する物を窃取したものとして、窃盗罪を構成し、かつ社会通念上借主に受忍を求める限度を超えた違法なものである」旨の判断を示したのです（刑集四三巻七号六〇七頁）。自動車金融という形態で融資された債務を支払えないときには、その自動車を買い戻すという約款付きで金を貸しているばあいの自動車の所有権が、仮に債権者に移転したとしても、その自動車の占有は、なお二四二条によって保護の対象とすべきだとされたわけです。ほんらい違法ではあるけれども、その占有はなお保護の対象となり得るのであり、これには受忍義務がないという形で、違法性の問題として処理したところに特徴があります。つまり、構成要件該当性の問題としては、**所持**が保護法益であるという前提をとっていますので、後は個別的に**違法性**の段階で問うことになります。わたくし達は、じゅうらいそのような考え方を主張してきたのであり、最高裁もその説を明確にとったものとして評価することができます。

このように現在、**判例**は、平穏占有説から所持説に移行したと評価できる状況にあります。わたくしは、もともと所持説をとってきましたので、判例の傾向は望ましい状況にあると考えています。所持説は、かつては極端な説と評されてきましたが、現在では必ずしもそうとは言えなくなっています。

所持説に対しては、**違法な占有**を積極的に保護することになって、**法秩序の不統一**をもたらすという批判が予想されます。しかし、この批判は正しくありません。なぜならば、所持説は、違法な占有それ自体を積極的に保護せよと主張しているのではないからです。違法な占有であっても、それを回復するについては、「**適式な手続き**」を踏むべきですから、侵奪された占有を回復するために実力行使をみとめないとすることによって、結果として違法な占有が保護の対象になっているにすぎないのであって、けっして違法な占有を保護するために、積極的に法秩序が介入すべきであると主張しているわけではありません。違法な占有であっても、適式な手続きによらなければ占有の回復はみとめられないのです。

⑥ 使用窃盗と毀棄目的による所持侵奪と窃盗罪の成否

これについては、前に不法領得の意思のところで詳細に説明しましたので、ここでは省略することにします。

第14講　窃盗罪の要件と親族相盗例

1　所持・占有の意義

民法では占有という言葉を使いますが、前にも述べましたように、刑法でも占有という言葉を使うこともありますけれども、**所持**という言葉を使うのが一般的です。**民法の占有**がある程度観念的なものであるのに対し、**刑法における占有**は、より現実的な、事実的な要素があることを示すために、所持という言葉を使うわけです。

所持とは、「財物に対する支配の意思をもって、事実上、その財物を支配」している状態を言います。民法上の占有とちがって、「自己のためにする意思」は不要です。また、代理占有や占有の相続はみとめられません。観念的なものであれば、このようなものもみとめられますが、あくまでも現実的、事実的なものですから、こういうことになります。

そこで客観的な要素としては「**事実上の支配**」が、主観的な要素としてはそれを「**事実上支配する意思**」が、それぞれ問題になります。両者について議論がありますが、まず、「**所持の主体**」に関して出てきますのは、**法人**です。しかし、法人のばあいについては、機関が所持していますから、これは問題ないと言えます。たとえば、看守などが監視しているばあいには、占有主体が問題なのであって、会社自体が占有主体になります。つまり、会社の「機関による占有」があることになるのです。

支配については、意思能力、行為能力あるいは責任能力が問題になるのではなくて、事実上、財物について支配しているのかどうか、それから**支配意思**をもっているかどうか、が問題になるのです。したがって、児童や重度の精神病者が、**事実上**、物を支配している限り、刑法上は所持の扱いをしてもかまいません。したがって、児童が持っている物をかっぱらえば、窃盗罪が成立するのです。

意思能力のない幼児が持っている物をだまして放棄させたうえで取得する行為は、**詐欺罪**なのか、**窃盗罪**なのかが争われます。これについては、その後、事実上、支配したとしても、それを財産的な観点から**処分する能力**はありませんので、財産上、それを処分させたという要素はみとめられません。したがって、その人の占有を奪取したと評価されて、窃盗罪を構成すると解するのが妥当であると言えます。

② 上下主従関係のあるばあいの占有

上下主従関係があるばあいは、**上位にある者**の占有が刑法上の占有なのであって、**下位者**は事実上の占有としての評価は受けないことになります。たとえば、商店で店員が商品を扱っているばあい、その商店の主人の占有があるのであって、店員自身が占有者であるわけではありません。したがって、その店員が勝手にショーケースから物を持ち出せば、横領罪ではなくて**窃盗罪**が成立することになります。なぜならば、店員は占有を有していませんので、主人の所持している物を奪取したことになるからです。

このように、**占有が誰にあるか**、によって窃盗罪と横領罪が振り分けられます。占有が主人にあれば、店員の行為は主人の物の占有を侵害したことになって窃盗罪が成立しますが、店員自身が占有していたのであれば、自己の占有する他人のものを領得した（横領）こととなって、横領罪が成立することになります。

③ 共同占有

たとえば、AとBが共同してある物を占有しているばあい、Aがそれを勝手に処分したときには、Aについて窃盗罪が成立します。A自身もその物を占有しているのですが、Bの占有もありますので、Bの占有を侵害したことになって、横領罪ではなくて窃盗罪が成立するのです。なぜならば、Bの占有を排除したことによる**占有侵奪**があるからです。

④ 包装された受託物の占有

たとえば、AがBに**鍵のかかったトランク**を預けたばあい、Bが鍵を開けて中の物を取り出して処分したとき、何罪が成立するかが問題となります。**判例**は、鍵をかけたことによって占有は依然としてAに残っており、トランク自体はBが占有しているけれども、中身についてはAが占有者であると解しています。Bが、鍵を壊したり、合鍵を作ったりしてその中身の物を抜き出して処分すれば、Aの占有を侵害したことになり、窃盗罪が成立することになるのです。Bが、中に含まれる物をそのままトランクごと処分したばあいには、横領罪が成立することになります。トランク自体は、Bが預かることによって占有を取得していますから、これを処分すれば横領罪が成立しますが、中身それ自体はAが占有していますので、中身だけを取り出すと窃盗罪になるわけです。そうしますと、不都合が生じます。「一部分」を取り出して処分すると窃盗罪となり、「全体」を処分すると横領罪となって、刑が軽くなります。常識的に考えますと、全部を処分すれば、刑は重くなるはずですが、逆に横領罪の軽い法定刑を科することになりますから、これは実体に合わないという批判が出てきます。それをどのように処理するかをめぐって、学説が分かれるのです。この点についてわたくしは、次のように考えています。

委託された物が委託者の占有に属するかどうか、は委託の態様、種類によって違います。鍵をかけたり、封印をしたりした物のばあいには、その全体について、委託者に占有があります。Bについて言えば、Aがその中身をBに触れさせないという趣旨で渡しているわけですから、その占有自体はなお寄託者たるAの側にあります。したがって、占有自体はなおAにあるものとして考えられるべきですから、中の物を取り出して処分しようが、全体をそのまま処分しようが、窃盗罪にあたるのです。

これに対して、鍵をかけたり封をしたりしないで、ただ預けたばあいには、中身に対する占有がBに移転していることになります。つまり、Bの支配を排除しているわけではありませんから、その中身についてもBの支配が及んでいることになるのです。Bに占有が移転している以上、その物の処分は横領罪を構成します。

5 死者の占有

たとえば、Aが生きているときの占有は、占有意思に基づいて、現実に客観的な支配をしているのですが、Aが道路を歩いているときに、心臓発作を起こして、そのまま死んでしまったばあい、その直後に、Aがポケットに持っていた財布をBが盗ったとします。Bの行為は窃盗罪なのか、それとも占有離脱物横領なのかが問題となります。つまり、Aは死んでしまった以上、財物を占有できませんので、その財布は占有を離れてしまった物として扱われるべきなのか、それともなおAに占有があるのものとして扱って窃盗罪の成立をみとめるべきか、という問題です。

形式論理的に考えるかぎり、Aは死亡したその瞬間に**支配意思**を失いますから、占有の主観的要素が消失すると同時に、客観的要素である**事実的支配**も消失しますので、もはや刑法上、所持・占有は存在しないと解するのが筋であると言えます。ところが、Aが生前に有していた占有が死んだ瞬間に無くなってしまうというのは、どうもわたくし達の社会常識からしますと、ピンとこない議論です。つまり、死んだ直後で、まだ体温もあり、顔色もそのままの状態である死者のポケットから財布を盗む行為が窃盗でないと解することは、しっくりこないとされるわけです。そこで、これを**窃盗罪**として構成しようとする解釈論上の努力がなされるのですが、そのばあいに、死者にも占有があるとして「**死者の占有**」という概念を提示する立場があります。

多くの学説は、死者の占有という概念そのものをみとめずに、被害者を死亡させたばあいに、犯人との関係では、なお占有があるものとして扱っています。たとえば、AがBを死亡させた後、Bの財布を抜き取ったばあい、最初から殺して取得するのであれば、強盗殺人です。そうではなくて、死亡させた後に財布を取得する意思が生じ、その意思に基づいて財布を抜き取ったばあいを遺失物横領として捉えるのは、いかにも現実的ではありません。そこで、Aとの関係では、Bが生きていたばあいの占有をみとめるのです。

このように、占有意思および占有の事実がないにもかかわらず、Bになお占有があるものとして扱うのですが、**死亡の原因**を作り出したAとの関係で、時間的、場所的に限定された範囲内でだけ占有を肯定するのです。したがって、たとえば、Aが去った後に、Cが通りかかって、Bの別のポケットから宝石を盗み出したようなばあいには、その死亡原因をCが作り出したわけではありませんから、Cとの関係では占有はみとめられず、**遺失物横領罪（占有離脱物横領罪）**が成立することになります。

⑥ 窃　取

構成要件的行為として窃取とは、他人が占有している財物を、その人の意思に反して、**自分自身が取得**するか、あるいはその占有を**第三者に移転**することを意味します。通常は自分自身が占有を取得する形態が多いのですが、その占有を第三者に移転させて、第三者の支配下におくばあいも窃取ということになります。「窃」という語は、もともと「ひそかに」という意味なのですが、ここでは、要するに「**占有者の意思に反して**」いる点が重要です。したがって、いわゆる「**かっぱらい**」のように、公然と物を奪取するばあいも窃盗になるわけです。したがって、この「窃」というのは、必ずしも限定の意味をもつものではありません。

⑦ 実行の着手時期

窃盗罪における実行の着手時期について、じゅうらい**判例**は、いわゆる**密接行為説**を採り、法益侵害に対する密接な行為の開始の時点に実行の着手をみとめていたのですが、最近は必ずしもそうではなくて、**折衷説**あるいは**実質的客観説**に近い見地から、実行の着手時期をみとめることが多くなってきています。たとえば、**最高裁の判例**は、昭和四〇年三月九日のケースで、実質的客観説あるいは折衷説に近い判断を示しています（最決昭40・3・9刑集一九巻二号六九頁）。

まず大審院の昭和九年一〇月一九日の判決は、「窃盗目的で他人の家宅に侵入し、財物に対する事実上の支配を侵すについて、密接な行為をした場合、たとえば金品物色のためにたんすに近づいた時には、窃盗罪に着手したものである」旨の判断を示していました（刑集一三巻一四七三頁）。このばあいには、他人の家に入って金品を物色するために、たんすに近づいた時点で、窃盗に着手したと解されていますが、まだ窃取行為自体を開始していないのであり、それはまさに窃取行為にとりかかろうとしている密接行為の時点で実行それ自体に**密接する行為**なのです。つまり、これからまさに窃取行為にとりかかろうとしている密接行為の時点で実行の着手があると解したことになります。

これに対しては、他人の住居に侵入するだけで窃盗の実行の着手にあたるとする主観説の立場もありましたが、客観説の見地からは、少なくとも物色行為を開始した時点で実行の着手と解すべきとする批判もありました。他人の住居に入っただけで窃盗罪の実行の着手と解するのは行き過ぎであって、財物に対する**占有の侵害の危険性**が生じた時点と解すべきです。この点について大審院の判例は、密接行為の開始という概念でこれを説明したのです。

ところが、先ほどの昭和四〇年三月九日の**最高裁の決定**は、犯人が被害者方の店舗内に侵入し、所携の懐中電灯で真っ暗な店内を照らしたところ、電気器具類の積んであることが分かりましたが、なるべくなら現金をとりたいと考えて、たばこ売り場の方へ行きかけたという事実があれば、実行の着手があるとめられる旨の判断を示したのです。これはこういうケースです。一階が店舗で二階が住居部分となっている電器店があって、行為者が、深夜、その店舗部分に入って、懐中電灯を照らしたところ、電気製品が並んでいるのが見えて、さらに奥を照らしてそこにたばこ売り場があり、そこにレジスターがあるのが見えたのです。そこで行為者は、レジスターを見つけてそこに行きかけた時に、家の人に見つかってしまったので、逮捕を免れるためにその人を殺したという事案です。

このばあい、窃盗罪の実行の着手がみとめられますと、**事後強盗**になります。事後強盗罪は、二三八条に規定されており、「窃盗が」、つまり、**窃盗犯人**が「財物を得てこれを取り返されることを防ぎ、逮捕を免れ、又は罪跡を隠滅するために、暴行又は脅迫をしたときは、強盗として論ずる」とされています。これは、窃盗犯人が逮捕を免れたり、罪跡を隠滅をしたりするために、暴行、脅迫を加えれば、強盗罪として扱うという趣旨です。本条にいう窃盗犯人と言えるためには、少なくても**窃盗の実行の着手**があったことが必要です。このばあい、家人に発見されたのは、たばこ売り場の方に行きかけた時ですので、その時点ですでに窃盗犯人と言えるようになったかどうかが問題になります。

この点をめぐって見解が分かれるのですが、**実質的客観説**をとれば、占有の侵害の危険が実質的に生じた時に、実行の着手があることになります。ところが、実質的客観説のなかでも見解が分かれています。たとえば、判例と同様に、レジスターの方に向かいかけた時と解する見解があります。さらにたばこ売り場のレジの所まで行った時にはじめて、レジの中の現金に対する侵害の危険性が生ずると解する見解もあります。別の観点から、店内に入った時点が実行の着手であるとする見解も主張されており、これは店舗内にある電気製品に対する危険がその時に生ずると解するわけです。**判例**は、窃盗目的で、たとえば、**倉庫**あるいは**土蔵**の中に入るばあい、そこに入った時点ですでに危険が生じたと解しています。土蔵とか倉庫には一定の財物があるから、そこに入ろうとした時点で、その財物に対する危険が生じたとされるわけです。それと同じ理屈で、電気店に入った時点で、電器製品に対する占有の侵害の危険が生じているとする見解が有力に主張されるわけです。

このケースでは、行為者は、電気製品でもよいが、できたら現金の方がよいと考えていたのであり、**行為者の意思**をどの程度、重視すべきかが問題です。行為者の意思をどのように見るかについて、「電気製品でもよい」という点を重視すれば、店舗内に入った時点で実行の着手をみとめるべきことになります。わたくしは、そのように解するのが妥当であるとおもいます。行為者自身は、電気製品でもよいと考えて店舗内に侵入していますから、電器製品については侵入した時点で、実行の着手をみとめるべきであると解するわけです。しかし、「現金がよい」という点を重視しますと、店舗内に侵入しただけでは足りず、現金のある場所へ近づいて行くことが要求されることになります。

8 既遂時期

財物の所持を現実に取得した時に既遂になるとする**取得説**が、通説・判例の立場です。不動産侵奪が窃取行為に相当することは、前に説明したとおりです。

9 親族間の犯罪に関する特例・親族相盗例

(1) 意　義

「**例**」という言葉の意味ですが、これは特殊な法律用語であり、**法令の適用関係**という意味です。国際私法を規定している法律には「法例」という名称が付されていますが、国際私法は実質法の適用関係を規律する法律であるからです。親族間で窃盗行為がおこなわれたばあいに、どのような扱いをすべきか、という内容を示すために、「親族相盗例」という言葉が一般に使用されています。しかし、二四四条は、親族相盗例という言葉を使わないで、「**親族間の犯罪に関する特例**」という言葉を用いています。

まず、条文を先に見ておきます。二四四条第一項は、「配偶者、直系血族又は同居の親族の間で第二百三十五条の罪、第二百三十五条の二の罪又はこれらの罪の未遂罪を犯した者は、その刑を免除する」と規定し、二項は、「前項に規定する親族以外の親族との間で犯した同項に規定する罪は、告訴がなければ公訴を提起することができない」と規定しています。一項が刑を免除するのに対し、二項は告訴がなければ公訴を提起することができないとしています。三項は、「前二項の規定は、親族でない共犯については、適用しない」と規定しています。つまり、より近い関係にある親族間では、窃盗行為について刑を免除し、少し離れたあまり親しくない親族については親告罪とする旨を規定し、親族関係のない共犯については本条の適用をみとめないという扱いをしているわけです。

親告罪の「親」というのは、**自ら**という意味です。自ら告訴をして公訴の提起を求めるべき犯罪類型を**親告罪**と言います。これに対して、告訴がなくても公訴を提起することができるものを、**非親告罪**と呼びます。親告罪のばあいには、告訴がなければ公訴を提起できませんので、告訴は公訴提起の条件、つまり訴訟条件となります。親告罪のばあい、公訴を提起しても告訴がないときには、公訴は棄却されます。いわゆる門前払いの扱いを受けます。

(2) 刑の免除の根拠

親族相盗例において、まず議論されますのは、**法的性格**の問題です。これは、法的な性格・性質をどのように解するか、逆に言えば、その規定の根拠は何か、つまり、なぜそういう規定が置かれているのか、という立法趣旨あるいは制度理由にかかわる問題です。さらに、刑の免除あるいは親告罪の**法的効果**をどのように評価するのか、さらに誰と誰の間の親族関係が必要か、という要件論が問題になるのです。

刑の免除あるいは親告罪に区別することの理解をめぐって、見解の対立があります。これは、刑の免除を訴訟法上の問題としてどのように捉えるか、に関連します。**刑事訴訟法学における通説**は、これを**有罪判決の一種**として捉えています。刑の免除のばあい、犯罪事実が立証されたときには、犯罪の成立が肯定されて有罪となりますが、刑罰を現実には科さないのです。有罪判決の一種であると解すべきですから、有罪判決を受けたことによって、一定の法的効果が生じます。有罪判決の一種ですから、犯罪が成立していることを前提にして議論することになります。そこで、**刑法学における通説**は、犯罪の成立がみとめられている以上、刑の免除があるばあいには、一身的な刑罰阻却事由として捉えます。

これに対して、刑の免除の判決は、有罪判決ではなくて無罪判決の一種と捉える少数説があります。これは犯罪としては成立しないことをみとめますから、親族相盗例のばあい、犯罪の成立要件のいずれかが欠けると解します。違法性が欠けると解する立場と責任が欠けると解する立場とがあります。前者は、親族間でおこなわれる窃盗行為については**可罰的違法性**がないと解し、後者は、**期待可能性**がないから責任が阻却されると解します。

一身的処罰阻却事由説は、犯罪の成立要件と関係がなく、犯罪の成立を前提にしたうえで刑罰を科さないだけであると解しています。これが通説・判例の立場です。

通説・判例は、なぜ親族相盗を一身的な処罰阻却事由として把握するのでしょうか。親族間でおこなわれた財産犯的行為が、構成要件に該当し、違法かつ有責的な行為であることは、否定できません。しかし、一定の範囲の親族間でそれがおこなわれたばあいには、法律は家庭内の問題にはできるだけ関与すべきでないとして、「**法は家庭に入らない**」という法原則を盾に、窃盗罪などの財産犯については**家庭内の処理**にまかせようとするわけです。国家権力が出てきて、刑事裁判でこれをあばきたてて処罰するのではなくて、できるだけ家庭内の規律の問題としてこれを処理していくのです。つまり、現実におこなわれている犯罪行為について刑を科さないという形で、家庭内の自律を尊重することになります。

これに対して、違法性の問題として考えたばあい、家庭内であっても、その行為が客観的に見て違法であることは疑問の余地がないわけです。家庭内であれば盗んでもよい、というわけにはいきません。次に、責任の問題として見たばあい、家庭内の物であればお互いに盗み合わざるを得ないことにはなりませんので、期待可能性がなくなるとは言えないはずです。

やはり犯罪としては成立するが、「法は家庭に入らない」という観点から刑の免除を設けたものと捉える方が妥当でしょう。しかし、これに対しては、無罪説の立場から批判があります。つまり、一項では非常に近い関係にある者については、刑の免除がみとめられるのに対して、それほど親しくない関係にある親族については親告罪にするのは、不公平・不均衡であると批判されるのです。通説・判例によりますと、近い者については有罪判決を下すのです。告訴があろうがなかろうが、捜査して公訴を提起して有罪判決が下され、ただ、刑を免除するだけとなります。ところが、親告罪のばあいには、被害者が告訴をしない限り、刑事裁判になりませんので、むしろ二項の適用を受ける親族の方が保護が厚くなるのではないか、という疑問があるとされるのです。すなわち、これは、告訴がない限り刑事裁判にかけられることはありませんから、一項よりもむしろ二項の方が有利ではないか、という批判にほかなりません。

この批判に対して、**通説**は、次のように反論します。たしかに、裁判にかけるかどうかについては、反対説が主張するようなことが言えますが、しかし、いったん告訴がなされますと、二項の適用を受ける親族については、**通常の有罪判決**が下されますから、当然、刑務所に入ることもあり得るのです。つまり、実刑判決も、当然、あり得るわけです。有罪である限り、特別の措置を受けず、ただ公訴を提起するかどうかについてだけ、利益を得ることになりますから、内容に即して考えますと、やはりまったくの**通常の刑**を科せられるよりも**刑の免除**の方が有利であると言えます。したがって、通説に対する批判は、必ずしも妥当なものではないことになります。

たしかに、親告罪として扱いますと、刑事裁判が開始されない可能性が生じますが、しかし、**刑の免除事由**があるばあいには、実際上、刑事裁判を求めるケースはそう多くはありません。つまり、**不起訴処分**がなされることが多いのです。したがって、**実際上の運用**の観点から見たばあい、通説が不均衡を生じさせることは、けっしてありません。現に刑事裁判で親族相盗行為を起訴して、刑事裁判を受けるケースはあまり存在しないのです。このように、実際上も不都合を生じませんし、理論上も不都合はないのです。

(3) 要　件

親族相盗例の適用を受けるべき**親族間の範囲の問題**は、要件論にほかなりません。これは、窃盗犯人と誰との間に親族関係が必要か、という問題です。このばあい、財物を窃取するわけですから、**占有者と所有者**が出てきます。窃取というのですから、所持の侵害、つまり占有奪取が必要となります。通常は、所有者が所持している物を盗まれるケースが圧倒的に多いわけですから、親族間の範囲は問題となりません。つまり、所有者と所持者とが一致しますから、行為者と所持者の間に親族関係があればよいことになります。

ところが、問題が生じますのは、他人から預かっている物を親族が盗んだばあいです。まず考えられるのは、窃盗罪の**保護法益**の観点から決めるべきであるとする見解です。その立場からは、窃盗罪の保護法益の観点からこれを考えると、犯人と所持者（占有者）との間で親族関係が必要とされます。その適用をみとめてはならないことになります。保護法益は本権であるとしますと、犯人と本権者（たとえば所有者）との間に親族関係が必要とされます。両方とも被害者であるとしますと、犯人と所持者および本権者の三者の間に親族関係が必要であるとされることになります。これはこれで一つの立場であると言えるのであり、かつての最高裁の判例もそうでした。

これに対して、もちろん保護法益と関連がないわけではないけれども、制度・システムの関係、つまり**立法趣旨**との観点から考える必要があるとする考え方もあります。そもそも二四四条が設けられたのは、「**法は家庭に入らない**」という原理を基礎にしているのですから、その観点からは、犯人と家庭内の範囲に属する者についてしか、その適用をみとめてはならないことになります。つまり、所持者と本権者のすべてについて親族関係が存在するばあいに限り、全体として「**家庭内の出来事**」と言えるわけです。そのいずれかに親族関係が欠けているばあい、これは家庭の枠を超えた人的関係となりますから、「法は家庭に入らない」という原則が適用されるはずはありません。その観点からは、三者すべてについて親族関係が必要であることになります。すなわち、保護法益とはまったく無関係というわけではありませんが、第一次的には、あくまでも「法は家庭に入らない」という原理に基づいて解されるべきであると言わなければなりません。

このような立場が、**最高裁の判例**によって承認されるに至っています。すなわち、最高裁の昭和二四年五月二一日の判決は、本条は、窃盗罪の直接の被害者である財物の占有者との関係についての規定であって、その所有権者と犯人との関係についての規定ではないと解していたのですが（刑集三巻六号八五八頁）、平成六年七月一九日の決定は、窃盗犯人が所有者以外の者の占有する財物を窃取したばあいにおいて、本条一項が適用されるためには、同項所定の親族関係は、窃盗犯人と財物の所有者との間のみならず、所有者との間にも存することを要するという趣旨を判示するに至っているのです（刑集四八巻五号一九〇頁）。

通説が主張してきた立場を、今や最高裁の判例は採用していることになります。窃盗罪の**保護法益**に関して、最高裁の判例は、所持説をとっていますから、じゅうらい法益論の観点から被害者である所持者だけとの関係だけを見ていたわけです。つまり、被害法益をどのように解するかという観点から処理していたのですが、平成六年の決定は、三者について親族関係が必要であると解することによって、「法は家庭に入らない」という制度の観点から要件論を考える立場に移行したことになります。したがって、通説は、この最高裁の決定を妥当なものとして支持しています。

右の要件を備えた後に問題になりますのは、**親族関係の錯誤**の処理の問題です。これは、占有者が所有している物だとおもって窃取したけれども、じつは他人の物を預かっていたばあいの錯誤を、刑法上、重要な錯誤として扱うことができるかどうか、という問題です。可罰的違法性または責任の観点から、犯罪の成立を否定する立場にとっては、この錯誤は重要な意味を有することになります。つまり、違法性の錯誤、あるいは期待可能性に関する錯誤として故意を阻却する可能性が生ずるのです。

これに対して**通説**の立場においては、一定の親族関係の存在は、**一身的な処罰阻却事由**ですから、理論的には、刑法上の錯誤として意味をもたないことになるはずです。つまり、それは、犯罪の成立要件とまったく無関係な、単なる処罰条件についての問題ですから、錯誤論の問題は生じないとされるわけです。なぜ処罰阻却事由について錯誤論の問題が生じないのか、と言いますと、ほんらい錯誤論は、「故意の裏返し」、「故意の消極面」であって、「**故意の対象**」の認識に関する問題であるからです。したがって、故意・錯誤の問題となるということは、「故意の対象」となることが前提になっています。客観的な構成要件要素は、故意の対象になります。処罰条件が故意の対象ではないとされるのは、構成要件要素ではないからです。したがって、これは錯誤の問題ではないとして処理されなければならないわけです。

たしかに、一般論としては、まさにそのとおりです。しかし、このばあいは、単なる刑罰阻却事由の錯誤、一身的処罰阻却事由の錯誤として扱うべきではないと解されます。親族間では、盗みなどの財産犯がおこなわれるについて、さほど大きな抵抗感がないと言えるでしょう。その範囲内での財産犯は自分たちの範囲で処理すべきであり、「**法は家庭に入らない**」という了解のもとで、窃盗行為がおこなわれることが結構あるとすれば、そのことについては、何らかの形で、**錯誤論による救済**を考える必要があるとおもわれます。

三八条二項は、軽い罪の故意で重い結果を惹き起こしたばあいには、重い方の罪で処罰することを許さず、軽い方の罪で処罰すべきである趣旨を規定しています。その趣旨をこの親族相盗例についても、あてはめるべきであると考えるのが妥当です。これは**三八条二項類推適用説**にほかなりません。構成要件要素に関する錯誤ではありませんから、錯誤論の直接的な適用はみとめられませんが、家庭内の問題について法は立ち入らないとする趣旨は考慮される必要があります。今の事例は、家庭内の問題だとおもっていたら実は違っていたばあいですから、軽い犯罪意思で重い結果を惹き起こしたばあいと同じような状況として扱うことができるはずです。したがって、このばあいには**三八条二項の類推適用**をみとめることに合理的な根拠があるのです。

これは、本来の錯誤論の**類推適用**をみとめる点で、当然、批判を受けることになります。なぜならば、処罰阻却事由に関する錯誤なのに錯誤論を適用するのは筋が通らないからです。それはそのとおりであり、否定はしませんが、わたくしは、「法は家庭内に入るべきではない」という趣旨を、このような形でみとめてあげてもよいということを主張しているのです。この見解は、理論的に間違っているという批判を受けることがありますが、理論的に**錯誤論の適用**を主張しているのではないことに注意する必要があります。すなわち、わたくしは、**理論上は**本来の錯誤の問題ではないけれども、**三八条二項の趣旨**を生かすべきことを主張しているのです。その点が理解されていないのですが、単なる形式論ではなくて、このばあいは、家庭内の問題は家庭内で処理しようということで、**実質的に**錯誤論の趣旨をここで生かそうとしているわけです。錯誤論の適用そのものを主張しているわけではないことを理解してほしいとおもいます。

第15講　強盗の罪

1 意　義

強盗罪は、前にも述べましたように、**奪取罪**の一種として規定されています。これは、財物を盗取・強取しますので、奪取罪と言われるわけです。**窃盗罪**が占有を奪取して財物を取得する点に意味があるのに対して、強盗罪は、**奪取の手段**として**暴行・脅迫**を加える点で、**人身に対する罪**としての性質が強く前面に出て来ます。したがって、強盗罪は、単なる財産犯ではなくて、人身に被害を加えるという要素が重視されますから、その分だけ罪質が重くなります。

強盗罪がかなり悪質な犯罪類型として性格づけられますのは、暴行・脅迫を手段として人身に対して攻撃することが包含されているからです。強盗行為は、強引に財物を取得するという意味で強取《ごうしゅ》と呼ばれます。これは、窃盗における盗取とは違うのです。

暴行・脅迫を用いるか否かによって窃盗と強盗とが区別されますが、さらに、その**程度**によって**恐喝と強盗**が区別されます。つまり、強取行為と喝取行為は、暴行・脅迫の程度によって区別されるのです。恐喝行為は、反抗を抑圧されない程度の暴行・脅迫を加えることによって財物を任意に処分する形態です。このばあいには、**任意性**がありません。つまり、暴行・脅迫を加えて畏怖している点で、瑕疵《かし》があるのです。瑕疵《かし》とは「きず」という意味です。

ある程度の任意性が確保されている状況が、瑕疵《かし》ある意思表示に基づく処分行為として特徴づけられます。つまり、その処分行為は、「瑕疵《かし》があるけれども任意性がみとめられる」行為ということになります。

強盗のばあいも、暴行・脅迫を用いて形の上では交付を受けているという側面があります。たとえば、AがBにナイフを突きつけて金を要求して、畏怖したBがAに財布から金を渡すという交付の外形がありますが、その**実質**は、Bから無理やり金を奪い取っているのであり、強奪《ごうだつ》したという評価が加えられるものです。これは後で見ることになる「**処分行為**」の問題にかかわりますが、Aは、形の上ではBからの「**交付**」を受け取っているのです。しかし、Aは、明らかにBの意思を押さえつけて、財物を奪っているという要素が強いわけですから、これはまさに相手方から無理やり奪い取っているという意味で、「強奪」にほかならないのです。

本罪における暴行・脅迫が、相手方の反抗を抑圧する程度のものであることについては、すでに暴行罪、脅迫罪のところで触れました。

② 暴行・脅迫と財物の奪取

暴行・脅迫を手段として財物を強奪するということは、暴行・脅迫と財物の取得との間に**因果関係**がなければならないことを意味します。因果関係がみとめられないばあい、たとえば、AがBに暴行・脅迫を加えたけれども、BはAが可哀相だとおもって財布を渡したばあい、財物は取られていますが、暴行・脅迫によって取られたわけではありませんから、因果関係が否定され、強盗罪の未遂となります。

当初、財物強取の意思がなくて、たんに暴行・脅迫を加えたが、その後、財物を奪取する意思が生じてそれを取得したばあいの扱いをどうすべきか、が理論上も実務上も問題となります。このばあいも強盗罪になると解する見解と、暴行・脅迫を手段として、それに基づいて財物を取得したという関係がない限り、強盗罪はみとめるべきではないと解する見解とがあります。これは、暴行・脅迫を加えることによって**自由意思**を奪った時点、つまり、被害者が畏怖心を生じている時点で、行為者が**奪取意思**を生じてそれに基づいて奪取した行為が、強盗にあたるかどうかという問題にほかなりません。

このばあい、**実質的**に見れば、**全体として**暴行・脅迫によって反抗を抑圧する程度の暴行を加えています。たとえば、最初は、ただ脅迫のつもりでピストルを突き付けたが、相手側が畏怖心を生じているときに、ポケットの中に財布が見えたため、相手方が畏怖しているのに乗じて、「その財布をよこせ」といって受け取ったばあい、これを実質的に見れば、脅して奪い取ったと評価できるわけです。したがって、これは強盗罪として評価すべきであると解する見解が一方において主張されます。

しかし、これに対しては、**通説**は批判的です。すなわち、**最初から**財物を奪取するための手段として暴行・脅迫をおこない、**その結果**、相手方に畏怖心が生じ、それに基づいて財物を取るというのが、強盗罪の本来の構成要件的行為です。そうしますと、**事後的に**奪取意思が生じたばあいには、強盗罪が要求する本来の構成要件にあてはまらないことになります。すなわち、通説は、**あらかじめ**財物を強取する意思のもとに暴行・脅迫行為に出て、それに基づいて取得したという関係がない限り、強盗罪をみとめるべきではないと解するわけです。このばあいには、相手方の意思に反して占有を取得していますが、脅して取っているわけではありません。すでに生じている畏怖心に乗じて財物を取得しているにすぎず、その意味において、この部分は**窃盗罪**としての評価を受けるべきなのです。これはまったく別個の行為ですから、両者は併合罪の関係にあると理解すべきことになります。**判例**もこのように解しているのです（東京高判昭48・3・26高刑集二六巻一号八五頁）。

③ 二項強盗における処分行為

すでに触れましたが、**外形上**は財物の交付を受けたり、あるいは処分を受けたりする形をとっているばあい、これはあくまでも外形的、現象的な側面にすぎません。その**内容・実質**は、無理やり相手方から物を取る、強取するところに大きな意味がありますから、改めて**処分行為**を要求すべきでないことになります。

判例は、処分行為が必要であるとする立場に立っていたことがありますが、現在では強盗罪を**実質的に**考えれば、処分行為という形式にこだわる必要はないとする立場に移行しています。かつて判例は、債権者を殺したばあい、強盗殺人にならないと解していました。債権者を殺したことによって処分行為があり得なくなりますので、処分行為のない二項強盗は成立しないため、二項強盗殺人は成立しないとされたわけです。しかし、これは**犯罪類型の実体**に適合しませんので、現在では判例も処分行為を要求していません。もちろん**通説**も同じです。強盗行為の性質から、このような結論が導き出されますが、これは恐喝や詐欺と違う点です。強盗罪においては、任意の処分行為ではなく、強引に押さえつけてでも財物を奪ったり、利益を取得したりする部分が重要ですから、処分行為を要求するまでもないとされるわけです。

今話してきましたのは、本来の強盗罪についてです。これに次いで**準強盗罪**、**強盗予備罪**があります。その典型例として、また最も重要なものとして出てくるのが、**事後強盗罪**です。これはいろいろな法律問題が絡んでいる重要な論点であり、これについては次講でお話しします。

④ 事後強盗罪

(1) 意　義

二三八条は、「窃盗が、財物を得てこれを取り返されることを防ぎ、逮捕を免れ、又は罪跡を隠滅するために、暴行又は脅迫をしたときは、強盗として論ずる」と規定しています。前にも述べましたように、「**窃盗が**」というのは、「**窃盗犯人が**」という意味です。

条文上、「**犯人**」という言葉が用いられていないのは、実は刑法総論の問題として、これを真正身分犯または不真正身分犯として解するかについて争いがあり、さらに、**身分犯説**に対して身分犯ではなくて結合犯であると解する**結合犯説**もあり、その何れかを採る立法がなされなかったからです。結合犯説は、窃盗罪と暴行・脅迫が結合した形態の犯罪類型と解する見解です。「窃盗の犯人」として規定しますと、結合犯としての色彩がかなり消えてしまいます。窃盗犯人が暴行行為をおこなうという形にしますと、どちらかと言いますと、身分犯説に近くなります。これに対して結合犯説の立場からは、窃盗行為と暴行・脅迫行為の結合が大きな意味をもちますから、「窃盗」とすることによって、**窃盗行為**の側面を強調することになります。わたくしは、結合犯説をとっています。

(2) 罪　質

事後強盗罪を事後的な観点から強盗罪として扱うという側面が、その罪質の評価にかなり大きな影響を及ぼします。つまり、窃盗行為後におこなう暴行・脅迫については強盗罪として扱うという意味で、「事後的な強盗罪」になるわけです。種々の観点から問題点が錯綜しているため、分かりにくいとおもいますが、基本的には次のことを押さえておけば十分です。すなわち、強盗罪のばあい、暴行・脅迫が**手段として**おこなわれて、一項で言えば財物の強取、二項でいえば財産的利益の取得がなされます。まず、手段としての行為が先におこなわれて、それから財物の強取または財産的利益の取得(利得)が結果として生ずるというのが、強盗罪の**基本的な形態**です。これに対して**事後強盗罪**のばあいには、暴行・脅迫が後からおこなわれます。つまり、まず窃盗行為がおこなわれた後に、暴行・脅迫がなされる点に特徴があるのです。

本罪は**目的犯**ですが、目的として三つあります。第一に、すでに奪い取った財物を**取り返されるのを防ぐ目的**であり、第二に、**逮捕を免れる目的**であり、第三に、**罪跡を隠滅する目的**です。本罪においては、盗んだ財物についてそれを取り戻されるの防ぐ目的や、すでにおこなわれている窃盗行為についての罪責を隠滅する目的や現行犯逮捕されるのを防ぐ目的で、暴行・脅迫がおこなわれますが、これは強盗行為の**手段**ではありません。事後的におこなわれた点で、「事後」強盗とされるわけです。手段の点が完全に否定されるのは、奪取行為と暴行行為が「事前的」でないからですが、しかし、事後的ではあっても**窃盗の場**でおこなわれている点で、**強盗罪**と共通の要素がありまそこで、罪質的には強盗罪が人身侵害犯と財産犯という両方の性質を有していますから、その限度で共通性を基礎にして、これについては「強盗として論ずる」と規定されています。

(3) 「強盗として論ずる」の意味

第二三八条における「**強盗として論ずる**」というのは、まったく本来の強盗罪と同じように扱うという意味です。したがって、二三六条、二三七条、二四〇条および未遂罪の規定である二四三条がそのまま適用されます。未遂罪については、二四三条が「二百三十八条から二百四十一条までの罪の未遂」を罰する旨を規定していますから、これについてもまったく強盗罪と同じ扱いを受けることになります。その暴行・脅迫も、まさに強盗罪における暴行・脅迫と同じです。

以上の点については、理論上はまったく問題がありません。暴行・脅迫および窃取行為がおこなわれた場面で、事後強盗なのか強盗そのものなのかが、争われるばあいがあります。これは「**居直り強盗**」と言われるものです。窃盗の途中で居直るのが、居直り強盗です。居直り強盗は、窃盗犯人がまず窃盗行為をおこない、その窃盗行為の途中で居直って、新たに暴行・脅迫罪を加えて、さらに強取行為をおこなう類型であり、この点が、居直り強盗と事後強盗の分かれ目です。たとえば、窃盗犯人が窃盗行為をおこなっている最中に、家人に見つかったので、さらに家人を脅して別の物を取ったばあいには、**形式的には**窃盗罪の既遂と後からおこなわれた強盗罪とが併合罪として成立するはずです。しかし、なぜそういう処理をしないのかと言いますと、強盗罪は、単なる窃盗罪とはちがって、**人身に対する罪**という性質が加わった財産犯として重く処罰され、窃盗の部分が強盗に吸収されて、強盗罪一罪として扱うことが可能となるからです。これが居直り強盗にほかなりません。

これに対して事後強盗のばあいは、窃盗行為は終わってしまっており、後から前述の目的で暴行・脅迫が加えられる点に違いがあります。暴行・脅迫によってさらに財物を奪取していれば、居直り強盗になりますから、具体的事実に即して、きちんと区別する必要があります。

(4) 事後強盗罪の未遂・既遂・予備

事後強盗罪の未遂・既遂をどのように捉えるか、について見ることにしましょう。強盗罪については、二四三条に未遂罪の規定がおかれています。このばあいの未遂罪をどのように解するかが問題となります。**形式的な観点**からは、「強盗をもって論ずる」となっていますから、二四三条に強盗罪の未遂の規定がある以上、あえて二三八条をここに規定する必要はないはずです。強盗をもって論ずるのですから、強盗罪の未遂は罰すると二四三条で規定しているのに、さらに二三八条も規定されていることの意味をどのように捉えるかが争点です。

通常の強盗罪のばあいには、暴行・脅迫を加えて財物を強取しますので、**実行の着手時期**は、手段となる暴行・脅迫行為を開始した時となります。そして財物奪取の有無によって既遂か未遂かが決まります。実行に着手して、財物を奪取しようとしてそれができなかったばあいは、未遂です。財物を奪取、つまり強取したばあいには、既遂になります。手段と結果がはっきりしていますから、このように解することができるわけです。ところが、事後強盗罪のばあいには、このような関係がありません。まず窃盗行為がおこなわれて、それから暴行・脅迫がおこなわれますので、実行の着手時期はいつなのかが問題になるのです。強盗罪と同じように財物奪取の有無によると解することもできますが、しかし、窃盗の段階でつかまったばあい、事後強盗なのか、単なる窃盗なのかが、判然としないことになります。この点については、事後的に強盗罪として扱われますから、あくまでも事後的に見て、この時にその危険性が生じたという判断をせざるを得ませんので、このばあいは、やはり窃盗行為を基準にせざるを得ないのです。したがって、強盗のばあいと同じ扱いはできないことになるわけです。

未遂・既遂も、原則的には、窃盗の点の未遂・既遂を考慮に入れざるを得ません。事後的に暴行・脅迫が加えられますから、この点ではどういう作用を及ぼすか、という観点から見る必要があります。

窃盗犯人が、財物を取得して、その取得した物を取り返されるのを防ぐために暴行・脅迫をおこなったばあいには、暴行・脅迫を加えた瞬間に、既遂となります。事後的に強盗として擬制されますから、既遂となるのはこの時点なのです。逮捕を免れ、あるいは罪跡を隠滅する目的のばあいには、未遂は財物を取得したかどうかによって決まります。財物を得て暴行・脅迫を加えれば、既遂となり、財物を盗ろうとしたが盗れなかったばあい、暴行・脅迫を加えた時に事後強盗罪の未遂となります。つまり、逮捕を免れる目的または罪跡を隠滅する目的であったばあいには、未遂か既遂かは、窃盗の財物の取得の有無で決まるのです。

事後強盗罪の予備罪がみとめられるかどうかについて、見解の対立があります。**判例**は、事後強盗罪の予備罪の成立をみとめています。二三七条にいう「**本罪の強盗の目的**」には、二三八条の事後強盗の目的も含まれることを判示したことになります（最決昭54・11・19刑集三三巻七号七一〇頁）。つまり、もし窃盗後に見つかったときには暴行・

脅迫を加えて逃走する目的をもって、ナイフやピストルなどを持っていたばあいには、事後強盗罪の予備にあたります。

5 昏酔強盗

強盗罪に準じて扱うものとして、二三九条の**昏酔強盗**があります。本条は、「人を昏酔させてその財物を盗取した者は、強盗として論ずる」と規定しています。人を**昏酔させる手段**は問いません。たとえば、アルコールを飲ませて泥酔状態にするとか、あるいは催眠薬を飲ませて眠らせるとかのばあいなどがこれにあたります。昏酔状態に陥った者から財物を取得するのは、**罪質**としては、その人の反抗を押さえ込んでその人から財物を奪い取る類型と同じですから、強盗として扱われるわけです。

最近、いわゆるテレクラの女の子が男性を誘い出して、ホテルで睡眠薬を飲ませて財布を奪い取るというケースが頻発しており、これは昏酔強盗として処罰されています。

6 強盗致死傷罪

(1) 意　義

準強盗罪についても、暴行・脅迫によって死亡させたり負傷させたりしたばあいには、二四〇条が適用されます。強盗として論ずる以上、それは当然のことです。二四〇条は、「強盗が、人を負傷させたときは無期又は七年以上の懲役に処し、死亡させたときは死刑又は無期懲役に処する」と規定しており、**法定刑**が非常に重くなっています。

人を負傷させたばあいは、無期または七年以上の懲役刑ですから、一回の酌量減軽だけでは、**執行猶予**はつけられません。執行猶予は三年以下の懲役・禁錮についてみとめられますから、これを酌量減軽して半分にしたとしても、三年六ヵ月になりますから、この強盗致死傷罪で有罪判決を受ける限り、情状酌量だけでは執行猶予はつけられないわけです。

死亡させたばあいの**法定刑**は、死刑または無期懲役です。これは法定刑としては非常に重いものです。つまり、二四〇条の規定は、強盗犯人が人を怪我させたばあいは、故意に怪我をさせたか過失により怪我をさせたかを問わないのです。と言いますのは、二四〇条は、過失によって怪我をさせたり死亡させたりしたばあいを含み得る規定形式をとっているからです。強盗罪は財産犯の側面と人身犯の側面がありますから、それとの関連で法定刑が非常に重くなっていることを前提にして議論をしなければなりません。

まず、**結果的加重犯**としての傷害および致死が含まれることは、当然です。つまり、二四〇条の規定は、強盗犯人が人を怪我させたばあいは、故意に怪我をさせたか過失により怪我をさせたかを問わない

(2) 強盗殺人の取り扱い

死亡の点について、故意があるばあいをどうするか、が問題となります。暴行・傷害致死、つまり殺意がないばあいが二四〇条に含まれる点についてはまったく争いはありません。問題は、強盗殺人がこれに含まれるかどうか、にあります。

当初から人を殺して物を取る意思で、人を殺して財物を奪うばあいが、**強盗殺人罪**です。二四〇条は、**強盗致死傷罪**だけを規定したものであるという前提をとれば、死亡の点について故意がないばあいに限定されることになります。なぜならば、結果的加重犯は、発生した結果については故意がないことを前提とする犯罪類型だからです。これに対して、故意がある結果的加重犯の概念をみとめる少数説もありますが、これをみとめるのは結果的加重犯概念の自殺行為にほかなりません。そうしますと、二四〇条は、死亡の点について故

刑法の基本的立場に反するからです。

そこで、これを両者の併合罪として扱うのはおかしいとして、強盗致死罪と殺人罪の観念的競合として扱うべきであるとする見解が主張されます。観念的競合であれば、二四〇条で処断することができますので、刑の不均衡の問題は解消されます。この点の不都合は、これで回避することができます。

ところが、これは論理的にはおかしいのです。なぜならば、死亡の点を二重に評価することになるからです。強盗致死罪で評価する部分は死亡の点について故意がないものなのですが、殺人のばあいには、当然、故意があります。そうしますと、相手方を死亡させた点は、故意に基づかないものでもあると同時に、故意に基づくものであると同時に、故意に基づくものでもあることになります。しかし、これでは死亡について故意犯としての評価と過失犯としての評価が二重におこなわれていることになります。死亡の結果は、故意に惹き起こしたか、故意に基づかずに惹き起こしたか、いずれかでしかないにもかかわらず、観念的競合という扱いをすれば、両者とも故意に基づくと同時に、故意に基づかないという評価をしてしまうことになって、論理的に成り立ち得ないわけです。

意がないばあいだけを規定しているという捉え方からは、強盗罪と殺人罪の**併合罪**という扱いをせざるを得なくなります。

この立場によれば、法定刑が重い方の殺人罪で一・五倍の刑の加重をおこなうことになります。殺人罪の法定刑は死刑、無期懲役または下限が三年以上の懲役です。一・五倍で処断するということになりますと、下限についてはその一・五倍ですから、四年六月の有期懲役になります。これに対して二四〇条の結果的加重犯、つまり殺意がないばあいの法定刑は、死刑または無期懲役です。結果的加重犯としての強盗致死罪のばあいは、下限は三年以上の有期懲役になってしまいます。しかし、これは、明らかに**刑の不均衡**です。なぜならば、**故意があるばあい**には、下限は三年以上の有期懲役になってしまいますが、これは**故意がないばあい**なのです。ところが、故意があるばあいの方が刑が軽いというのは、そこで、現在の**通説・判例**は、二四〇条は結果的加重犯としての強盗致死罪を当然、規定していますが、それよりも罪状の重い強盗殺人罪をも二四〇条が包含していると理解します。つまり、殺意がないばあいには**強盗致死罪**が、殺意があるばあいには**強盗殺人罪**がそれぞれ二四〇条の中に規定されていると解するわけです（大判大11・12・22刑集一巻八一五頁）。結果的加重犯でも、死刑または無期懲役という非常に重い法定刑が規定されており、それよりも罪状の重い強盗殺人が、当然、そこに含まれていると解しても不都合はありません。死亡について矛盾した**二重評価**を加えることもないのです。故意に死亡させれば強盗殺人罪として評価され、死亡の点について故意がなければ、強盗致死罪と評価されますから、二重評価を受けることもないし、刑の不均衡も生じません。

これに対しては、同じ条文の中に本来の結果的加重犯と発生した結果について故意を有する犯罪類型とを包含させるのはおかしいとの批判が加えられています。条文の形式は、通常の結果的加重犯のばあいには、「××をしたことによって重い結果を生じさせたとき」というような表現になっていますが、二四〇条のばあいは、形式的には結果的加重犯だけの規定形式とはなっていません。つまり、「強盗が人を死亡させたときは死刑又は無期懲役に処する」とあって、「**人を死亡させたときは**」となっていますので、これは故意によるばあいも含み得ますし、そうでないばあいも含み得るのです。

たしかに、同じ条文の中に、そのような両立できない犯罪類型を含めてよいかは問題とはなり得ますが、しかし、これは二四〇条だけの問題ではありません。前にも述べましたように、二〇四条の**傷害罪**は、暴行の故意で傷害の結果を生じさせたばあいも、最初から傷害の故意で傷害の結果を生じさせたばあいも、一つの条文の中に含んでいます。二〇五条もそうです。すなわち、暴行によって死亡させたばあいのほか、傷害行為によって死亡させたばあいをも含み得るわけです。したがって、これは何も二四〇条だけの問題なのではなく、他でもそういう例がありますから、有効な批判とはなり得ないことになります。

(3) 適用範囲

二四〇条全般の問題として、なぜ強盗致死傷罪の**法定刑**が重くなっているのか、という問題があります。その立法趣旨との関連で問題になりますのは、暴行・脅迫と致死傷との関連をどのように見るかという点です。「**強盗の機会**」に被害者が怪我《けが》をしたり、死亡したりすることが犯罪学的な類型として非常に多いので、それに対してより重い刑罰で臨んでその防圧を図るというのが立法趣旨です。

犯罪類型としての本来の観点からは、厳密に言いますと、暴行行為を加え、それが原因となって怪我《けが》をしたり、死亡したりするばあいが本罪の内容であり、これは非常に悪質な行為ですので、より重い刑で臨む必要があります。**人身の保護**を図るためには、財物を強奪する手段として暴行・脅迫を用いる行為に出る者に対しては、非常に重く処罰することによって、その犯罪を抑圧しようということになります。しかし、これは、何も**因果関係**があるばあいだけにあてはまるわけではありません。暴行・脅迫を加えて財物を強取するばあい、直接、その行為自体ではなくて、それに付随して、傷害あるいは死亡の結果が生ずることが結構あります。そのようなばあい、**人身に対する罪**としての側面を重視しますと、直接の因果関係を要求する必要はないことになります。要するに、強盗行為がおこなわれる時・場所において生じた傷害・死亡について、本条の適用をみとめてそれを鎮圧する必要がありますから、暴行・脅迫行為と致死傷の結果との間の直接的な因果関係を要求するのではなくて、結果が「**強盗の機会**」に生じたものであれば足りるはずです。そこで、**通説・判例**は、このように解することによって、その適用範囲を広げていることになります。

本罪は、**人身に対する罪**として、刑事学的・犯罪学的な観点から設けられた特殊な犯罪類型ですので、適用範囲をそこまで広げてもけっして不都合ではありません。このような観点から、直接、因果関係があるばあいに限定しないで、その強盗行為の手段としての暴行に付随して生ずる結果については、「**強盗の機会**」におこなわれたものとして二四〇条の適用をみとめることができるのです。

しかし、適用の範囲を広げすぎますと、二四〇条の**法定刑**は非常に重いわけですから、あまり**関連性**のないものについてまで適用することとなって、妥当ではありません。そこで、「**強盗の機会**」の要件を厳密に限定する必要があります。たとえば、強盗の行為をおこなっている段階で、仲間割れが生じて、強盗犯人同士が殴り合いの喧嘩《けんか》になって仲間を殺してしまったばあいに、これが適用されるのか、が問題になります。二四〇条が問題にしているのは、そのような強盗の主体同士の関係ではなくて、強盗行為者と被害者との相互関係ですから、強盗の機会においてなされた行為であり、かつ、少なくても被害者に向けられた当該強盗行為と、性質上、通常、**密接な関連性**をもつ行為によって発生する必要があるという限定を付すべきです。このような限定を付することによって具体的に妥当な結論を導くことができます。

⑦ 強盗予備罪

二三七条は、「強盗の罪を犯す目的で、その予備をした者は、二年以下の懲役に処する」と規定しています。**強盗予備罪**の事案は、実際上、結構、あります。強盗の目的で凶器を持っている者が、本罪でよく逮捕されたりします。
一般論として**予備罪の中止犯**をみとめるかどうかが問題になります。予備の中止犯をみとめないばあい、強盗予備は二年以下の懲役ですから、**刑の不均衡**が生じます。そこで、刑法総論の見地から、不均衡を避けるために、中止犯規定の類推適用ないし準用をみとめるべきであると解されているのです。

第*16*講　詐欺罪／恐喝罪

1 意　義

詐欺罪と恐喝罪の条文は、「三七章　詐欺及び恐喝の罪」の中に規定されています。二四六条が**詐欺罪**の条文ですが、一項は、「人を欺いて、財物を交付させた者は、十年以下の懲役に処する」と規定し、二項は、「前項の方法により、財産上不法の利益を得、又は他人にこれを得させた者も、同項と同様とする」と規定しています。**人を欺く行為**は、要するに、人をだますことです。人に嘘ないし虚偽のことを言って相手の判断を誤らせる行為が、欺く行為にほかなりません。

恐喝罪を規定する二四九条一項は、「人を恐喝して財物を交付させた者は、十年以下の懲役に処する」と規定し、二項は、「前項の方法により、財産上不法の利益を得、又は他人にこれを得させた者も、同項と同様とする」と規定しています。

「**交付させた**」ことは、詐欺罪でも恐喝罪でも要件となっています。両罪とも、一項が**「財物を交付させる」行為**を規定している点が共通しています。前に財産犯の分類のところで**交付罪**と表現しましたが、これがまさにそうです。両罪の違いは、「欺いたか」それとも「恐喝したか」という**行為の態様**にあります。つまり、「欺いて財物を交付させる」ことと「恐喝して財物を交付させる」ことという点に違いがありますが、いずれも「交付罪」としての側面をもっていますので、同じ章の中に規定されているのです。

恐喝罪のばあい、**暴行・脅迫**が手段となりますが、これを手段とする犯罪類型としてほかに**強盗罪**がありますので、その違いを明らかにする必要があります。両者は、反抗の可能性の程度に差があるのです。すなわち、強盗罪のばあいは、**反抗を抑圧**されて抗拒不能になったことが必要とされます。これに対して恐喝罪のばあいには、**畏怖心**を生じたにすぎず、反抗がまだ抑圧されていない程度で足ります。ただし、恐喝罪においては、財物を交付するという**処分行為**が要求されるのに対して、強盗罪においては、財物を**強取**《ごうしゅ》したことで足り、交付させる処分行為を必要としないのです。強盗においては、相手の反抗を押さえ込んだうえで財物を取得しますから、**形式的には**交付という外形をとったとしても、実質的には相手から無理やりに財物を奪い取ったことになりますので、強取《ごうしゅ》という表現が使われます。これに対して恐喝においては、あくまでも「任意性」が要求され、「**任意の処分行為**」に基づく取得行為（喝取）が要求されます。このように強盗のばあいには、処分行為はいらないことになります。

ところで、**詐欺罪**は、前にも述べましたように、交付罪ですから、「任意性」のある処分行為が必要です。このばあいには、錯誤がありますので、**錯誤に基づいて**瑕疵《かし》のある処分をおこなうことになります。このように、詐欺罪と恐喝罪は、任意性はあるが瑕疵《かし》がある処分行為を共通してもっています。詐欺罪と恐喝罪については、つねに共通の部分と違う部分を明確に意識するようにしてください。そうしますと、問題点がすぐに分かりますので、一々全部覚える必要はありません。交付罪の共通項を明確に知っていれば、一つを覚えますと、二つも三つも覚える必要はないわけです。

② 詐 欺 罪

(1) 欺く行為

詐欺罪においては、人を欺いて錯誤に陥らせることが、「手段」としての行為となります。相手方に対して虚偽の事実を述べて、それによって**錯誤**に陥らせて判断を誤らせ、その相手方の誤った判断に基づいて**財物の交付**を受けるばあいが、一項詐欺罪です。二項詐欺罪は、財産上、**不法の利益を得、または他人に取得させる罪**です。したがって、詐欺罪においては、欺く行為と財物の取得または財産上の利益の取得との間に、「**因果関係**」がなければなりません。つまり、欺く行為によって、錯誤に陥って処分行為がなされて交付を受けるわけですが、それぞれについて因果関係が必要とされるのです。これが欠けているばあいには、詐欺罪は未遂となります。

相手方を騙（だま）すことを内容とする「欺く行為」は、通常は**作為**によっておこなわれます。しかし、例外的に、「**不作為**」によるばあいもあり得るので言動をして、それによって錯誤に陥らせるわけです。積極的に相手を騙す言動をして、それによって錯誤に陥らせるわけです。「**告知義務**」に違反するばあいが、その例にあたります。ある人がすでに錯誤に陥っているばあいに、真実を告知すべき義務があるにもかかわらず、その義務に違反したばあいが、そうであり、たとえば、ある人がすでに錯誤に陥っているばあいに、真実を告知すべき義務があるにもかかわらず、告知しないでそのまま黙っていて、錯誤を解消させるために真実を告知すべき義務があるにもかかわらず、その義務に違反したばあいが、そうであり、交付を受けるのが、不作為による欺く行為です。

判例上、法律上の告知義務違反になるとされた事例を見てみましょう。たとえば、被保佐人が被保佐人であることを黙って、金銭を借り受けるばあいや被保佐人であるにもかかわらず、相手方が完全な行為能力者であると錯誤に陥っているのに乗じて、法律行為をおこなって、財物の交付を受けるばあいがあります。相手方が、被保佐人ではないと錯誤に陥っているばあいには、法律上は、自分は被保佐人であることを告知しなければなりません。したがって、錯誤に陥ったのに乗じて処分行為、つまり交付行為をさせるばあいには、不作為による欺く行為がなされたことになります。また、抵当権の設定登記のある不動産を、そのことを告げないで売却するばあいも同じです。最初から「抵当権はついていません」と言えば、これは**作為**による欺く行為ですが、そうではなく、相手方が抵当権がないと思い込んで買うばあい、抵当権付きであることを告知する義務があるものについては、これは**不作為**による「欺く行為」ということになります。

欺く行為は「**人**」に対してなされる行為です。人を欺くことに意味がありますから、**機械**を欺くことはできない以上、機械に対する詐欺罪はあり得ません。たとえば、自動販売機などに、コインに類するものを入れて、中の物を取り出す行為は、詐欺罪ではなくて**窃盗罪**です。自動販売機を設置した者の意思に反して、その中の財物の所持を奪ったことになりますから、これは窃盗であって詐欺ではありません。

詐欺罪の成否が問題になるのが、いわゆる「**キセル乗車**」です。キセル乗車のばあい、正式に入手した切符で途中区間を不正に乗車し、正式に取得した定期あるいは乗車券を示して降車駅の改札を出ていく行為が、詐欺罪を構成するかどうかが問題になります。キセル乗車として問題になるのは、定期券や乗車券を見せて通るばあいですから、有人の改札係がいるばあいに限られます。詐欺罪の成立を肯定するのが**判例・通説**ですが、これをどのように根拠づけるかが問題になります。これについては、後で詳しく見ることにします。

詐欺罪において**処分行為**が必要かどうかについては、必要説が**通説・判例**となっています。その処分行為の内容は、財産犯としての問題ですから、財産上の処分行為ということになります。財物の交付も、ここでいう財産上の処分行為にあたるのです。

(2) 無銭飲食・無銭宿泊

詐欺罪の特殊問題として無銭飲食と無銭宿泊についてお話しします。

無銭飲食と無銭宿泊の被害金額は、実際上は大したことはないのですが、理論的にどのように説明するかが難しいのです。金がないのに金があるように装って飲食行為に及ぶ形態を犯罪として構成するばあいに、どういう問題をクリアーしなければならないかが焦点となります。実際上、ささいなものであるから、理論的にも大したことはないということにはなりません。**理論の変形**として出てくる部分がよく論点になりますが、それはなぜかと言いますと、原理・原則を聞くためには、**例外現象**を通して原則にたどりつく作業を判定できる問題形式によるのが、最もよいからなのです。なぜならば、例外現象について問題点を述べさせる設問は、裏を返せば、「原則は何か」を聞いていることになるからです。そこで、例外を通して問題点を明らかにして、それとの関連で原則からそれをどういう形で処理していくのか、という構成をとります。「詐欺罪の要件を述べよ」という問い方ではなくて、限界事例を問うことによって、詐欺罪の要件論を吟味させるような問い方をします。これが法律学の設問の特徴です。限界線上の問題点を問えば、必ず原理・原則に触れざるを得ませんので、それをきちんと理解しているかどうかを問うことになるのです。こういう発想が分かりますと、試験に強くなりますから、こういうパターンで勉強をしておいてください。**限界事例**がいろいろな場面で出てくるのは、そういう理由からです。

このような観点から、まず**無銭飲食**を例に考えることにします。無銭飲食の**行為形態**には二つあります。一つは、**最初から**無銭飲食をする意思で、つまり、金がないことを最初から知っていながら、レストランに入って店員などをだまして飲食して、そこから逃げ去る行為形態です。もう一つは、レストランに入ったときは金があると思い込んでいたが、いざ**支払う段階で**、財布を持っていないことに気がついて、嘘をついてその場から逃げる行為形態です。第一の行為形態においては、最初からだまして、相手方に注文して料理を交付させる部分が、**一項詐欺罪**になります。刑法上、料理は「財物」という扱いを受けます。金がないにもかかわらず、それがあるように装って、その財物である料理を交付させるという構成をすることになります。

これに対して第二の行為形態においては、最初は財布を持っているつもりでレストランに入って料理を注文してそれを食べたわけですが、財物の交付を受けた時には金はあるとおもっていますから、だます意思はなく、欺く行為は存在しません。財物の交付を受けて後、金がないにもかかわらず、支払うかの外観を作っている部分が「**欺く行為**」です。そして「**処分行為**」の対象は、代金です。代金の支払い債務を免れる部分が、不法に利益を得たことになります(二項詐欺罪)。「欺く行為」をどのように捉えるか、が一つの問題です。次に、欺く行為による「処分行為」をどういうものとして捉えるかが次の問題です。この二つの要件が、無銭飲食における詐欺罪の議論です。この部分を早くつかんでください。

まず一項における「**欺く行為**」は、金がないにもかかわらずあるかのように装って、財物の交付を受けようとする部分です。その「欺く行為」は**作為**なのか**不作為**なのかが、ここで問われます。それはなぜかと言いますと、このばあい、行為者は積極的に相手をだまそうとする行動をとっていないからです。詐欺のばあい、相手方に嘘をついて錯誤に陥れ、それに基づいて財物の交付を受けるのが**基本形態**です。しかし、無銭飲食の第一の行為形態のばあいは、自分は金を持っていることを積極的に相手に言って嘘をついているわけではありません。さも金があるかのように装ってレストランに入って来て注文しているだけなのです。注文するときに、金を持っていないのに持っていることを示す作為があるという捉え方をすれば、ここで作為による「欺く行為」があると理解することも不可能ではありません。しかし、積極的にだましたわけではありませんから、相手方が金を持っていると誤信しているのに、金がないことについて「告知しなかった」という不作為を問題にすべきなのです。そこで、告知すべき作為をしなかったという不作為として理論的に構成しなければならず、**告知義務**を前提とせざるを得なくなります。しかし、作為義務としての告知義務を議論できるかは問題です。

この点について**通説**は、これは不作為ではないと考えています。なぜならば、食事に行ったばあいに、わざわざ「金を持っていますよ」というように、いちいち告知する義務を社会通念上、負っているわけではないからです。代金を支払える人がそこに入って行って注文するというのが、社会的、一般的な慣行になっています。「私は金を持っています。だからこれを下さい」というような形で告知する義務を課するのは不自然であり、社会的におかしいと考えられますから、そのような告知義務をみとめるべきではありません。したがって、これを不作為犯として構成するのはおかしいと言えます。

そこで、通説は、**作為**だと考えるのですが、どの点が作為なのかが問題となります。金がないにもかかわらず、あるかのように装ってレストランに入って行って注文をしている部分が、作為ですから、このような作為によって相手方が正規な客として誤解して、その錯誤に基づいて財物である料理を提供して交付していますので、一項詐欺罪が成立すると解されるのです。

それでは二項詐欺罪のばあいは、どうなのでしょうか。二項詐欺罪は、相手を欺いて処分行為をさせる必要があり、債務のばあいは「**債務の免除**」が大きな意味をもちます。すなわち、債権者が債務を免除することによって、相手方は不法な利益を取得することになります。債務の免除がみとめられれば、「欺く行為」に基づいて「債務を免除する」という「**処分行為**」をしたことになるのです。はたしてその要素があるのかが問題になります。

欺く行為があったのかという点に関して、金がないことに気がついて、店の人のすきを見て、こっそりその場から逃げ去ったばあいの扱いが問題になります。このばあいには、「欺く行為」は存在しませんし、「処分行為」も存在しませんから、二項詐欺罪にはあたりません。だましたのではなく、逃げてしまっただけの話ですから、刑法上は詐欺罪の罪責を問うわけにはいきません。

欺く行為が存在し得るばあいとして、たとえば、「友人が表に来ることになっているから」とか、「電話をかけて連絡をとるから」とか**嘘を言って**店外に出るような事例が挙げられます。このように嘘をついてその場から出て行ったばあいは、すきを見て逃げたばあいとは違います。嘘をついていますから、それは欺く行為と言えます。そのように言われて店のオーナーが「いいでしょう」ということで、その場から出て行くことを許可するばあい、そこから出たことによって、「事実上」、支払い債務を免れる事態が生じます。これが、「**処分行為**」と言えるかどうかが問題です。店の人が、電話をかけるために店外に出ることを許可したことが、はたして不法な利益を生じさせる「処分行為」、つまり「**債務免除**」の意思表示としての処分行為にあたるかどうか、が争点となります。つまり、この部分を法律的にどのように評価するかが問題となるわけです。この点については、本来の「債務免除」であれば、債務の存在を知ったうえで、その債務を免除することを明らかにして、相手方にその債務の消失を生じさせるのが原則形態です。債務免除によって相手方が利益を得るわけですから、その債務の存在を認識したうえで、それを自ら放棄することによって消滅してしまうことを知っていておこなうというのが、本来の原則です。ところが、このばあいには、店から出て行って友人に会うこと、または電話をかけることをみとめているにすぎないのであって、「あなたはお金を払わなくていいですよ」という趣旨の処分はしていないのです。そのような処分行為がないのであれば、これは詐欺罪にはなりません。処分行為がない以上、処分行為に基づく不法な利得とは言えなくなって詐欺罪にあたらないという判断をせざるを得なくなります。しかし、はたしてそうなのでしょうか。

このばあいには詐欺罪が成立すると解するのが、**通説・判例**の立場です。これをどのように論証するかが問題となります。「欺く行為」に基づく「処分行為」の存在をどのように説明するのかに関して、多数説は、「**無意識的な処分行為**」という概念を提示しています。つまり、債務の免除を意識的にではなくて、無意識的におこなっていると説明するわけです。無意識的な事実上の行為によって債務の消滅を生じさせるような事態を惹き起こしていれば、処分行為があるとされることになります。無意識のうちにそのような状況を作り出していれば、**事実上の支払い免除**がみとめられるのであって、法的な意思表示としての債務免除は必要ではありません。そして、「事実上の債務免除」は「**無意識的な処分行為**」として説明できます。

わたくしは、無意識的な処分行為という概念をみとめる多数説の立場を支持しています。このばあいには、店外に出ることが、**事実上、債務を免れる**ことを意味します。行きつけの店であれば、店外に出ただけでは事実上、債務を免れたとは言えません。馴染《なじみ》の店であれば、「財布を忘れたから明日にでも払う」という形で許可を求めるはずです。ところが、そうでない店においては、その場からいなくなることによって、支払を求めることができなくなってしまいますので、事実上、債務を免れる事態が生ずるのです。

これを前提にすれば、**無銭宿泊行為**も同じように処理することができます。宿泊のばあいはサービスの提供を受けたり、飲食物の提供を受けたりする点に違いがあるだけで、一項、二項はまったく同じ扱いになります。

(3)　つり銭詐欺

これもみみっちい話です。つり銭を詐取する行為は、日常的な感覚では非常に小さな話ですが、これを理論的に詐欺罪の成否を議論しますと、けっこう難しい問題となります。

つり銭詐欺とは、つり銭が余分であるにもかかわらず、そのまま余分にもらったつり銭を自分のものにしてしまうというケースです。たとえば、五千円札を代金として渡したところ、店員が一万円札と勘違いして余分にお釣りを渡したようなばあいです。その店員が錯誤に陥って交付した余分なお金を受領することは、民法上は**不当利得**となります。この不当利得の部分をそのまま自分のお金にしてしまう行為は財産犯を構成するのかが問題となるわけです。

これについても**行為形態**が分かれ、その行為形態によって成立する犯罪が違うことになります。**第一**は、金を渡してお釣りをもらう時点で、店員が五千円札と一万円札を取り違えていることを知りながら、そのままレジでお金を受け取るばあいです。**第二**は、最初は気がつかないでお釣りをもらって店外に出たが、後で計算したら余分であることに気がついたにもかかわらず、そのまま返さなかったばあいです。**第三**は、後になって気づいた店員から「余分に渡してしまったから、返してほしい」旨の請求を受けたにもかかわらず、受け取っていないと嘘をついて返還をしなかったばあいです。この三つの形態があり、それぞれに応じて成立する犯罪の種類が違います。

第一のばあい、相手が余分なつり銭を渡そうとしている場面で、余分であることを知っていながらつり銭の交付を受ける行為は、明らかに**一項詐欺罪**にあたります。財物としての余分な金銭の交付を受けていますので、一項詐欺罪です。このばあい、交付を受ける者はだまそうとしているわけではありません。積極的に作為で店員を錯誤に陥れたという関係は存在しませんが、店員が錯誤に陥り、その錯誤に陥っている人の行為に基づいて、余分の金が交付されようとしている事態において、それをそのまま受け取る行為を問題にすべきなのです。そのまま受け取るのは、錯誤に陥っていることを告知をしないでそれを受け取っている部分を、「告知をしない」という不作為として問題にするわけです。告知をしないでそのまま受け取るのが、**不作為による詐欺罪**です。つまり、告知をすれば、錯誤が解消できるにもかかわらず、錯誤に陥っているのを利用して、財物である余分な金を交付させたという構成になります。この告知しない不作為を問題にするには、**「告知義務」**が存在することを論証しなければなりません。つまり、不真正不作為犯としての詐欺罪の成立を肯定するためには、「作為義務」としての「告知義務」を論証する必要があるのです。**判例・通説**は、民法上の信義則に基づく告知義務による論拠付けをして、一項詐欺罪の成立をみとめていることになります。

第二のばあいにおいては、つり銭の交付を受けた後に、それが余分であることに気がついて、そのまま自分のものにしていますが、これは、だまし取っているわけでもありませんし、返金の請求を受けているわけでもありませんので、相手をだまして債務の免除を受けたという関係も存在しません。余分に自分の手に渡ってきたつり銭は、**遺失物（占有離脱物）**です。つまり、相手方の意思に反して、占有を離れた物（占有離脱物・遺失物）ですから、それをそのまま自分の物として使うのは、**遺失物（占有離脱物）横領罪**を構成することになります。占有離脱物というのは、もともと占有者の意思に反してその所持が離れた物を意味します。これについては、二五四条が「遺失物、漂流物その他占有を離れた他人の物を横領した者は、一年以下の懲役又は十万円以下の罰金若しくは科料に処する」と規定して、横領行為にあたる旨を規定しています。

第三のばあいは、余分なつり銭を受け取った者に対して返還請求をしたばあいであり、余分に渡った分については、不当利得として返還義務が生ずるにもかかわらず、それを相手方が要求したのに対して、余分に受け取ったことはないと嘘をついて相手方をあきらめさせていますので、**二項詐欺罪**になります。つまり、債務があるにもかかわらず、相手が嘘をついたことによって、事実上の支払いを免れた点が二項詐欺罪を構成するわけです。

(4) キセル乗車

日常、ひんぱんにおこなわれている**キセル乗車**を刑法的にどのように捉えるかということになりますと、これもまた難しくなります。キセル乗車とは、鉄道の一定の区間（A駅～D駅）を乗車する際、乗車駅（A駅）から最寄り駅（B駅）までの乗車券または定期券などを購入し、それで改札口を通過して乗車し、あらかじめ所持している定期券などを呈示して、下車駅（D駅）の集札口を通過することによって、**中間地点**（B駅～C駅）を**無賃乗車**して財産上、不法の利益を取得することを言います。

この不法の利益を取得したことが詐欺罪にあたるかどうかが、問題になりますが、**誰**をだまして、**どういう利益**を、**どういう形で取得**したか、がポイントです。詐欺罪の基本的要件は、「欺く行為」によって錯誤に陥り、その錯誤に基づいて「処分行為」がなされることです。したがって、キセル乗車のばあい、いったい誰を欺いて錯誤に陥らせたのか、その錯誤によって、誰がどういう内容の処分行為をしたのか、を論証しなければなりません。

まず、**乗車駅のA駅の改札係の駅員**をだましたという構成が考えられます。だましてどういう不法な利益を得たかと言いますと、電車に乗って、B・C間の**輸送のサービス**を受けたことが、処分行為によって得た利益であるとされます。つまり、駅員をだまして**鉄道会社**を錯誤に陥らせて、その会社のサービスを受けたことになりますから、これは一項詐欺罪ではなくて二項詐欺罪となります。すなわち、本来は運賃を払ってサービスを受けるべきものを、運賃を払わずにサービスを受けた点で、不当な利益を得たとされるわけです。

キセル乗車のばあい、欺く行為と処分行為が必要とされますから、当然、人が対象となります。人をだまして人による処分行為を受けることが前提です。現在、**自動改札**が増加しつつあり、完全に自動改札になったばあいには、無人になってしまいますから、機械に対する詐欺罪は意味を失ってしまいます。今は過渡期であり、これはいずれ全面的な自動改札化によって消えてしまう問題と言えます。しかし、現実にはまだ有人改札がありますから、解決が要求されています。

駅員をだましてサービスを受けるとしても、駅員自体をだましてサービス主体としての会社が欺く行為によって錯誤に陥るという構成には問題があります。正当に得た切符自体が有効である以上、それを使用する行為は適法ですから、この部分をどのように評価するかも問題です。これらをうまく説明できないため、この説は少数説にとどまっているのです。

下車駅における詐欺罪の成立を考えるべきだとするのが多数説です。わたくしもこの**下車駅説**を採っています。この説によれば、有効な定期券を示して改札口から出ていく部分が、**欺く行為**とされます。つまり、有効な定期券を示すことによって、代金を支払っているかのように装っているために錯誤に陥った駅員が改札口から通過させる行為は、無銭飲食のばあいと同じように「**無意識的処分行為**」なのです。その駅から客として出て行ってしまいますと、探し出して代金の差額を徴収することは、**事実上**、できませんから、駅員はこのばあいも無意識的に事実上の処分行為をおこなっていることになります。無意識的な処分行為によって、ほんらい支払うべき差額分をだまして支払いを免れていますので、**二項詐欺罪**を構成するのです。

(5)　訴訟詐欺（三角詐欺）

次に訴訟詐欺ですが、これは**三角詐欺**と言われる問題です。三角詐欺はクレジットカードについても問題となります。

Aが、Bとの間にほんらい何の債務・債権もないのにもかかわらず、Bに対して債権があるとして虚構の事実を基礎にして裁判所に申し立てて支払いを求めるばあいに、**訴訟詐欺**が問題になります。たとえば、Aが、**虚偽の契約書**に基づいてBに対する支払いを命ずる判決を出してほしい旨の申し立てをして、支払いを命ずる判決を受け、Bの財産が強制執行を受けて、Aが利益を取得したばあい、だまされるのは**裁判所**であり、強制執行という形でBの財産権をAに移転させるのも裁判所です。つまり、裁判所は、**執行官**を通して強制執行によって財物の権利を移転させることになります。このばあい、錯誤に陥る者、つまり、だまされる者は裁判所を構成する裁判官であり、現実の財産上の被害を被る者はBです。通常のばあいには、AがBをだましてBから財物の交付を受けたり、財産上の利益を取得したりするのが原則形態であり、AとBの**二者関係**です。ところが訴訟詐欺のばあいは、裁判所を巻き込んで**三者関係**が生じますので、これを三角詐欺と言うわけです。

訴訟詐欺については詐欺罪は成立しないとする捉え方があります。この説によりますと、これは**詐欺罪の定型**にあてはまらないとされます。民事裁判においては**形式的真実主義**が採られ、刑事裁判では、**実体的真実主義**が採られます。形式的真実主義が採られている民事裁判においては、当事者が提出した証拠だけに基づいて事実認定がなされ、さらに当事者がみとめた事実はすべて真実とみなされます。現実の事実関係とは違っていても、証拠がある以上は裁判所はそれに拘束されますから、形式だけで真実が決まるわけであり、これを当然視するのが形式的真実主義です。これに対して刑事裁判のばあいは、捜査機関が現実に犯人かどうかを厳密に捜査して、収集した証拠に基づいて真実を明らかにしていくのです。民事裁判においては、証拠が整っていて相手方の反証がない限り、裁判所はそのとおりの事実を認定しなければならないわけですから、裁判所はだまされていることにはなりません。

もう一つの論点は、強制執行によって財産権がBからAへ移転しますが、これは**任意に**BがAに交付したことにならないはずであることです。そうしますと、裁判所が欺かれたわけでもないし、交付行為もありませんので、詐欺罪の要件を具備していませんから、詐欺罪は成立しないとされます。

これに対して**判例・通説**は、詐欺罪にあたると解しています。形式的真実主義に下においても、やはりAが裁判所に対して、虚偽の事実を申し立てて証拠によってその事実を裏付けているにしても、これは**実体**としては明らかに虚偽ですので、裁判所をだましていることになります。個々の**裁判官**にしてみれば、たしかに、形式的真実主義に拘束されますから、だまされていないと言えなくはないのですが、国家機関である**裁判所**と**当事者**との関係という観点から見ますと、明らかに裁判所は錯誤に陥っており、当該事実が存在しないにもかかわらず、存在すると考えて、現実に裁判をしそれを執行している以上、**実体**を見れば、明らかにこれは第三者をだまして被害者の財産をAに移転させていることになります。この部分は国によって強制的になされるにしても、適法な執行行為ですから、Bの処分行為として評価することができるのです。適法な処分行為としての性質をもっている以上、任意性がないとして**詐欺行為の定型性**を否定することはできません。中身に即して言いますと、Aは裁判所をだまして、Bの財物の交付を受けていることになりますから、だまされる者と、処分権者と処分行為をおこなう者が分かれていても、実体として詐欺罪の構成要件が充足される以上は、詐欺罪の成立をみとめてもけっして不当ではないことになります。これが訴訟詐欺にほかなりません。

(6) クレジットカードの不正利用

同じ三角詐欺の関連で出てくるのが、**クレジットカードの不正利用**という問題です。クレジットカードを悪用して、財物の交付を受けて、それを処分して現金を取得する形態や他人のクレジットカードを使って同じような手口で財物を取得する形態を、詐欺罪としていかに構成していくかが、問題になります。このばあい、だまされる者、現実に交付を受ける者、クレジット会社の**三者関係**が生じます。

クレジットカードを利用するばあい、現金を使わないで商品を購入した後に、代金を取引銀行で引き落とすことになっています。すなわち、まず物品を販売する店から商品を受け取り、その販売店がクレジット会社にクレジットカードによる代金の請求をして、クレジット会社が代金を**立て替え払い**をし、その**立て替え払い**について、後からその会員、つまり商品の購入者の口座から相当額が引き落とされるというシステムになっているわけです。支払い能力ないし支払い意思がない者が、そのクレジットカードを利用して商品を購入するばあいに、詐欺罪が成立するのかどうかについて、見解の対立があります。さらに、詐欺罪の成立を肯定する説においても、**一項詐欺罪**が成立するのか、**二項詐欺罪**が成立するのかについて争いがあります。また、一項詐欺が成立するとしても、誰について詐欺罪が成立するのか、その商品それ自体なのか、金銭なのかについても、争われているのです。

わたくしは、加盟店に対する関係で、加盟店から購入した**商品**について、**一項詐欺罪**が成立すると解しています。つまり、その商品自体を詐取したと考えるわけです。すなわち、支払いにあたって、クレジットカードによる現実の決裁を受けることができないにもかかわらず、あたかも支払えるかのように装って購入した点において、一項詐欺罪が成立すると解することになります。

なぜ一項詐欺罪が成立するのでしょうか。商店は、通常の形態であれば、その購入者についてはクレジット会社から代金相当額を受けることができるのですが、つねにそうなるとは限りませんので、個々の利用者の**支払い能

力に重大な利害関係をもっている以上、その点について欺いたと言えますから、「欺く行為」に基づいて商品を取得したことになります。したがって、一項詐欺罪が成立すると解することができるのです。

これは**自己名義のクレジットカード**についての議論です。もっと一般的におこなわれるのは、**他人のクレジットカード**を偽造したり、いろいろな形で使ったりして、商品を購入した後、逃げてしまうばあいが多いのですが、理論的には一項詐欺罪の成立をみとめてもかまいません。

③ 準詐欺罪

準詐欺罪は、詐欺罪そのものではありませんが、**罪質**としては人をだまして財物を取得したり、不当な利益を得たりする形態に似ておりますので、詐欺に準じて扱われるわけです。これについては二四八条が、「未成年者の知慮浅薄又は人の心神耗弱に乗じて、その財物を交付させ、又は財産上不法の利益を得、若しくは他人にこれを得させた者は、十年以下の懲役に処する」と規定しています。

④ 電子計算機詐欺罪

昭和六二年の刑法改正によって**電子計算機詐欺罪**が、新設されています。二四六条の二は、「前条に規定するもののほか、人の事務処理に使用する電子計算機に虚偽の情報若しくは不正な指令を与えて財産権の得喪若しくは変更に係る不実の電磁的記録を作り、又は財産権の得喪若しくは変更に係る虚偽の電磁的記録を人の事務処理の用に供して、財産上不法の利益を得、又は他人にこれを得させた者は、十年以下の懲役に処する」と規定しています。これは、コンピュータについて、操作して詐欺的行動に出るばあいの処罰規定です。

5 恐喝罪

恐喝罪については、前に**交付罪**の一環として、暴力・脅迫を用いて相手を畏怖させて財物の交付を受けたり、財産上の不法の利益を取得する形態として説明しました。また、暴行・脅迫の「程度」の問題として説明しました。詐欺罪に関する一般的な取り扱いをベースに考えていけば、さほど難しい問題はありませんので、それを参考にしながら、**処分行為**の問題や**財産上の損害**の問題を考えるとよいとおもいます。

第*17*講　横領罪／背任罪

1 意　義

横領罪については、これまでにも**不法領得の意思**の観点からたびたび触れてきました。これは、占有を奪取する**盗取罪**に対して、行為者自身が有している**占有を濫用**することをとおして、占有している物について、所有権を侵害する犯罪類型として特徴付けることが可能です。したがって、その占有が誰に属するかによって、窃盗罪との限界付けがなされることになります。他人に占有が属する物を取れば窃盗罪ですが、自己に占有があるばあいには、横領罪の問題が生じます。占有が他人にも自己にもないばあいは、**遺失物横領罪**（**占有離脱物横領罪**）となり、法定刑が軽くなります。これは、**罪質**としては横領罪よりも、どちらかと言いますと窃盗罪に近くなります。つまり、横領行為は、自分の持っている占有を濫用するという側面があるのに対して、遺失物横領罪は、誰の占有にも属していない物を取得するという側面がありますから、形式的には窃盗罪に近くなっています。しかし、直接的な占有侵奪がありませんから、法定刑は軽くなるのです。

横領罪については、遺失物横領罪と通常の横領罪のほかに、さらに**業務上横領罪**という**加重類型**があります。二五二条が一般の横領罪で、単純横領罪あるいは委託物横領罪と言われる犯罪類型を規定しており、法定刑は五年以下の懲役です。二五三条は業務上横領罪を規定しており、法定刑は非常に重くなっています。窃盗罪と同じ十年以下の懲役です。

横領罪にはこのような三つの形態があることを、構成要件に即して明確に把握しなければなりません。

② 横領の意義

横領行為とは何かをめぐって学説の対立があります。この点について**通説・判例**は、**領得行為説**の立場に立っています。つまり、領得罪として横領罪を把握しますから、「**不法領得の意思**」の発現のある横領行為だけが処罰の対象になると解するわけです。

これに対して、**越権行為説**が主張されています。これは、横領行為を権限を超えた処分行為によって、自分が占有している物に対する所有権を侵害する行為として把握します。わたくしは、**不法領得の意思不要説**をとって領得罪の観念をみとめない立場に立っていますので、横領罪についても**越権行為説(不法処分説)**を支持することになります。つまり、他人の物を占有するばあいには、委託関係に基づいてそれを管理する権限が与えられており、その権限内で委託された保管行為をおこなっていれば、まったく問題はないのですが、その権限を越えて占有物に対して処分をおこなう行為が、横領行為として処罰の対象となります。したがって、処分行為がその委託された権限の範囲内にあるかどうかが、重要な問題になります。

越権行為説は、預かった物を壊す行為も、横領行為として扱います。なぜならば、受託者は、占有物の管理を委託されているにとどまり、**その物を壊す権限**は与えられていませんので、それを壊せば、当然、**越権行為**としての横領行為にあたるからです。領得行為説と越権行為説とは、この点に差があるのです。

横領罪は、行為者自身が有する**占有を濫用**する点に重大な特徴がありますので、その占有は、**事実的な占有**だけに限らず、その物についての**処分を可能にするような支配権**としてこれを把握することができます。したがって、「**法律上の支配**」ないし「**法律上の占有**」もここにいう占有にあたります。たとえば、不動産についての登記は、法律上の占有にあたります。したがって、他人から預かっている不動産が自己名義になっているばあい、その登記名義を利用して当該不動産を勝手に処分すれば、横領罪が成立します。この占有は、「**誘惑的な**」**占有**と言われるものです。他人の物を占有していることによって、その物を容易に処分することができますから、「勝手に処分してしまおう」という誘惑にかられることになります。誘惑にかられた行為ですから、他人の占有を奪い取ってくるばあいよりは**罪質の程度**が低いため、法定刑は軽くなります。つまり、占有が誘惑的ですから、それに負けた分だけ人間の弱さがみとめられ、罪質は軽いとされることになります。

③ 金銭などの代替物の他人性

他人の占有する物ですから、本来は特定物でなければならないのですが、代替物についても、それが他人の物と言えるかどうかが、議論の対象になるばあいがあります。もっとも大きな問題になるのは、**金銭**です。

金銭は非常に**代替性**が強いですから、たとえば、他人から一万円を預かり、一万円を返すばあい、預かったその一万円札それ自体を返すかどうかを問題にするのではなくて、要するに、一万円の金銭を返せばよいのです。すなわち、一万円の**価値**を預かって、その価値をそのまま金銭として相手に返すというのが、通常の形態であると言えます。そのばあい、特定した一万円札に意義があるのではありません。もっとも、例外的には、一〇〇万円なら一〇〇万円を「特定された」金銭として特定したまま預ける形態もあり得ます。そのばあいには、その金銭自体が「特定された物」になりますから、それを勝手に処分することは許されません。そうではなくて、ただ一〇〇万円を預けたばあい、その一〇〇万円に相当する金銭を返せばよく、その個々の一万円札の同一性を問題にする必要はないわけです。これは、金銭に強力な**代替性**があることから生ずる特殊性です。このように代替性があるばあいには、一般論として言えば、**価値**としての金銭の量だけを返せばよいことになります。

しかし、**民法**は、金銭に関して「**占有と所有の一致**」を要求し、金銭の占有が移れば、ただちに所有権が移転するとしますが、金銭の特殊な代替性の観点から、いちいち所有権を問題にしないのです。金銭を占有していれば、その者が所有しているものとして扱うわけですから、占有に重点が置かれているのです。しかし、刑法では、「**特定物**」として扱うことが可能であるばあいがあり、特定できないばあいには、代替性の範囲内でその委託の趣旨に従い、一〇〇万円なら一〇〇万円の価値をもつ金銭としての意味を有するにすぎませんから、他の一万円札による一〇〇万円の返還があれば足り、預かった金銭の「所有権」の侵害を考える必要はないわけです。このように、民法と刑法では観点が違いますから、取扱いに差が生ずるのです。

代替性の問題に関連して、特に争われますのは、「**一時流用**」の問題です。たとえば、一〇〇万円を預かっている者が、自己の債務の弁済日に、銀行が閉まってしまっていて夜間金庫も使えない状況の下で、その晩のうちにどうしても一〇〇万円が必要であるばあいがあります。銀行にはちゃんと預金があって、翌日、銀行に行けば引き出すことができるという状況において、預かっている一〇〇万円を流用したが、返済日に銀行から下ろして一〇〇万円を返還するのであれば、問題はありません。ところが、そういう当てがないのにもかかわらず、つまり、**返済できる確実な裏付け**がないにもかかわらず、それを一時流用の形で使用するばあい、これは横領罪になります。なぜならば、代替性についての担保がまったくありませんので、その点で価値を流用し、確実に返せるという保証がない限り、単なる一時流用としては評価できないからです。

有価証券や代金を取り立てて取得した金銭をそのまま持ち逃げする行為については、横領罪が成立し得ることになります。

ここでは、その金銭の所有権が誰に移転しているか、流用とか代替性とかをどのように説明するのかをつかんでおけば、十分です。

4 横領罪の未遂

判例・通説は、じゅうらい**領得行為説**の立場から、横領行為に着手すれば、領得意思が発現したただちに既遂になるので、横領罪については**理論上**、未遂はないと主張してきました。ところが、**越権行為説**を採りますと、越権行為をおこなう場面において、**越権行為が未遂**に終わる事態が生じます。したがって、理論上、横領罪の未遂があり得ることになります。この理屈は、領得行為説をとったとしても通用するはずです。なぜならば、領得意思が発現したとしても、なお、行為としては完成していないという事態があり得るからです。わたくしは、従前から理論上、横領罪についても未遂があり得ることを主張してきました。もちろん、これは不可罰ですから、領得意思の発現があればただちに既遂として処罰するのは行き過ぎです。横領については、理論上、未遂があり得るとしたうえで、その未遂は不可罰とすべきであると強調してきました。最近、この考え方がみとめられるようになってきました。たとえば、領得行為説を採りつつも、理論上、未遂をみとめる有力説も出現しています。

5 業務上横領罪

業務上横領罪については、さらに**身分犯と共犯**の観点からどのような取り扱いをすべきかについて説明しておきましょう。

横領罪のばあい、占有に基づいて保管義務が生じますので、その義務を有する人だけが横領行為をおこなえるわけですから、「占有者」であることは**真正身分**です。**判例・通説**も、これと同じ立場であり、二四二条の委託物横領罪は真正身分犯であることになります。業務上横領罪は、占有のほかに、さらに業務性が加わることによって刑が加重されますから、**不真正身分犯**です。この点も、学説・判例によってみとめられています。しかし、通常の不真正身分犯と違って、占有の部分は真正身分であって、さらに業務性が加わり、この部分が不真正身分なのです。これが意味をもちますのは、まったく占有を有していない者、すなわち**非占有者**の加功があるばあいです。つまり、まったく占有を有していない者が占有者に加功したばあいは、六五条一項で処罰されると説明できます。また、占有を有するが業務性のない者が加功するばあいは、六五条二項が適用されますので、問題はありません。

ところが、問題は、占有を有していない者（非占有者）が業務上横領行為に加担をしたばあいをどうするか、です。占有部分が「真正身分」ですから、この点については六五条一項を適用し、業務性は「不真正身分」ですから、この部分については六五条二項を適用すべきであると考えます。まず**六五条一項**によって「占有」の部分が補完され、さらに「業務性」が**六五条二項**によって補完されます。このように、一項および二項の適用によって、非占有者については通常の刑としての委託物横領罪の刑で処罰すべきことになります。この部分がここでのエッセンスです。これさえ分かっていれば十分であり、詳しい内容については刑法総論で学んでください。

⑥ 遺失物等横領罪（占有離脱物横領罪）

これについては、すでに触れてありますが、占有が離れているかどうかが、ここでのポイントです。

7 二重売買と横領罪

二重売買について、横領罪が成立するかどうかが問題になります。**二重売買**とは、たとえば、Aが、Bに不動産を売却したが、登記名義がまだAに残っていたのを利用して、さらにその不動産をCに売却したばあいを言います。第一の売買行為と第二の売買行為があり、最終的にはCに登記を移転させて登記を済ませたばあい、Aの罪責はどうなるか、が問題になるわけです。

民法の一七六条は、**意思主義**を採っていますから、二重売買においては意思表示があれば**所有権は移転**することになります。一七七条は、登記を**対抗要件**としています。所有権の変動は、意思表示によって生じますので、いわゆる物権行為を必要としないことになります。Aは、Bに対して、自分に登記のある不動産の売却の意思表示をしていますから、この時点で所有権はBに移転しますが、登記はAに残っています。このばあい、Bは、対抗要件を具備していない所有権を取得したことになります。所有権がBに移転したとしても、なお対抗要件がAに備わっている以上、さらにAが第三者Cに売却の意思表示をしたばあいには、この契約も有効であるとするのが民法上の扱いです。すなわち、**通説**は、どちらの売買契約も有効ですが、先に登記を済ませた方が対抗要件を具備しますので、未登記のBは、所有権を取得しているけれども、その所有権を登記権者であるCには対抗できないという扱いを受けるにすぎないと解しています。

Aの罪責について、従来の**判例**・**通説**は、次のように解しています。すなわち、このばあい、AがBに売買の契約をした時点で所有権はBに移転しますが、登記はAにある以上、**法律上の支配**としての登記が占有にあたり、この占有はなおAにありますので、Aは、他人であるBの不動産を占有し、その不動産を勝手に処分していますから、この行為は横領罪を構成するとされます。したがって、AがCに売却した時点で横領罪が成立することになります。しかし、この点について、わたくしは別の考え方をもっています。民法上、第一および第二の売買契約のどちらも取引行為として有効とみとめておきながら、第一の行為を横領罪として処罰するのは不当であると考えられます。つまり、取引上、民法では適法とされているものを、あえて刑法が犯罪行為として処罰するのはおかしいのです。わたくしは、判例・通説の捉え方は妥当でないと従前から主張してきました。

これは、民法の一七六条と一七七条との関係の問題と関連します。AがBに**売却の意思表示**をしただけで所有権がAからBに移転すると解するのは、たしかに一七六条の**意思主義**に忠実な理解であると言えますが、しかし、現実の取引会社においては、売買の意思表示だけでは所有権は移転していないという共通認識があるはずです。通常の不動産取引などを見てみますと、所有権が移転したと言えるためには、少なくても代金の支払いとか、登記に必要な書類や権利書、売買契約書などを一括してAがBに交付したとかの取引上の手続きがおこなわれたことが必要とされます。

このような考え方をとれば、**代金の支払い**と**移転登記に必要な書類の一括交付**、あるいは**現実の登記**があってはじめて所有権は移転することになります。たんに売買契約が成立しただけでは、所有権の移転は生じませんので、少なくてもBがAに代金を支払ったというような状況があるにもかかわらず、さらにAがCに売却したばあいに限って横領罪の成立をみとめるべきなのです。代金の授受または登記に必要な書類の一括交付などの**物権行為**がおこなわれた時点で、所有権の移転がみとめられるべきですから、その限度で横領罪の成立範囲が判例・通説よりも限定的となるのです。

Aの行為が横領罪を構成するばあい、さらに問題になるのは、Cについてなんらかの**共犯**が成立するのかという点です。理論上、考えられますのは、**横領罪の共犯**です。これに対して、**盗品等を有償で取得する行為**にあたると解する見解もありますが、これは理論上、理屈に合わないとおもいます。なぜならば、AがCに売却をした瞬間に横領罪が成立しますので、それを受け取る行為は横領にかかわっているのであって、横領行為によって得た物をさらに有償で取得することにはならないからです。したがって、横領罪の共犯として構成すべきことになります。共犯としては、教唆犯か、Aが積極的に売ってきたのでそれに応じたにとどまるとして幇助犯か、あるいは一緒に共謀しておこなったとして共同正犯のいずれかが成立します。

Aの行為が横領になれば、ただちに横領罪の共同正犯が成立するという考え方もあります。しかし、民法理論との整合性を考える必要があります。そのばあいには、民法上、取引行為として有効とされ、BとCの間は対抗関係として扱われます。Aに登記が移ったとしても、CがBに対抗できないばあいがあります。つまり、Cが「**背信的な悪意者**」であるばあいです。背信的悪意者は、民法上、所有権移転を対抗できませんから、このばあいについては、刑法上も同じように、有効的な取引関係として扱う必要はありません。その観点から、Cが背信的悪意者であるばあいに限って、横領罪の共犯を肯定すべきであり、そうでないばあいには、有効な取引をおこなったにすぎないとして、横領罪の共犯をみとめるべきでないと考えるのが妥当です。

8 背任の罪

(1) 背任罪の本質

背任罪の本質をどのように解するかについて、**判例・通説**は「**背信説**」をとっています。すなわち、相手方の信頼関係を裏切って任務に反する違反行為をおこなうのが、背任罪であると理解するわけです。これに対して**権限濫用説**は、代理権を濫用して義務違反の法律行為としての処分行為をおこなって相手方に損害を生じさせる行為として背任罪を特徴づけます。**事実行為**としての背任行為というのがあり得ますので、法律行為の代理権を問題にして代理権の濫用として狭く解するのは、本来的な内容の把握としては不十分ですので、わたくしは、背信説が妥当であるとおもいます。

背信説をとりますと、横領も、広い意味では背任行為となります。すなわち、横領は相手方から財物の委託を受けて占有したことによって信頼関係ができたにもかかわらず、その信頼関係に違反して、**権限逸脱行為**をおこなったことになりますから、これも背信的な行為には違いありません。そこで、背任と横領をどのようにして区別すべきか、が次の問題として出てくるのです。

(2) 背任罪と横領罪との区別

背任罪の**法定刑**よりも横領罪の法定刑の方が重いですので、背任罪となるか横領罪となるかは、実際上、非常に重要です。背任罪と横領罪の区別に関する学説として、まず、**権限濫用説**があります。これは、背任罪が権限を濫用しておこなわれる法律行為であるのに対して、横領罪は特定物または特定の利益を侵害する事実行為であると解する見解です。これに対して、横領罪を領得罪と解する見地から、自分が占有している他人の物を自分のために領得する行為が横領罪であり、そうでないばあいが背任罪であると解する説も主張されています。さらに、**行為客体**によって区別する説もあります。すなわち、自己の占有する他人の財物に対するばあいが横領罪であり、財物以外の財産上の利益に関するばあいが背任罪であると解するわけです。また、横領罪が委託物に対する権限を逸脱する処分行為、つまり**越権行為**であるのに対して、背任罪は、物の処分が本人のための事務処理として、行為者の**抽象的権限の範囲内**でなされたばあいであると解する説もあります。つまり、まったく権限外であれば横領罪であり、行為者の抽象的権限の範囲内における濫用であれば背任罪であるという分け方をするわけです。

この点についてわたくしは、横領罪を**権限逸脱**として捉える立場との整合性の観点から、最後の考え方が妥当であると解しています。つまり、**抽象的な権限の範囲内**における行為によって相手方に損害を加えるばあいが**背任罪**であり、その**権限外**の行為をおこなって相手方に損害を生じさせるばあいが**横領罪**であると構成するわけです。客体が物であるかどうかは、直接、関係なく、抽象的な権限があるかないかによって、背任と横領の区別が可能になると考えています。

(3) 背任罪の構成要件

背任罪の構成要件は、「他人のためにその事務を処理する者が、自己若しくは第三者の利益を図り又は本人に損害を加える目的で、その任務に背く行為をし、本人に財産上の損害を加え」ることです。

まず、本罪については、**主体**が限定されています。つまり、「他人のために事務を処理する者」だけが権限内で一定の義務を負いますから、本罪は**真正身分犯**です。「他人」とは、行為者以外の者を言い、自然人・法人のほか法人格のない団体を含みます。「事務」は、公的か私的かを問わず、また、継続的か一時的かも問いません。**財産的事務**に限るべきかどうかについては、見解の対立がありますが、本罪が財産罪であること、本人に財産的損害を加える前提としての行為であることから見て、財産上の事務に限られるとする見解が妥当です。財産的事務は、ある程度**包括的な内容**のものであることを必要とします。なぜならば、任務に背いた行為をおこなうという本罪の要件や、事務の処理という法文の用語は、たんなる個別的な事務を排除していると解すべきだからです。他人の事務を処理するについては、行為者とその他人、すなわち、本人との間に**法律上の信任関係**が必要です。つまり、行為者は、本人に対して、その事務を誠実に処理すべき法律上の義務を負っているわけです。信任関係は、**法令の規定・契約・慣習**に基づいて生じます。法令の規定によるものとして、たとえば、親権者(民八二四条)、後見人(民八五九条)、破産管財人(破七条)、会社の取締役(商二五四条三項)などがあり、契約によるものとして委任、雇傭、請負、寄託などにおける信任関係があります。

行為は、任務に背いた行為、つまり**背任行為**ですが、これについても捉え方がさまざまです。「**任務に背いた行為**」とは、本人との間の**信任関係を破る行為**、すなわち、本人の事務を処理する者として当然、おこなうべき法律上の義務に違反した行為を言います。義務に違反した行為かどうかは、**信義則**に従い、**社会生活上の一般通念**に照らして判断されます。たとえば、村長が、給与所得者に対する村民税の所得割の賦課《ふか》徴収にあたって、村条例の規定に違反して過少な賦課《ふか》徴収をおこなうこと（最決昭47・3・2刑集二六巻二号六七頁）、町村長・公共組合の理事長などが、その保管する公金を、正規の手続に基づかないで、その町村・組合など（本人）の名義で不当に貸し付けること（大判昭8・3・16刑集一二巻二七五頁、大判昭9・7・19刑集一三巻九八三頁）、銀行の取締役・支配人など金融機関の事務担当者が、回収の見込みがないのに、無担保または十分な担保を得ないで不良貸付けをおこなうこと（大判大15・9・23刑集五巻四二七頁、最決昭38・3・28刑集一七巻二号一六六頁）、会社の取締役が、監査役の承認を得ずに、自己の利益のために、会社から不法に金銭を借り出すこと（大判大14・6・19刑集四巻四二二頁）、会社の取締役が、配当すべき利益がないのに、いわゆる蛸《たこ》配当をすること（大判昭7・9・12刑集一一巻一三一七頁）などが、任務に背いた行為にあたります。投資や株式の売買のように、事務自体が投機的性格を帯びるいわゆる冒険的取引は、それが取引上の通念により許される範囲内のものであるかぎり、背任行為にはあたりません。

目的犯ですので、「加害目的」が要求されます。「自己若しくは第三者の利益を図り又は本人に損害を加える目的」です。その目的は、「**利得の目的**」か「**加害の目的**」のいずれかということになります。

そして背任行為によって「財産上の損害」が生じたことが客観的な要件として要求されます。「**財産上の損害**」とは、財産的価値の減少を意味し、既存財産の減少をもたらす積極的損害および得べかりし利益の喪失をもたらす消極的損害を含みます（大判大11・9・13刑集一巻四八三頁、最決昭58・5・24刑集三七巻四号四三七頁）。「財産」は、**全体財産**を意味します（最判昭28・2・13刑集七巻二一八頁参照）。したがって、一方において損害があっても、他方において、これに対応する反対給付があるばあい、差引ゼロとなって全体財産に損害はなかったこととなります。財産上の損害の有無は、法的判断ではなく、**経済的判断**によるべきですから、回収困難な不良貸付け、不当・違法な貸付けは、経済的価値の減少をもたらしますので、財産的損害を生じさせたことになります（大判昭13・10・25刑集一七巻七三五頁、前掲最決昭58・5・24）。質権その他の担保権の喪失は、それ自体が財産的損害となるのです（大判大13・11・11刑集三巻七八八頁）。

(4) 二重抵当と背任罪

これは**二重売買**と少し似ていますが、所有権の移転ではなくて**二重の抵当権の設定**ですので、内容が違います。まず、その違いを明確にする必要があります。たとえば、AがBから金を借りるために、Bに対して不動産に抵当権を設定するとします。抵当権がついていない不動産に最初に抵当権を設定したばあいには、一番抵当権であり、その後、Aは同一不動産にCに対しても融資を受けて抵当権を設定しますと、Cの抵当権は二番抵当権となります。B・Cのいずれも登記をしていないばあいには、互いに抵当権を対抗できないことになります。Aが、Bに一番抵当権を設定しておきながら、さらにCから融資を受けてCの抵当権を先に登記したばあいには、これが一番抵当権として登記されます。このばあいにAの行為は何罪にあたるのか、が問題になります。これが「**二重抵当と財産犯**」の問題にほかなりません。

このばあいには、「**抵当権の順位**」の問題が出てきます。本来ならば二番抵当権であったはずのCの抵当権が、Bの抵当権が登記されていなかったために、一番抵当権として登記されたばあいに、Bがもっていた一番抵当権は二番抵当権となって**順位の下落**が生じます。Cに抵当権の登記がありますから、Bは、Cに対して自分が一番抵当権者であることを権利として主張することはできないのです。この順位も**対抗要件**ですから、Bとしては二番抵当権に甘んじなければなりませんし、しかも二番抵当権として登記されていなければなりません。Bの抵当権が登記されていませんと、さらにＤに対して抵当権を設定し、それが登記されますと、Ｄの方が二番抵当権となって、ますます順位が下がっていくことになります。対抗要件としての登記が前提にあるからです。

二重抵当のばあいには、所有権の処分という事態は存在しません。所有権はあくまでもＡにありますから、所有権者としてＡは、抵当権を自由に設定する権利をもっています。したがって、二重売買と同じような意味で、横領罪は問題になり得ません。抵当権の設定によって「**順位の下落**」が生ずる点が問題にされます。

　このばあいに、Ｃに対して**詐欺罪**が成立するのであると解する考え方もあり得ます。大審院の判例は、当初、そういう考え方をとりました。つまり、一番抵当権があるのを隠してＢに抵当権を設定したのは、Ｃを欺いて抵当権を設定して融資を受けたこととなって詐欺罪になるという構成をしたわけです。しかし、これはおかしいのです。なぜかと言いますと、Ｃはまったく**財産上の損害**を受けていないからです。Ｃは、一番抵当権を取得していますから、被害者となるはずはありません。そこで、その後の**判例**は、詐欺罪ではなくて、Ｂとの関係において、Ａは背任罪になるという捉え方に変わりました。つまり、Ａとしては、Ｂに一番抵当権を設定しましたので、Ｂのために一番抵当権を確保しなければならない任務を負っているにもかかわらず、その順位を下落させるという形で、損害を加える目的をもって、Ｃに一番抵当権を設定していますから、利益を得る目的をもって、任務違反行為をおこなったという説明が可能になるのです。

　次に、Ｂの**順位の下落**がなぜ「**財産上の損害**」になるのかを考える必要があります。たとえば、抵当不動産の時価が一〇〇万円で、Ｃに対する債権が一五〇万円、Ｂの債権が一〇〇万円だとします。このばあいに、Ａが金を支払えないので、その不動産を競売にかけて、その代金で以て債権に充当することになりますと、この不動産は一〇〇万円の価値しかありませんから、一〇〇万円はこの一五〇万円分の充当として優先的にＣに払うわけです。Ｃとしては、五〇万円は損しますが、一〇〇万円は回収できます。これが第一抵当権者です。Ｂが二番抵当権者として登記していたとしても、債権の支払いを受けることは絶対にあり得ません。なぜならば、すでにCに一〇〇万円支払われてゼロになっているからにほかなりません。

仮に二〇〇万円の不動産で一五〇万円をCに返したというのであれば、Bは、Cが優先的に支払いを受けた残りの五〇万円について充当を受けられることになります。仮にBに一番抵当権があれば一〇〇万円をそのまま回収できたのです。それが二番抵当権に下落したことによって、半分しか受けられない事態が生じたことになります。一番抵当権を充足した残りを二番抵当権者が受け、さらに余りがあれば第三抵当権者が受けるというように、その順位によって充当される額が違ってきますから、「**順位の下落**」は、**経済的な損害**という決定的な意味をもつことになります。前に財産上の損害は、経済的な観点から見るべきだと述べましたが、抵当権としては、法律上、同じ権利であるとしても、順番によって経済的な価値が決定的に違いますから、ここで「**財産上の損害**」が生じたという構成が可能になります。

このように**二重抵当**は**背任罪**の構成要件を具備しますので、二重抵当については背任罪が成立するわけです。このばあいに、後から抵当権の設定をうけたCについて、**二重売買**で横領罪の共犯が問題になるのと同じように、「**背任罪の共犯**」の問題が出てきます。これについても、同じように「**背信的な悪意者**」に限って共犯が成立し得ると考えるのが妥当です。

第18講　盗品等に関する罪／毀棄および隠匿の罪

① 意　義

二五六条一項は、**盗品等に関する罪**の行為客体について「盗品その他財産に対する罪に当たる行為によって領得された物」と規定しています。これは、「盗品その他財産に対する罪に当たる行為によって領得された物」の回復追求権が**保護法益**であると解する**追求権説**によって、じゅうらい主張されてきた違法状態維持説は条文化したものであることになります。このような規定をおいたことによって、じゅうらい主張されてきた違法状態維持説は排除されてしまったと言えます。

二五六条一項に規定されている**行為類型**は、まず盗品等を**無償で譲り受ける行為**であり、これは三年以下の懲役に処せられます。二項においては、盗品等を**運搬する行為**、**保管する行為**、**有償で譲り受ける行為**、あるいは有償の**処分をあっせんする行為**は、十年以下の懲役および罰金刑が科せられることが規定されています。一項が三年以下の懲役であるのに対して、二項では十年以下の懲役か罰金の何れかとなるのですが、本罪は懲役刑と罰金刑がつねに科せられる点に特色があるわけです。通常のばあいには、懲役か罰金の何れかとなるのですが、本罪は懲役刑と罰金刑がつねに科せられる点に特色があるわけです。

基本的な行為としては、無償で盗品等を譲り受けたり、運搬したりする行為があげられます。**盗品等無償譲受け**とは、無償で盗品等を取得することです。**盗品等運搬**とは、盗品等を場所的に移転させることを言い、**盗品等保管**

とは、委託を受けて盗品等を保管する行為を言い、**盗品等有償譲受け**とは、盗品等を有償で取得することを言い、**盗品等処分あっせん**とは、盗品等の法律上の処分を仲介周旋することを言います。

② 親族に関する特例

盗品等に関する罪について、**親族間**で犯罪行為をおこなったばあいの処理について、二五七条一項は、「配偶者との間又は直系血族、同居の親族若しくはこれらの者の配偶者との間で前条の罪を犯した者は、その刑を免除する」と規定し、二項は、「前項の規定は、親族でない共犯については、適用しない」と規定しています。形式上、二四四条のばあいには、条項が三つに分かれています。これに対して二五七条は、一項は刑の免除を、二項は非親族の共犯をそれぞれ規定しています。これに対して二五七条は、一項は刑の免除を、二項は親告罪を、三項は非親族の共犯をそれぞれ規定しています。これに対して二五七条は、親告罪の規定が抜けている点が違いますが、その他の部分は似ていますので、これは親族相盗例とまったく同じ性質をもつものとして解してよいのかどうか、をめぐって見解の対立があります。すなわち、親族相盗例にかなり似ていますが、規定形式は**親族相盗例**と同じ性質をもつものとして解することにも、相当の理由があると言えます。このように解する立場は、「**法は家庭に入らない**」という法理がここでも妥当すると解しているわけです。

これに対して**通説・判例**は、親族相盗例とは別個の性質を有する規定と解しています。すなわち、**盗品等に関する罪**のばあいは、親族相盗例が、財産犯をおこなって得た財物について**事後的に関与する**関係がみとめられるのに対して、「**法は家庭に入らない**」という趣旨で設けられているのに対して、親族で犯人をかばうという性格が考慮されて得た財物について**事後的に関与する**関係がみとめられるときに、すなわち、親族が**本犯者をかばう**という側面を加味して、この問題を考えるべきであると捉えることになります。わたくしも、この点は判例・通説と同じような捉え方をしています。

本罪において、窃盗罪などの財産犯を「**本犯**」と言い、これを犯した者を「**本犯者**」と言います。そして本犯者と行為者が、盗品等に関する罪を犯すことになります。有償収受や運搬する行為をおこなう行為者が、本犯者に何らかの形で関与するわけですが、その**関与形態**の基礎にあるのが、**本犯者をかくまう**という側面です。本犯者をかくまう点で、これは単なる家庭内の問題の枠を超えます。すなわち、本犯を助ける形で関与する行為類型が親族間でおこなわれやすいので、それだけ情状としては軽くなると経験的に言えますから、この部分を刑の免除によって考慮するわけです。

これがただちに**要件論**に跳《は》ね返ってきます。すなわち、本犯者、本犯の被害者と行為者の三者が出てきますが、このばあいに二五七条の**親族の範囲**をどのように捉えるかが問題になるのです。**通説・判例**は、本犯者と行為者との間に親族関係を必要とすると解しています。本犯者に対して親族が事後的に関与して本犯者をかくまう形態と本犯者から利益を得る形態が考えられますので、この点が問題となります。

親族相盗例と同じであるとする捉え方は、被害者と行為者の間に親族関係が必要であると解します。すなわち、財産犯の被害者と盗品等の罪の行為者の間に親族関係があれば、「法は家庭に入らない」という趣旨から、刑の減免を考えるべきであるとされるわけです。しかし、わたくしは、**判例・通説**と同じように、本罪を本犯者に行為者が関与する形態として捉える以上、その要件もこの両者の間に存在すべきであると考えているのです。

刑の免除の性格についても、前に親族相盗例で話したのと同じ問題があります。すなわち、刑が免除される理由・根拠をめぐって、その法的性格、刑の免除の判決の性質についても前に話したのと同じような見解が主張されているのです。そして親族間の適用問題に関して、その適用のある**親族の範囲に関する錯誤**の問題が生じます。この点は、刑の免除の性質に関わりますから、親族相盗例と同じような処理が可能になります。

③ 毀棄および隠匿の罪

(1) 意　義

器物損壊罪は、器物毀棄罪ともいわれ、**毀棄罪**と**隠匿罪**とが包含されています。これは**財物罪**です。隠匿罪は、ほんらい財物罪ですが、刑法上、客体は**信書**だけに限定されています。一般的に財物を隠匿する事態も考えられますが、これについては規定がなくて、信書の隠匿にとどまっています。二六三条は、「他人の信書を隠匿した者は、六月以下の懲役若しくは禁錮又は十万円以下の罰金若しくは科料に処する」と規定し、客体が信書に限定され、しかも法定刑が軽くなっている点に特徴があります。これが他の毀棄罪の関連でどういう意味をもつのかが、問題になりますが、これについては後で触れることにしましょう。

(2) 犯罪類型

毀棄隠匿の罪は、「**行為態様**」によって毀棄・損壊行為と隠匿行為とに分かれます。

毀棄行為は、**客体**によって区別がなされます。

まず「建造物」等損壊罪があります。その行為によって死傷の結果が生じたばあいには、結果的加重犯として処罰されます。

次に、「文書」毀棄罪ですが、客体は、かつては文書だけでしたが、法改正によって電磁的記録が包含されることになりましたので、客体は「文書等」になります。さらに本罪は、**「私用文書」等毀棄罪**と**「公用文書」等毀棄罪**の二つに分かれるのです。

最後に、それ以外のものについては**器物損壊等の罪**が規定されています。その器物のなかには土地の境界を示す境界標も含まれるのですが、それについては特別罪として**境界損壊罪**が設けられています。これが毀棄損壊罪の犯罪類型です。

前にも触れましたが、客体が信書に限定される**信書隠匿罪**が規定されています。

ここで損壊、毀棄、隠匿という文言が出てきますが、それがどういう意味をもつのかが、問題となります。たとえば、二五八条の公用文書等および二五九条の私用文書等については、「**毀棄**」という言葉が用いられていますが、二六〇条の建造物等の損壊罪については「**損壊**」という言葉が用いられており、二六一条の器物損壊等の罪については「損壊」または「傷害」という言葉が用いられています。信書のばあいは、「**隠匿**」という言葉が用いられています。これらがどういう意味をもつのかという問題ですが、本質的には違いはなく、**語感の差**にすぎないとされているのです（通説）。

(3)　損壊概念

物を損壊する、物を毀棄するという言葉は、中身の問題として言いますと、「**物としての効用**」を害することを意味します。**判例・通説**では、「物の効用を滅却する」と表現することがありますが、要するに、その物が物としてもっている性質ないし利用価値、つまり、効用を失わせることを意味するわけです。この考え方は、**効用喪失説**と言われますが、「物としての効用」を失わせればよいわけで、必ずしも物理的な破壊、物理的な損壊を必要とするわけではありません。

一般に「物を壊す」というばあい、それを叩き割ったり、燃やしたりして物理的に破壊・破損する形態が多いのですが、**物理的な破壊**だけではなくて、心理的に使えなくするばあいや、文書についてその文書の中身に変更を加えて使えなくしてしまうばあいには、それがもっている「物としての効用」を失わされた点、あるいはそれを減少させられた点に、損壊としての特徴がみとめられます。たとえば、物自体は壊さないけれども、**心理的**にそれを使えなくした例として、大審院の明治四二年四月一六日の判決があります(刑録一五輯四五二頁)。これは、**飲食店の食器**を割ったのではなくて、それに放尿したというケースです。このばあい、物理的損壊・破損は生じていませんので、その食器を洗えば物理的には使えるのですが、「食器として使う」ことは心理的にはきわめて困難です。つまり、放尿された食器は心理的には二度と使いたくないでしょう。少なくとも食器として使えない以上、本来もっていた「**食器としての効用**」を失わされているわけですから、ここでいう損壊にあたると言えます。**判例**によれば、損壊は「物質的に器物そのものの形態を変更又は滅尽させる場合だけでなく、事実上または感情上そのものの形態を変更又は滅尽させることができない状態にさせる場合を含む」とされます。「物質的に器物そのものの形態を変更又は滅却することは当然含まれますから、その他に「事実上または感情上」、使えなくなったばあいには、物としての効用を滅却したことになりますので、器物損壊にあたります。

これと同じことは他にも出てきます。たとえば、**最高裁**の昭和三二年四月三日の判決は、労働組合員が、会社に立ててあった第二組合の看板を取りはずして、約一五〇メートル離れた場所にある旗、アルミの上の板塀内に投げ捨てた行為、および、会社の所有であった小荷物の荷札をはぎ取って持ち去ったり、荷札をはがしたり、投げ捨てたりする行為は、いずれも本罪にあたる旨を判示しています(刑集一一巻四号一三二七頁)。つまり、持ち去ったり、荷札をはがしたり、投げ捨てたりする行為も損壊ということになります。さらに**最高裁**の昭和三五年一二月二七日の決定は、「高等学校の校庭に実力でアパート建築現場と書いた立て札を掲げ、幅六間長さ約二十間の範囲で二ヵ所にわたり地に杭を打ち込んで、板付をして保健体育の授業などに支障を生じさせた」ばあいも損壊罪が成立すると判示しています(刑集一四巻一四号二三九頁)。

他人の池の鯉を流出させる行為も物の傷害にあたり鯉の効用を害したことになるとされます(大判明44・2・27刑録一七輯一九七頁)。そのばあいには、ほんらい鯉が居るべき池から移動させるという状況が意味をもつわけで、鯉をその池から流出させたばあいには、動物の傷害、つまり損壊にあたるとされるわけです。

二六一条は、前三条に規定するもののほか、「他人の物を損壊し、又は傷害した」と規定していますが、この**傷害**の客体は「**動物**」です。動物の損壊を「傷害」と言いますから、家畜・ペットなども、刑法上は財物になるわけです。動物に怪我《けが》を負わせるのは、当然、傷害になります。人間のばあいには傷害と傷害致死とを、死亡の有無によって区別していますが、動物については傷害としか書いてありません。怪我《けが》をさせたら器物損壊罪が成立するのに、死亡させたらそれが成立しないとするのはおかしいですから、ここでいう動物の傷害は、**死亡**させることも含むと解釈するのが**判例・通説**の立場です。怪我《けが》をさせたら処罰され、死亡させたら処罰されないという不均衡を生じさせないために、このような**目的論的解釈**がなされています。

毀棄・損壊罪は、**客体**によって犯罪類型が区別されます。まず建造物等かどうか、公用文書等かどうか、私用文書等かどうか、を問題にし、それから外れたものが「その他の物」にあたり、二六一条の器物損壊罪の客体になるわけです。

建造物損壊か器物損壊かという限界問題が出てくるのは、雨戸、障子、建具を壊したばあいです。二六〇条の法定刑は「五年以下の懲役」であり、罰金刑の規定がありません。これに対して二六一条の法定刑は、「三年以下の懲役または三十万円以下の罰金もしくは科料」であり、非常に軽くなっています。したがって、器物損壊なのか、建造物損壊なのかによって、かなりの開きが生じます。

両者の区別について**判例・通説**は、それに損傷を与えないで**容易に取り外せるか**どうかという基準を提示しています。容易に取り外しができる物、つまり、その物を壊さないで容易に取り外しが可能な物が、器物なのです。取り付けられていて壊さない限り、それを取り外すことができないようなばあいには、それは建造物の一部になりますから、建造物損壊罪が成立するのです。

(4) ビラ貼りと損壊

ビラ貼り行為が建造物損壊にあたるかどうかは、かつて大いに問題になりました。労働争議の一環としてそのような行為が頻繁におこなわれたためです。建造物に何千枚、何百枚もビラを貼りますと、美観を損ねることは明らかです。美観を損ねるだけで建造物損壊と言えるかどうかが争われます。

その点について、**通説・判例**は、たんに美観を損ねることだけでは建造物損壊にはなりませんが、回復が容易でないとか、その使用にかなり支障を来すとかの状況があってはじめて建造物損壊にあたると解しています。単なる美観は建造物の効用とは言いがたいとおもわれますので、通説・判例は妥当です。

(5) 文書毀棄

公用文書、私用文書は、私文書、公文書という概念とは違います。つまり、文書偽造における公文書・私文書とは違うのです。公文書と私文書は、**名義人**は誰か、誰の名義で作成されているかによって区別されます。これに対して公用文書か私用文書かは、それを**使用する主体**によって区別されるのです。公務所が使用するばあいには、公文書であっても私文書であっても、公用文書です。逆に私人がそれを使うばあいには、公文書であっても私用文書なのです。かつて私文書毀棄罪、公文書毀棄罪という罪名が使われていましたが、平成七年の刑法改正で、明確に公用書文書毀棄罪、私用書文書毀棄罪という罪名に変更されています。

ここで問題になりますのは、この文書は、**文書偽造罪における文書**と同じように、**名義人**が必要かどうかです。この点について**通説・判例**は、名義人が存在する必要はないので、その文書が完成している必要はないと解しています。たとえば、**最高裁**の昭和五二年七月一四日の判決は、「公務員が公務所の作用として職務権限に基づいて作成中の文書が、文書としての意味、内容を備えるに至ったときは、文書にあたる」旨を判示しています(刑集三一巻四号七一三頁)。これは、昭和三三年九月五日の決定が**未完成文書**も本罪の客体となり得るとした(刑集一二巻一三号二八五八頁)のを受けて、こういう捉え方をしたわけです。そして**最高裁**の昭和五七年六月二四日の判決は、司法警察員の違法な取り調べのもとに作成された供述文書も公用文書にあたると判示して、作成中のものでも、未完成のものでもかまわないという捉え方をしているのです（刑集三六巻五号六四六頁）。

この点についてわたくしは、**文書偽造罪との統一的な理解**が必要であるという観点から、未完成文書を含めるべきではないと解しています。本罪はたんに「**財物としての文書**」の毀棄を問題にしているのではなくて、あくまでも「**文書としての効用**」を失わせる点に意味があります。その意味において、本罪は、公務所が文書を「文書として」利用しようとしているのを「文書としての効用」を失わせることによって**公務を妨害**するという性格をもっているのですが、刑法典においては財産的な損壊行為として、ここに規定されています。財産的な価値を損なうことではなくて、公務所が使用する目的でもっている「文書の効用」を害することに重点が置かれているのです。「効用の喪失」という行為の内容が、たまたま、その他の毀棄罪と同じような性質をもっていますので、財産犯の章の中に規定されているにすぎません。「公用文書」に関する「公務妨害」としての要素がありますから、本罪の行為は、文書偽造罪における文書を毀棄するばあいに限定する必要があります。法定刑が「三月以上七年以下の懲役」と重くなっていますのは、たんに財物としての文書の損壊行為を問題にしているわけではないからです。私用文書についても法定刑が「五年以下の懲役」となっていますので、単なる器物損壊罪とは異なった取り扱いをしていることになります。このように本罪は、**公務妨害罪的な要素**を踏まえて、文書のもつ効用を失わせる行為を規定していると言えます。

(6)　文書「毀棄」と信書「隠匿」との関係

文書「毀棄」と信書「隠匿」との関係について考える必要があります。**信書**は**文書の一種**であるにもかかわらず、その隠匿だけが処罰の対象となっています。文書については、**毀棄行為**が規定されており、「文書としての効用」を害することが重視されています。信書の隠匿における**隠匿**とは、信書そのものを隠すことによって、その物がもっている「文書としての効用」を、ある程度失わせることを意味します。つまり、**通説**によれば、必要な時にその信書を使えない状況におくことによって、その「効用」を害することになります。隠匿の客体が信書に限られている点に特色があります。信書を隠すことによって効用を害するという事態は、それほど頻繁に生ずるわけではありません。隠匿による財産的な価値の侵害も、さほど大きくはないと言えますので、これは、ほんらい毀棄罪として捉えられるべきですけれども、信書については特に刑が軽く規定されています。他の物についても隠匿行為の可能性は理論上はみとめられ得るのですが、信書についてだけ処罰することとしたうえで、刑は軽くするという立法態度がとられています。

以上で財産犯の問題はすべて説明が終わり、個人的法益に対する罪はすべてお話ししたことになります。

第*19*講　公共の平穏に対する罪

1 意　義

社会的法益に対する罪は、①公共の平穏に対する罪、②公共の信用に対する罪、③公衆衛生に対する罪、④風俗に対する罪の四つに大別されます。そして、①**公共の平穏に対する罪**として、騒乱罪、放火罪および失火罪、出水および水利に関する罪、往来を妨害する罪があります。②**公共の信用に対する罪**として、通貨偽造罪、文書偽造罪、有価証券偽造罪、印章偽造罪、支払カード電磁的記録に関する罪など各種偽造罪があります。③**公衆衛生に対する罪**として、飲料水、あへん煙について規定がおかれています。④**風俗に対する罪**として、わいせつ罪、重婚罪、賭博・富くじに関する罪、宗教に関する犯罪として、礼拝所および墳墓に関する罪が規定されています。

社会的法益に対する罪には、多種多様の犯罪類型がありますが、その中で私たちにとって身近かで、しかも理論上も実務上も重要な意味をもつ犯罪類型は、非常に限られていますから、それらにポイントを合わせて説明していくことにしましょう。

② 騒乱罪

まず、**公共の平穏に対する罪**としての騒乱罪を説明します。

騒乱罪は、ニュアンスとして**内乱罪**に近いものをもっていますので、かなり大規模な**暴動**という語感がないわけではありませんが、必ずしも**内乱**に近いほど大規模ではない事態を想定していただきたいとおもいます。騒乱罪には、多衆の者が集合して暴行・脅迫をおこなう**狭義の騒乱罪**と、当局から三回以上の解散命令を受けてもなお解散しない**多衆不解散罪**の二つの類型があります。

(1) 罪　質

騒乱罪の**罪質**ないし**処罰根拠**が、問題になります。騒乱罪は、**群集犯罪**の一環として規定されています。多人数の者が群衆を構成することによって感情的な高まりが生じ、一定の地域の平穏を侵害する危険が生じますから、多衆犯に対して有効に対処するために本罪が設けられたわけです。ところが、多数の者が集まることを処罰するのは、憲法上、保障されている**集会の自由**に抵触することになります。言論活動の一環として集合するばあいが多いのですから、多衆の集合をつねに危険を伴ったものとして把握し、暴徒と化する危険な存在として捉えますと、騒乱罪の適用が安易になされて、表現活動の自由が侵されるおそれがあります。そこで、**治安刑法**としての意味をもたせすぎないように、解釈論上、努力する必要があります。治安刑法については、凶器準備集合罪の説明の際に触れましたが、本罪は、それの代用の形で治安刑法化される恐れが強いのです。騒乱状態があれば全員を検挙できますから、それによって、いわゆる暴徒を一挙に鎮圧できるという非常に強力な治安刑法の武器となり得ることになります。したがって、その点をつねに意識しておく必要があるのです。具体的には後で触れますが、「**共同意思**」を特別に構成要件要素として要求する立場は、治安刑法としての機能を制限する解釈論上の努力の表われと言えるのです。

(2) 要　件

一〇六条は、騒乱罪として「多衆で集合して暴行又は脅迫をした者は、騒乱の罪とし、次の区別に従って処断する。一　首謀者は、一年以上十年以下の懲役又は禁錮に処する。二　他人を指揮し、又は他人に率先して勢いを助けた者は、六月以上七年以下の懲役又は禁錮に処する。三　不和随行した者は、十万円以下の罰金に処する」と規定しています。騒乱における**役割ないし任務**に応じて、法定刑が規定されています。首謀者、つまりリーダーは罪状が一番重いわけですので、「一年以上十年以下の懲役又は禁錮」に処せられます。リーダーではないけれども、その下にいて他人を指揮したり、あるいは他人に率先して勢いを助けたりする行動に出た者は、「六月以上七年以下の懲役又は禁錮」に処せられます。末端にいて、付和雷同的に騒乱に参加した者は「十万円以下の罰金」に処せられます。このように、それぞれの立場に応じた法定刑が科せられます。

「**多衆**」という言葉が用いられていますが、何名以上を以て多衆と言えるのかは明確ではありません。**保護法益**との関連で、その中身が決まります。**通説・判例**は、「一地域の平穏を害する程度の人数」と解しています。暴行・脅迫を用いて、ある地域内の日常生活の平穏な状態を害する点が問題になりますから、それを害するに足りるだけの程度の人数ということになるわけです。四、五人ではまず本罪の法益侵害はできませんから、何十名以上という形で集まって騒乱状態を惹き起こすことができると言えます。このように人数は、**目的論的な解釈**によって決まるわけです。

暴行・脅迫は、前にも述べましたように、もっとも広い意味における暴行・脅迫（**最広義の暴行・脅迫**）にあたります。暴行について言いますと、有形力の**行使の客体**が「**人または物**」とされているという意味で、一番広い暴行概念にあてはまるのですが、それは、直接、人に向けられていなくても、物に向けられてその物を壊そうとしたという形で有形力を行使することによって、一定の地域の平穏を害する事態が生じますから、その程度の暴行が必要であり、また、それで足りることになります。

判例上、「一地方の公共、静謐《ひつ》を害するにたるだけの暴行・脅迫そしてそれに必要な程度の人数」として、多衆を説明し、「**一地方**」という言葉が使われます。これは、都会に対する地方、あるいは関東地方とか関西地方とかいうばあいの地方ほど広範囲なものではなく、**一定の地域**、つまり、社会生活が営まれている一定の地域を意味します。その表われとして、**新宿騒乱事件**に関する最高裁の昭和五九年一二月二一日決定は、『一地方』に該当するか否かは、たんに暴行・脅迫がおこなわれた地域の広狭」とか、「居住者の多寡などの」「静的・固定的要素だけでなく」、「その地域の社会生活上の重要性や同所を利用する一般市民の動き、同所を職域として勤務する者らの活動状況などの動的・機能的要素、および当該騒動の様相がその周辺地域の人心に不安、動揺を与えるに足りる程度のものであった否かをも総合して判断すべきである」旨を判示しています（刑集三八巻一二号三〇七一頁）。本件は、新宿駅のホームや線路上でいわゆる一〇・二一闘争の一環として、火炎瓶《びん》を投げたり武器を持った過激な学生集団が暴行をしたというケースです。本件では、**一地方の平穏を害する暴行**と言えるかが問題になりました。新宿駅構内とその周辺だけの問題ですから、場所的にはかなり限定されていますが、この点について最高裁の判例は、たんに駅にいる人の人数の問題だけではなくて、新宿駅はターミナル駅であり、いくつかの路線が集結していますので、かなり利用者がいますし、その周辺でショッピングをする人や周辺の職場で働く人達も大勢いますから、**機能的な要素**を総合的に勘案しますと、やはり地域一帯にかなり大きな動揺を与え、あるいは、交通が遮断されていた点から、多大な影響をかなり広範囲にわたって及ぼしていることになりますので、騒乱罪の成立が肯定されたのです。

(3)　「共同意思」

ここで「共同意思」の要否について検討しましょう。これについては**最高裁の判例**が、早くからみとめており、通説も**共同意思**を**成立要件**としてみとめる必要があると考えています。共同意思をみとめる必要がないとする立場からは、これを成立要件としてみとめても、結局は安易な認定によってそれが適用されれば、成立範囲を限定できないとの批判があります。

これに対してわたくしは、そうではないと考えています。現に騒乱罪の**適用例**が少ないのは、「共同意思」が要件とされて、その認定がきわめて困難であるからなのです。メーデー事件など騒乱罪の適用が問題になったケースの審理は、長引いて十数年以上にわたったものが多いのですが、「**共同意思の認定**」がかなり難しいことも大きな要因だと考えられます。認定が難しいので、その適用範囲はかなり狭まっていると言えるのです。実際に検察当局も騒乱罪で起訴することは、よほどのことがない限りしません。現在、騒乱罪で起訴されているケースがほとんどないのは、「**共同意思の立証**」が非常に難しいからであり、その意味において共同意思は「歯止め」になっていると考えられるのです。

③　多衆不解散罪

多衆不解散罪は、刑法総論では、**真正不作為犯**の例として挙げられる犯罪類型です。一〇七条は、これについて「暴行又は脅迫をするため多衆が集合した場合において、権限のある公務員から解散の命令を三回以上受けたにもかかわらず、なお解散しなかったときは、首謀者は三年以下の懲役又は禁錮に処し、その他の者は十万円以下の罰金に処する」と規定しています。これは**広い意味での騒乱罪**です。

現実に暴行・脅迫がなされて、**狭義の騒乱罪**（一〇六条）が成立したばあいに、それが成立した時点で解散しないと、その解散しない部分は一〇六条に吸収されます。一〇六条の方が罪質として重いですから、それに**吸収**されることになります。

4 放火および失火の罪

(1) 罪　質

公共の平穏を害する犯罪類型として、さらに放火罪および失火罪があります。これは、**火力を用いて**公共の平穏を害する罪であり、日常頻繁に起こる犯罪類型です。放火罪は、連続して犯されることが多いと言えます。放火犯人は、燃焼中の現場にいることが多いというのが、**犯罪学的な知見**です。それでマスメディアの現場写真や映像の中に放火犯人が写っているケースが結構あります。放火犯人には、大騒ぎになるのを見るのが楽しくなってしまう、いわゆる「**愉快犯**」が多いからです。火事によって死傷者が出たり、家屋・家財のほか貴重な財産を失ってしまう人が沢山生じます。このように火力によって社会一般の不安感を生じさせ、生活の平穏を損なうことが、処罰根拠です。江戸時代には「火事は江戸のはな」と言われたことがありますが、木造建ての多かった江戸は、大火になることが多かったと言えます。そこで放火犯を探索し厳罰に処した「火付け盗賊改め方」としての**長谷川平蔵**は、**「鬼の平蔵」**、**「鬼平」**といわれて恐れられていました。火付け、すなわち放火罪に対しては厳罰で臨み、死罪とされました。振袖火事といわれる火事の「八百屋お七」は放火による大火の典型例です。**火つけ**（**放火**）は、処分も重罪として扱われました。放火罪についても、解釈上、いろいろな難しい問題が生ずるのです。

放火罪は、火を放って火力を用いることを通して、不特定または多数の者に対する生命・身体・財産に対する危険を生じさせる罪です。その意味で、これは**公共危険罪**です。放火罪は、不特定または多数の者の生命・身体に対する危険を生じさせると同時に、建物等に火を放ってそれを燃やすわけですから、**損壊罪**としての性質ももっています。財物あるいは建造物等を棄損する点において**個人的法益に対する罪**としての側面と、不特定または多数の者にかかわる点において**公共危険罪**としての側面を併せもっていることをまず頭に入れておいてください。この両側面が解釈論として、種々の場面で微妙な影響を及ぼすことになります。

この観点からは、**自己の物**に火をつけて燃やす行為それ自体は、自ら**自己の財産**を損なう行為と言えます。自分の物を燃して壊すのは自分ですから、火力を用いて壊すのもこの行為とほんらい同じであると言えるはずです。しかし、**火力**を用いることによって、**公共の危険**が生ずるばあいには、たんに自己の財産を処分したというわけにはいかないことになりますので、それとの調整が必要になります。そこで、建造物等以外の放火として、一一〇条は「放火して、前二条に規定する物以外の物を焼損し、よって公共の危険を生じさせた者は、一年以上十年以下の懲役に処する」とし、同条二項は「前項の物が**自己の所有に係るとき**は、一年以上の懲役又は十万円以下の罰金に処する」と規定しています。二項は、自分の所有に係る物については、「**公共の危険**」が生じたばあいに処罰することにしています。これは裏を返して言えば、「公共の危険」が生じなければ、処罰はしないことになります。したがって、自己の財産を棄損しただけで終われば、処罰の対象にはならず、公共の危険が生じたばあいに、一一〇条の二項で処罰することになります。公共危険罪としての側面と、財産を棄損するという個人的法益の罪としての側面とが、ここで調整されているわけです。

このように、放火罪は、**火力**を使用して**公共の危険**を生じさせる犯罪類型です。つまり、火を放つことによって、あるいは火を失することによって、火力が不特定または多数の者の生命・身体・財産に害を及ぼす面がありますので、これを「公共の危険」の観点から捉えるわけです。しかし、これは、**火力**によって建物等の**財産を損壊**するという側面をも併せもっていますから、両側面をどういう形で評価するかがポイントとなります。生命・身体は価値的に非常に高いものですから、これに対する侵害の危険は、より重く処罰されます。

(2) 放火罪の類型

火力を用いる**行為態様**の基本型として重要なものは「放火」行為です。これを内容とする放火罪は、その客体によって、性質・罪名が違いますし、法定刑も当然、違います。

まず基本型は、**建造物等の放火**です。その中で現住建造物放火罪が一番重い犯罪類型です。建造物の中に人がいるばあい、または人が住居に供しているばあい、**生命・身体に対する危険**がきわめて高いわけですから、重く処罰され、さらに未遂罪も予備罪も処罰されています。また建造物であっても、人が住んでいないか、現にそこに人がいないものについては、非建造物放火罪があり、未遂と予備が処罰されています。そして自己所有物については、公共の危険があるばあいに限って処罰されるのです。

建造物以外の物については、建造物等以外の物についての放火罪が成立します。

過失によって火事を起こす**失火罪**は、過失の程度によって失火罪、業務上失火罪、重失火罪に分かれます。

消火活動を妨害する行為は、**鎮火妨害罪**といわれる犯罪類型です。

これらの関係さえ分かっていれば、放火罪はそれほど難しい問題ではありません。放火罪の問題は難しいと感じる人が多いようですが、これらの**相互関係**を理解し、**共通する要素**をつかんでおけば、種々の問題点について十分に対応できます。

(3) 放　火

放火罪における**基本的な行為**について説明しましょう。基本となる一〇八条は、**現住建造物等放火罪**について、「放火して、現に人が住居に使用し又は現に人がいる建造物、汽車、電車、艦船又は鉱坑を焼損した者は、死刑又は無期若しくは五年以上の懲役に処する」と規定しています。

放火とは、目的物が燃焼できる状態を作り出すことを意味し、通常はライターやマッチなどで火をつけることが多いわけです。**作為**でなされることが多いのですが、**不作為**による放火もあり得ます。これは判例がみとめていますので、不真正不作為犯の事例として必ず挙げられます。**大審院の判例**として、養父を殺害した後、格闘中に養父が投げた焼木杭（やけぼっくい）がまた燃え出し、藁（わら）に移っていくのを見て、そのまま放置すれば、死体を燃やして罪責を免れることができると考え、火を消さなかったという事案があります（大判大7・12・18刑録二四輯一五五八頁）。これは、火を消さなかった不作為によって、先行行為に基づく作為義務があるのに、それに反して焼損させたので、**不真正不作為犯**としての放火罪が成立することをみとめた判例と言えます。

さらに、**大審院**の昭和一三年三月一一日判決は、火災保険がかかっていた自宅から外出する際に、神棚のロウソクが倒れかかっているのを見て、そのまま放置すれば神棚に燃え移って火事になることを知っていたけれども、そのまま燃えてしまえば保険金がもらえると考えて、ロウソクをなおさないまま放置したという不作為によって自宅を全焼させた事案です（刑集一七巻二三七頁）。本判決は、このばあいに放火罪の成立を肯定しています。

また**最高裁**の昭和三三年九月九日の判決も、必ず触れられる有名な判例です。残業中にいわゆる股火鉢をして温まっていたうち、その火鉢の火が机の書類に燃え移っていたにもかかわらず、さぼっていたのがばれてはいけないと考えて、そのまま放置してそのビルを燃やしてしまったというケースです（刑集一二巻一三号二八八二頁）。これは、先行行為によって生じた火を放置した不作為によって放火罪が成立することをみとめた有名な最高裁判例です。

(4)　焼損――既遂時期

「**焼損**」は、放火罪の**既遂時期**を示すことになります。焼「損」という言葉は、器物損壊罪における「損」壊の色彩が濃いですから、**一部損壊説**の理解にかなり近くなっていると言えます。

どの時点をもって既遂と解するかが、ここでの問題です。既遂なのか未遂なのかをめぐって、焼損の意味が問題となるわけです。この点について従来の**判例**は、「**独立燃焼説**」の立場に立って、媒介物を離れて客体が独立して燃焼する状態になれば、焼損したことになるという考え方を一貫して採ってきています。つまり、判例は、大審院時代以来、現在でも独立燃焼説の立場に立っているのです。この立場を採りますと、媒介物を離れてその建物自体が燃え出した時はすでに既遂ですから、実際上、**未遂**の成立がほとんどみとめられなくなってしまうという不都合が生じます。すなわち、媒介物から離れて客体が燃えている段階で既遂になりますから、未遂犯の成立範囲が狭まってしまうと批判されるわけです。この説によれば、媒介物からその客体に燃え移った時点で**公共の危険**がすでに発生しているとされますが、はたしてそう言えるかという疑問が生じます。

じゅうらい、わが国の建築物の多くが**木造建築**でしたから、火が媒介物を離れてそれに燃え移る状態になれば、公共の危険が生じたといえ、既遂犯として処罰することには、それなりの合理性がありました。しかし、現在では、木造建築よりもむしろ**コンクリートや新建材**などを用いる建物が増えていますので、公共の危険の内容に変化が生じているのです。財産犯としての側面も放火罪には包含されていますが、この説においてはその点が無視されてしまうという疑問があります。すなわち、媒介物が燃え出した瞬間にすでに既遂であるとしますと、**財産的な損害（損壊）**がまだ生じていないにもかかわらず、これを既遂として扱うことになりますが、はたしてそれでよいのかが問題となるのです。公共危険罪としての側面と財産犯としての側面の把握が十分と言えるかは疑問です。

そこで**通説**は、独立燃焼説が主張する独立燃焼の段階で既遂とするのは早過ぎるとして、判例の立場に反対しています。すなわち、通説は、建物の重要部分が燃えた時点、つまり、**重要部分を損なった時点**が焼損であると解しているのです。建物の重要部分が燃えてしまった時に既遂であると解することによって、既遂犯の成立時期がかなり遅くなり、逆に未遂の範囲が広がりますので、独立燃焼説がもっていた不都合を回避できると主張するわけです。たしかに、財産犯の側面からは、そのように解することができますが、しかし、重要部分が燃えるまで「公共の危険」がないと捉えるのは、おかしいのではないかという疑問が生じます。やはり建物の重要部分が燃え出す前の段階で、すでに他人の生命・身体・財産に対する危険が生ずると考えられます。そうしますと、逆に通説の立場は、**公共危険罪**としての側面をあまりにも軽視していることになります。

通説の修正として出てきたのが、いわゆる**「燃え上がり」説**です。これは、建物が燃え上がった状態に至った時に既遂になると解する考え方です。しかし、「燃え上がる」という概念は、きわめて不明確です。建物によっていろいろ違いますので、建物が燃え上がった状態を確定するには非常な困難が生じますから、それを支持することはできません。

財産犯としての側面と公共危険罪としての側面を適切に包括して理解できる見解は、建物の一部損壊を焼損と解する**一部損壊説**です。これは、焼損を建造物損壊罪における損壊と同じように捉え、建物の全部または重要部分を壊す必要はないとします。**建造物の一部を損壊**すれば、建造物損壊罪が成立するのと同じように、放火罪は**火力**を用いて建造物を損壊する側面もありますので、このように解することによって財産犯としての側面を統一的に説明できることになるのです。

さらに、**公共危険罪**としての側面について、一部損壊の段階で、すでに不特定または多数の者の生命・身体などに対する危険が生じているという評価が可能であると考えます。現在では、いろいろな化学物質を使った**新建材**が用いられています。じゅうらい木造建築を前提にして公共危険の内容は、その木造建築物の素材である木が燃えて焼死するばあいが大部分だったのです。火事によって焼死することが多かったので、それによって生命・身体の侵害が生ずる点と、火がかなり早く燃え広がっていくことによって財産に対する危険も甚だ大きいと言えたわけです。その意味で、放火の被害の実態は、**焼死と建造物の焼尽**であったのです。ところが、最近ではそうではなくて、新建材を用いた建造物の一部が燃えた時点、つまり、**一部損壊**が生じた時点で、**有毒ガス**が発生し煙が充満して、**窒息死**したり、死亡しなくても**重篤な脳障害**などを起こしたりするという新たな形態が増えています。焼け死んだり全焼したりするというだけではなくて、むしろその前の段階で窒息死し、あるいは脳障害などを起こす（傷害）という事態が多いのです。有毒ガスの拡散が問題となるという考え方からすれば、建造物が一部損壊する程度のものを含めて、ガスの充満が生じて広がって不特定または多数の者の生命・身体などに影響を及ぼし得る点で、公共の危険が基礎づけられるのです。つまり、**一部損壊の段階で**財産犯的側面と公共危険犯的側面が十分に説明できます。わたくしは、その観点から一部損壊説の立場を基礎づけてこれを支持しています。

放火の客体については、各構成要件に規定されている種類を明らかにしておけば十分です。

(5) 公共の危険とその認識

解釈論上、公共の危険が要件とされるばあい、**その認識を必要とするのか**という問題があります。これは、公共の危険が構成要件要素なのか、それとも単なる客観的処罰条件なのか、という問題にほかなりません。これについて**通説**は、公共の危険は**構成要件要素**であるから、公共の危険が発生することを認識する必要があると解しています。しかし、**判例**は、これを**客観的処罰条件**と解して、その認識を不要としています（最判昭60・3・28刑集三九巻二号七五頁）。

別の問題として出てくるのは、抽象的危険犯と具体的危険犯の類別です。一〇八条は、**通説**によれば**抽象的危険犯**です。人の現住する、あるいは住居に供している建造物については、それを焼損しただけで危険があるとして処罰しますから、公共の危険を生じさせたことは一〇八条においては構成要件要素として規定されていないわけです。**公共の危険**が条文に規定されているのは、たとえば一〇九条二項です。これは「ただし、公共の危険を生じなかったときは、罰しない」と規定しています。このように、公共の危険が、明文で規定されているばあいには構成要件要素であるとしますと、一〇八条と一〇九条については、これは要らないことになり、これらは抽象的危険犯とされます。**具体的危険犯**として、公共の危険が要求されているばあいについてだけ、これを必要として扱うことになります。

これに対して最近の有力説は、一〇八条と一〇九条は、抽象的危険犯ですけれども、まったく危険がなくてもよいとしているのではなくて、「**ある程度の危険**」は必要であると解すべきであると主張しています。じゅうらい抽象的危険犯は、危険の発生が「立法理由」となっているばあいであり、言い換えますと、「**危険が擬制**」されていると解されてきました。危険が擬制されていると解しますと、危険がまったく生じないばあいであっても、一〇八条と一〇九条で処罰せざるを得なくなります。たとえば、まわりにまったく他人の住居のない野原の一軒家に風のない日に火をつけたとします。具体的に見たばあい、それが他に燃え移ったり、不特定または多数の者に害を生じたりさせる可能性が全然ないときでも、一〇八条で処罰するのはおかしいのではないかという疑問が生じます。そこで、具体的危険犯における具体的危険ほど高いものではないけれども、「ある程度の危険」を必要とすることによって、抽象的危険犯としての放火罪の成立範囲を限定しようとする見解が主張されるわけです。そのような考え方をとれば、「ある程度の危険」についてもやはり**認識**は必要とされるのです。

一一四条は、「消火妨害」罪について「火災の際に、消火用の物を隠匿し、若しくは損壊し、又はその他の方法により、消火を妨害した者は、一年以上十年以下の懲役に処する」と規定しています。**野次馬**などが、消防隊員の消火活動を妨害するばあい、本条で処罰されることになります。これは、放火罪そのものではありませんが、火事にかかわりがあるため、ここに規定されています。

失火罪は過失によって火を出すことを言いますが、一一六条一項は、「失火により、第百八条に規定する物又は他人の所有に係る第百九条に規定する物を焼損した者は、五十万円以下の罰金に処する」と規定し、二項は、「失火により、第百九条に規定する物であって自己の所有に係るもの又は第百十条に規定する物を損傷し、よって公共の危険を生じさせた者も、前項と同様とする」と規定しています。このばあいには、**公共の危険**の発生が要求されているのです。

5 出水および水利に関する罪

第十章は、**出水および水利に関する罪**について規定しています。これについては、理論的に難しい問題はほとんどありません。放火罪が「火力」によって公共の危険を生じさせる側面と財産を侵害する側面があるのに対して、これは「**水力**」についての議論ですから、**火力と水力**を対比して考えれば、問題点は同じことになります。

一一九条は、「出水させて、現に人が住居に使用し又は現に人がいる建造物、汽車、電車又は鉱坑を浸害した者は」、「死刑又は無期若しくは三年以上の懲役に処する」と規定し、一二二条は「過失による建造物の浸害」、一二三条は「水利妨害及び出水危険」について規定しています。**水利妨害**については、罪刑法定主義の派生的原則の一つである**慣習刑法の否定**の問題に関連して説明されることが多いです。

6 往来を妨害する罪

(1) 罪質

第十一章は**往来妨害罪**について規定しています。

一二四条一項は、「陸路、水路又は橋を損壊し、又は閉塞して往来の妨害を生じさせた者は、二年以下の懲役又は二十万円以下の罰金に処する」と規定し、同条二項は、「前項の罪を犯し、よって人を死傷させた者は、傷害の罪と比較して、重い刑により処断する」と規定しています。本罪は、道路に障害物を置いたり、線路に障害物を置いたりして、電車あるいは車の運転を阻害することによって、往来に危険を生じさせる罪です。**往来危険罪**として一二五条は、「鉄道若しくはその標識を損壊し、又はその他の方法により、汽車又は電車の往来に危険を生じさせた者は、二年以上の有期懲役に処する」と規定しています。一二四条は、陸路、水路または橋を損壊するという道路などに関する規定であり、電車、汽車については、一二五条が往来危険罪として規定しており、一二六条は汽車を転覆させたり、またそれによって人を死亡させたりする結果的加重犯を規定しています。

結果的加重犯をどのように捉えるか、という問題が重要なポイントとなります。

(2)　汽車等顚覆・破壊致死罪（一二六条三項）は、**汽車等顚覆・破壊罪の結果的加重犯**です。致死の結果について予見があったばあい、本項の刑が殺人罪のそれよりも重いですので、本項の罪のみが成立しますが、殺人の未遂のばあいに限って、**刑の権衡上**、一項または二項の罪と殺人未遂罪との観念的競合となります。これに対して、**判例**は、殺人が既遂のばあいには、本項の罪と殺人罪の観念的競合になると解しています（大判大7・11・25刑録二四輯一四二五頁）。二六条一項または二項の罪は未遂に終わったが、それによって人を死亡させたばあいには、本罪は成立しません。

(3)　**往来危険汽車等顚覆・破壊罪**（一二七条）は、往来危険罪（一二五条）を犯し、よって汽車または電車の顚覆もしくは破壊または艦船の覆没もしくは破壊をもたらす罪で、**往来危険罪の結果的加重犯**です。したがって、人の現在する汽車・電車・艦船のばあい、結果について予見のないことを要し、予見のあるばあいには、一二六条の犯罪が成立することになります。人の現在しない汽車・電車・艦船は、本罪の客体となると解するときには、人の現在しない汽車等は、前条の客体に入りませんので、それを顚覆・破壊・覆没することの予見があるばあいにも、本罪が成立し、この限りにおいては、本罪は、**故意犯**をも含むことになるのです。

車船の顚覆等を引き起こしたばあい、前条一項と二項の例によることは明白ですが、さらに致死の結果が生じたばあいには前条三項の例によるべきか否かが問題となります。この点につき、**最高裁判所**の大法廷判決における法廷意見は、これを肯定しており（最大判昭30・6・22刑集九巻八号二一八九頁）、**通説**もこれを支持しています。すなわち、過失往来危険罪（一項前段）は、過失によって車船の往来の**具体的危険**を発生させることによって成立するわけです。車船に人が現在するかどうかを問わず、その結果、人を死傷させたばあいには、過失致死傷罪と本罪との観念的競合となります。

(4) 一二九条は、**過失往来妨害罪・業務上過失往来妨害罪**を規定しています。すなわち、過失によって現実に車船の顛覆・覆没の結果を生じたばあいに成立します。車船に人が現在するかどうかを問わず、その結果、人を死傷させたばあいには、過失致死傷罪と本罪との観念的競合となります。

業務上過失往来危険罪と業務上過失汽車等顛覆・破壊罪（二項）は、その刑が加重されます。本罪は**不真正身分犯**です。本罪の結果、人を死傷に致した者に限られ、業務性により刑が加重されていますので、本罪の結果、人を死傷致したばあい、過失致死傷罪と本罪との観念的競合となります（大判大13・3・5刑集三巻一八一頁）。

第20講　各種偽造罪

1 犯罪類型

社会的法益に対する罪として、**公共の信用**が**保護法益**とされる犯罪類型を見ることにします。ここで議論されるのは各種偽造罪であり、**偽造罪**はいろいろ重要な問題点を包含していますので、基本的な観点を明確につかんでおく必要があります。

偽造罪は、通貨偽造罪、文書偽造罪、有価証券偽造罪、支払用カード電磁的記録に関する罪、そして印章偽造罪という順序で規定されています。**通貨**は、経済生活において決定的な意味をもっていますから、通貨偽造罪が、まず重要な犯罪類型として規定され、**法定刑**はかなり重くなっています。通貨偽造行為はもとより、文書偽造行為についてもかなり重要な意味が与えられており、**文書**に対する信用もきわめて高いわけですから、文書偽造行為についても厳罰で臨んでいるのです。

通貨と文書の中間形態として、**有価証券**があります。小切手や約束手形が有価証券として重要な経済的機能をもっていて、それに対する信頼・信用が高いため、文書とは違った意味で、保護の客体とされています。さらに最近では、支払用カードが普及しており、それに対する社会の信頼も高いですので、**支払用カード電磁的記録**も保護の客体とされるに至っています。

わが国はハンコ（判子）社会であると言われるように、文書作成にあたってハンコ、つまり、**印鑑**が必要になります。三文判あるいは有り合わせの印鑑でもよいわけです。公式文書のばあいはだいたい印鑑が必要とされますので、ハンコがないとまず書類を受け付けてもらえないことがあります。役所では、ハンコがないとまず書類を受け付けてもらえないことがあります。公式文書のばあいはだいたい印鑑が必要とされますので、ハンコがないとまず書類を受け付けてもらえないことがあります。

に**印章偽造罪**が規定されているわけです。しかし、改正刑法草案は、ハンコはそれほど意味をもたないとして、印章偽造罪を削除しているのですが、現行法では、**有印か無印**かで重要な差を設けています。その点をまず一般論として知っておいてください。

② 通貨偽造の罪

(1) 罪　質

経済取引を媒介する手段として**通貨**がもっている意義については、すでに十分に承知しているはずです。金銭なしではわたくし達は、一日たりとも生活できないほど、金銭としての通貨は社会生活上、決定的な意義をもっています。通貨は、国家が**強制通用力**を付与してその価値を保障し、それを社会が信用して一般に通用しているという関係がありますから、**支払手段**としての意義を有するわけです。紙幣も、そのような保障がなければ、ただの紙切れにすぎません。

価値を換算する基準となるのが通貨ですから、その通貨に対する信用を守らなければならないとして、通貨の偽物を作る偽造行為は厳重に処罰されます。国家権力は、全力を傾注して通貨偽造行為を摘発します。かなり精巧に通貨偽造行為をしても、犯人は必ず捕まるというのが現状です。**通貨制度**は、国家の根幹にかかわります。**通貨偽造罪**は、社会的法益に対する罪とされますが、その根底にあるのは、国家権力によって強制力を付与された通貨の偽造が、国全体の経済を滅ぼしかねないだけの影響力をもっているという事実なのです。警察が全力をあげて摘発しますから、本罪は、かなり手間暇かけても割りの合わない犯罪と言えます。最近はカラーコピーが普及していますので、一見、本物そっくりの通貨を作る事案が多くなっていますが、手触りとかスカシ（透かし）がコピーではうまく作れませんので、摘発が早いわけです。しかし、そうであっても、犯罪者と摘発する側とのハイテク利用の競争になっています。

(2) 偽造・変造の観念

偽造・変造の観念は、文書偽造罪や有価証券偽造罪についても問題になりますが、**共通する要素**は、「**作成権限**」のない者が**偽物**を作り出すという点です。通貨偽造罪について言いますと、偽造とは「発行権限を有しない者が、一般人に真貨と誤信させるに足りる外観をもつ偽貨（偽物の通貨）を作り出すこと」を意味します。このように、**権限のない者**が、**本物そっくりの物を作り出すこと**が、偽造概念の中核部分です。これに対して、**変造**は、新しい物を作り出すのではなくて、「通貨の製造・発行権限をもっていない者が、本来の正しい通貨にその同一性を害しない程度の加工をほどこして、その価値に変更を生じさせる」ことを意味します。「**無権限**」で既存の物の「**価値に変更**」を生じさせるという要素が、すべての変造行為に共通しているのです。

通貨などの「**同一性**」を害しますと、まったく新たな物を作り出すことになりますから、これは偽造です。変造というのは、既存の物に変更を加えて、その価値に変化を生じさせることです。その価値の変化が「同一性」を害するようになれば、これはまったく新たな物を作り出したわけですから、偽造になります。

この点は、偽造・変造の概念の特色としてつかんでおく必要があります。このことは、文書についても有価証券についても言えます。その意味内容に多少の差が出てきますが、根本は同じです。変造においては、権限のない者が、もともと存在する通貨に**同一性を害しない程度**の内容の**変更**を加える点が肝要なのです。

(3) 犯罪類型

広義の通貨偽造罪は、**行使罪**、**交付罪**、**輸入罪**が犯罪類型として規定されています。通貨偽造の罪は、行為態様として、広い意味での偽造行為と収得行為または行使行為とから成り立っています。広い意味での偽造の中には、**偽造**と**変造**とがあります。**客体**に関しては、日本国の通貨を客体とするばあいと、通用力をもっている外国の通貨を客体とするばあいとがあります。日本の通貨を偽造するばあいは、通貨偽造罪が成立して、これについては未遂罪と準備罪が処罰されます。外国通貨の偽造のばあいには、外国通貨偽造罪が成立します。

行使については、日本の通貨の偽貨を行使すれば偽貨行使罪、さらにそれとの関連で、態様が行使罪と交付罪と輸入罪に分かれます。外国通貨のばあい、外国偽貨行使罪、その未遂罪、予備罪と、態様によって行使、交付、輸入という三つの形態があります。

偽貨を収得したばあいには、偽貨収得罪が成立します。収得したときには偽貨であることを知らなかったが、後で気が付いたにもかかわらず、それを行使したばあいには、**偽貨収得後知情行使罪**が成立します。これは、最初は偽物だと知らないで受け取ったけれども、後で偽物であることが分かっているのに、こっそり使ってしまったというばあいです。一五二条は、収得後知情行使等の罪について、「貨幣、紙幣又は銀行券を収得した後に、それが偽造又は変造物であることを知って、これを行使し、又は行使の目的で人に交付した者は、その額面価格の三倍以下の罰金又は科料に処する。ただし、二千円以下にすることはできない」と規定しています。人情としてこういうばあいには行使行為をおこないがちですので、情状を考慮して刑を軽くしているのです。

③ 文書偽造の罪

(1) 罪質

偽造罪の中核部分をなすのは、**文書偽造罪**です。一般的に文書偽造行為がひんぱんにおこなわれ、解釈論上も重要な問題点を包含しています。

文書は、わたくし達の日常生活において、非常に重要な意味をもっています。文書化したものの方が、きわめて重要な価値をもっているばあいが多いわけです。口頭で話したものよりも、それを文書化したばあいで、消えてしまって残らないことが多いと言えます。口頭で話したことは、いわゆる口約束などのばあいで、消えてしまって残らないことが多いと言えます。録音テープで録音していたり、ビデオを撮っていたりするばあいは別ですが、通常のばあいは、たんなる口約束に終わってしまって、後から立証するのは非常に困難です。そこで、後で事実関係を**立証・証明**するために文書を作成することが、一般的な経済行為の中で重要な意味を有することになります。たんに文書にすること自体に意味があるのではなくて、それが後で証拠として使用できる点に重要な意味があるのです。これが文書の「**証明力**」・「**証拠力**」にほかなりません。これがあるからこそ、わたくし達は文書の内容に重大な関心をもち、重大な意味を与えるのです。文書化され、文書として残っていることによって、文書の内容どおりの事実があったことを証明する証拠として決定的な意味をもつわけです。

民事裁判では、たとえば、契約書は決定的な意味をもっています。このように、文書に対する一般の信頼・公共の信頼は、文書の有する証明力・証拠力を基礎にしている点が強力な証明力・証拠力が生ずるのでしょうか。一定の意思内容を「**文書化**」によって強力な証明力・証拠力が生ずるのでしょうか。一定の意思内容を「**文書化**」することによって、その内容が変更できなくなるという「**不可変性**」が生じ、さらに永続的にそのまま残っていくという「**永続性**」が生じます。この不可変性と永続性こそが、文書の「**証拠価値**」の基礎となるのです。口頭でいろいろと約束するばあいには、当事者の「記憶」がその基礎となります。それを聞いた人の記憶が、決定的な意味をもち、それが証拠価値の根拠になるわけです。その人が死んでしまったばあいには、その話は証明できなくなってしまいますので、これは人の存在およびその人の記憶に頼らざるを得ないことになります。人間の記憶はどんどん薄れていきますので、長く覚えていることはかなり困難なのです。このように、人間の記憶に依存する証明力はかなり弱くなります。記憶に頼らないで、物体——通常は紙ですが——に書いて確認したうえで名前を書いてハンコ（判子）を押したばあいには、そういうことがあったことの**証拠**として、その文書は重要な意味をもつわけです。

そのような確実な文書が**物体**として残っていれば、記憶を供述すべき人が死んでしまったとしても、文書それ自体によって一定の内容を明確に証明できます。人間のばあいと違って、物体は**時間的・場所的な制約**が克服されますので、その文書がもっている**証明力・証拠力**は非常に高いと言えます。したがって、一定の意思内容を文書にすることは、それだけで重要な意味をもっています。

通説は、文書偽造罪の保護法益を、文書に対する公共の信用あるいは公共の信頼と解していますが、文書に対する公共の信用・信頼は、文書のもつ「証明力・証拠力」にその根拠があるとわたくしは考えています。社会生活上、そのような性格を有する文書が、一つの「制度」としてみとめられているわけです。**文書制度**は、まさにその証明力・証拠力をもとにして社会の中で基礎づけられてきました。このような考え方をとりますと、文書偽造罪は、一つの「**証拠犯罪**」ということになります。わたくしは、かねてより『文書偽造罪の理論』という著書において、このような見解を主張してきています。じゅうらい、わが国ではこのような議論はありませんでしたので、文書の証明力・証拠力の観点から、「**制度としての文書**」の概念を提示して文書偽造罪の理論的把握を試みたわけです。

制度論は、フランス哲学の伝統を継承した理論です。フランス哲学においては制度としてのいろいろな側面が議論されていますが、深入りするのはやめて、ここでは、通説が前提としている文書に対する公共の信用の基礎になるのは文書の証明力・証拠力であることを指摘するにとどめて、個別的な解釈論の問題に入りましょう。

(2) 犯罪類型

文書偽造罪は、**行為態様**によって、**偽造罪**と**行使罪**とに大別されます。偽造行為は、行為態様によって、有形偽造と無形偽造に分かれ、広義の有形偽造には、有形偽造と有形変造とがあります。これらについては後で詳しく説明することにします。

偽造の客体によって、偽造罪の種類が違ってきます。文書には**公文書**と**私文書**がありますが、公文書は最も信用性が高いですので、公文書偽造罪の**法定刑**は重くなっています。公文書偽造罪は、公文書の名義人の相違によって天皇陛下が書かれる詔書などについてそれぞれの偽造罪に分かれます。さらに公文書は、印章の有無によって、有印公文書偽造、無印公文書偽造に分かれます。私文書は**名義人**が私人であるばあいですが、私文書偽造も印章の有無によって、有印私文書偽造と無印私文書偽造とに分かれるのです。

有形偽造に対して**無形偽造**がありますが、これは、名義人を偽るのではなくて、**文書の中身**を偽る行為です。つまり、**内容虚偽の文書**を作成することを意味します。このばあいには、無権限で他人名義を使うわけではありませんので、権限を有する主体が問題になります。**内容虚偽の公文書**を作ったばあいは、**虚偽公文書作成罪**が成立しますが、医師については特に、**虚偽診断書作成罪**という特殊類型が設けられています。公務員でない者が作成したばあいについては、**公正証書等不実記載罪**が規定されています。その客体は、権利・義務に関する公正証書の原本か免状・鑑札・旅券などであり、それについて**不実記載**をすれば処罰されるわけです。私文書のばあい、無形偽造が一般的に処罰されるのではなくて、特別に限定的に処罰されています。

行使罪は、偽造・変造された文書を文書として使用する犯罪類型であり、その**客体**が公文書であるばあいには、

偽造公文書行使罪とその未遂罪があり、私文書であるばあいには、**偽造・虚偽私文書行使罪**とその未遂罪がありま す。この相互関係さえつかんでおけば、**偽造罪の全体像**は、はっきりするはずです。

(3) 有形偽造と無形偽造の意義

有形偽造とは、文書作成の権限をもっていないにもかかわらず、勝手に他人の名義を使って文書を作ることを言います。「無権限」で「他人の名義」を使うことが中核的な要素です。これに対して**無形偽造**は、内容に虚偽のある文書を作成することを意味します。有形偽造は、文書の内容ではなくて、勝手に他人の名義を使って文書を作ったかどうかを問題にします。これに対して「**虚偽文書**」を作成する無形偽造は、自己名義の文書を作って、その中に虚偽の内容を包含させることを意味します。言い換えますと、他人の名義を使うばあいは有形偽造であり、自己の名義を使うばあいは無形偽造ということになります。

有形偽造を偽造罪の基本形態として処罰する立法主義を**形式主義**と言います。これに対して、無形偽造を本来の偽造行為として処罰する立法主義を**実質主義**と言います。この点について**日本の刑法**は、**形式主義**を採っています。つまり、有形偽造を罰するのを原則とし、例外的に無形偽造を処罰しているわけです。条文上、無形偽造の処罰が例外的・限定的に規定されていますから、形式主義をとっていることがはっきりしているのです。

すなわち、条文上、第十七章の一五四条以下で偽造罪の処罰規定がおかれていますが、例外的に無形偽造行為が処罰されるのは、一五六条と一六〇条だけです。一五六条は、「虚偽公文書作成罪」として「公務員が、その職務に関し、行使の目的で、虚偽の文書若しくは図画を作成し、又は文書若しくは図画を変造したときは、印章又は署名の有無により区別して、前二条の例による」と規定しています。これは、基本型は有形偽造ですけれども、虚偽公文書作成罪として無形偽造行為も罰することを意味します。私文書のばあいは、もっと顕著になります。一五九条で私文書偽造が処罰されるのですが、一六〇条によって、無形偽造行為の処罰は私文書一般ではなくて、虚偽診断書等に限定されているのです。一六〇条では「医師が公務所に提出すべき診断書、検案書又は死亡証書に虚偽の記載をしたときは」となっていますが、この**虚偽の記載**というのが虚偽文書の作成にほかなりません。このばあいには「三年以下の禁錮又は三十万円以下の罰金に処する」として**例外的**に無形偽造行為を罰することを明らかにしています。

しかしながら、おそらく一般の人は、文書偽造罪は無形偽造を罰するのが原則であると考えているのではないでしょうか。つまり、文書偽造というのは、ほんらい存在しないものを存在するもののように、嘘の事実を包含する文書を新たに作り出す行為であると考えている人が多いとおもわれます。たとえば、AとBが建物の賃貸借契約を締結したばあいに、Aが自己所有の家をBに貸したのですが、当初、契約書を取り交わしていなかったとします。そして、Aが、勝手に、**契約どおりの内容**を記載した賃貸借契約書という文書を作って、賃貸人としてBの名前を使って文書を完成させたばあい、Aは、内容についてはまったく虚偽はなく、契約どおりのものを文書にしただけなのです。正しい内容の文書を作っているにすぎず、何ら虚偽は存在しませんので、偽造にはならないと考える人が多いかもしれません。しかし、これはれっきとした私文書偽造行為なのです。なぜならば、このばあい、作成名義人であるBの承諾を得ないで、勝手にその名義を使って契約書を作り出しているからです。つまり、権限がないにもかかわらず、Aは、他人であるBの名義を勝手に使っていますので、**他人名義の冒用**が存在するのです。他人名義の「冒用」とは、他人の名義を無権限で勝手に使うことです。他人名義の冒用がここでみとめられますから、私文書偽造罪が成立するわけです。

このように文書の中身に何ら虚偽は含まれていないのに、この行為を犯罪とするのはおかしいのではないか、という疑問が生ずるかもしれませんが、これに対しては**判例・通説**は、次のように主張しています。たしかに、Aは、現実に存在する契約内容を**文書化し**たにすぎませんが、しかし、勝手にそういうことが許されますと、文書はかなり強力な**証明力**をもっていますので、証拠として文書（契約書）を取得しますと、その文書の内容どおりの契約を交わしたことについて、Aに非常に有利に作用します。このように、強力な証拠力・証明力を有する文書を相手の了解なしに無権限で作り出すという点に問題があり、ここに処罰されるべき根拠がありますから、有形偽造を処罰するのはけっして不当ではないとされます。このようにして、文書に対する社会の信頼が保護の対象になっているわけです。

ここで「他人名義を勝手に使うこと」について説明しましたが、次に「名義人とは何か」が問題になります。

(4) 名義人の概念

名義人の概念について、じゅうらい**判例・通説**は、次のように解してきています。すなわち、**名義人**とは、文書の内容となっている思想の主体を意味するとされます。思想という言葉を使いますと、哲学思想とか倫理思想とか宗教思想とかの高尚な理論体系を想像しがちですが、そのような大仰《おおぎょう》なものではなくて、要するに、**意識内容（意思内容）**のことです。したがって、文書の内容となっている意識内容の主体が名義人であるとされているわけです。もっと簡単に言いますと、名義人とは意思表示をした人を言い、これは、**民法上の意思表示**ではなく、もっと広い意味での意思表示です。判例・通説は、その意思表示の主体が名義人であると解しているのです。

(5) 代理名義の冒用と文書偽造罪の成否

代理名義を冒用したばあいの名義人をどのように解するか、が重要な論点になっています。代理名義を冒用したばあい、文書偽造罪が成立するのかどうか、が問題になりますが、これは**名義人**をどのように捉えるか、つまり、誰が名義人なのか、によって結論に差が生じます。なぜそれが問題になるのかと言いますと、代理のばあい、本人と代理人という二人の人物が存在し、文書の中に必ず両名の名前が記載されますので**（顕名主義）**、そのうちの誰が名義人なのかが、重要な意味をもつからにほかなりません。

たとえば、BがAの代理人Bとして(A代理人Bとして)勝手に文書を作成するばあい、**名義人**はAなのかBなのかが、まず最初に出てくる疑問点です。この点で、**民法上の代理**の本質をどのように捉えるかが、重要な意味をもちます。民法上の代理においては、**意思表示**をおこなうのは代理人(B)で、意思表示に基づく**法律効果**が帰属するのは本人(A)、つまり被代理人であるとされる点に特徴があります。つまり、意思表示は**代理人**がおこなって、法律効果だけが**本人**に帰属するのが、代理制度なのです。

Aの代理人であるBが、「A代理人B」と記載して正式な文書を作成したばあいには、意思表示をしたのはBで、それによって生ずる法律効果は、全部Aに帰属することになります。**無権代理人**のばあい、つまり、権限なくして代理人名義で意思表示をして文書を作成したばあいにどうなるかが問題となります。このばあいを代理人名義の冒用と言います。

代理名義の冒用のばあい、判例・通説の立場を前提にしますと、意思表示をしたのはBですから、Bが作成した文書の名義人はBということになり、自分の名義を使って意思表示をしたにすぎず、これは、ほんらい無形偽造になるはずです。**形式主義**の下では、自分の名義の文書を作るにあたって、内容が虚偽であっても、原則として偽造罪にはなりません。私文書に関しては、例外的に虚偽の診断書の作成などに限って処罰されますから、それ以外の文書の無形偽造は、処罰の対象にならないはずです。このように考えるのが、**無形偽造説**です。

ところが、これを不可罰にするのは常識的におかしいのではないかという疑問が生じます。なぜならば、BがAの名前で文書を作れば文書偽造罪として処罰され、勝手にAの代理人Bという形で、Aの信用を利用してBの名前を使いますと、これが不可罰になってしまい、均衡を失することになるからです。これを処罰すべきだとして主張されているのが、**有形偽造説**です。このばあいを有形偽造と解しますと、意思表示の主体が代理人であることを前提としながら、これをどのように有形偽造として説明するかに難点が生じます。そこで、**有形偽造の論証**をめぐって、見解が分かれるのです。

まず、「A代理人B」というAとは別個の人物の名義をBが使っているので、有形偽造であると主張する見解があります。「A代理人B」という「他人」の名義を使ったのだから有形偽造であるという理屈です。「A代理人B」という表示は、BがAの代理人として法律行為をおこなっていることを示すにすぎないのであって、「A代理人B」という人が別にいることを想定して、その人の名前を使っているという把握は、いかにも技巧的で実態に合わないと言えるでしょう。

そこで**判例・通説**は、代理のばあい、Bが意思表示をしたけれども、その法的効果がほんらい帰属する主体であるAとして表記された文書においては、Aが名義人であると解しています。Bは、意思表示者にすぎず、社会生活上、重要な意義を有する**法律効果が帰属する主体**ではありませんから、法律効果が帰属する主体としてのAが名義人であると説明するわけです。しかし、これは、**判例・通説の前提**とは真っ向から対立し**矛盾**します。なぜならば、この見解は、一方において「**意思表示の主体**」が名義人であると主張しながら、他方において、代理名義の冒用のばあいには「**法律効果が帰属する主体**」が名義人であると主張しているからです。「法律効果の帰属主体」と「意思表示の主体」は別個の主体であるにもかかわらず、代理名義に関しては、名義人は意思表示の主体ではなくて、法律効果の帰属主体であるとするのは、いかにも便宜的にすぎるのではないでしょうか。そうだとしますと、むしろ名義人を「意思表示の主体」と捉える基本的思考にこそ問題があると考えられます。

このように文書の名義人を「**意識の主体**」と捉えること自体に、すでに問題があるのです。文書が強力な「証拠力」をもつ根拠は、口頭による意思表示が、文書化されることによって、「永続性」と「不可変性」を得ることに求められます。意思表示の効果としての「法律効果」は、文書化による「事実上の効果」とは違います。文書に示されることによって証明力が一段と高まることは、「**事実上の効果**」です。その事実上の効果が「**文書化**」することによって生ずることをみとめる立場にある者が、名義人にほかなりません。つまり、名義人とは「**文書作成の責任主体**」、言い換えますと、「**文書化の責任の帰属主体**」ということになるのです。

形式主義と**精神性説**の立場を徹底しますと、次のように解することができます。そもそも一定の意識内容を文書化することは、一定の事実を証明するにあたって重要な意味をもちます。このような文書化は、その「**文書化の責任の所在**」を「**文書化の責任の主体**」が文書に明示されることによってはじめて、公共の信頼を取得できますから、「**文書化の責任の主体**」を偽ることによって、文書に対する公共の信頼が損なわれるのです。この点にこそ、有形偽造の本質が存在します。したがって、文書の名義人は、「文書を作成すること自体に関する責任の主体」、言い換えますと、「文書の形式的成立に偽りのないことを保証する者」ということになります。つまり、当該文書が適式に作られていることを保証する立場にある者は、逆に言えば、それが「真正な文書」として成立したばあいには、その文書の効果をそのままみとめざるを得ない者ということになります。「文書の真正を保証する」ことは、結局、その「文書の成立を争わないこと」、換言すれば、文書の作成の効果が自己に帰属することを甘受することにほかなりません。

このような観点から名義人を捉え直しますと、代理人名義のばあい、A代理人Bという表記は、民法上の**顕名主義**の要請に基づいて、Bとしては「この文書を作成したのは自分であるけれども、文書化自体についての責任はAにあること」を示すためにおこなっていることになります。したがって、「**文書化の責任**」は、文書の形式から判断しますと、明らかにAに帰属するのです。すなわち、Bは、「意思表示をおこなう権限と文書化する権限をAから与えられて、こういう文書を作りました」ということを示すために、A代理人Bという名義を使っていますから、「Aがこの文書化の責任の帰属主体であること」を示すために、「A代理人B」という形をとっていることになります。ここでは「**文書化**」の**責任**を問題にしているのであって、**文書の中身の**「**法律効果**」を問題にしているのではないのです。

わたくしがこのような説を提唱してかなり経つのですが、未だに私見の真意を理解できない論者は、**文書化の責任**と**意思表示の法律効果**とを混同しているわけです。しかし、わたくしは、**文書化についての責任**、**文書化の効果**を問題にしているのです。このことが理解できないのは、民法の知識が不足しているからです。民法では、意思表示とその法律効果は明確に分けられており、意思表示をしたのがBで、法律効果がAに帰属することは、民法の代理制度の根幹なのです。「文書化の責任」は、断じて「意思表示」の法的「効果」ではありません。文書にすることによって強い証明力が出てくることを否定できなくなる責任を**文書化の責任**と言っているのです。わたくしは、文書化の責任を基礎にした名義人概念を前提にして有形偽造を捉えていくべきだと考えています。

無形偽造が「虚偽文書の作成」を意味するのに対して、有形偽造は「不真正文書の作出」を意味します。ここで、「**不真正文書**」および「**虚偽文書**」という言葉を専門用語として正確に把握しておいてください。虚偽文書は「文書の内容」に関わっています。つまり、文書の内容が嘘の事実、実際には存在しない「虚偽の事実」を内容として含んでいる文書が「虚偽文書」です。これに対して、文書の内容のいかんを問わず、「名義人と作成者が一致していない文書」を「不真正文書」と言います。つまり、勝手に他人の名義を使って作った文書のばあい、勝手に作った人と作成名義人とが一致していないわけです。この真正・不真正、虚偽かどうか、を正確につかんでください。これについては、すでに有形偽造と無形偽造、それから形式主義・実質主義のところで触れていますが、「**名義人の同一性**」を偽るということは、他人名義を冒用することにほかなりません。

名義人を偽る「不真正文書の作出」の意義の把握に関して、**観念説ないし精神性説**と**事実説ないし物体化説**に分かれおり、**通説・判例**は観念説ないし精神性説です。事実上の作成行為をする点ではなくて、観念的に見て作成者と名義人が一致しないばあいを、名義人を偽ること、名義人の同一性を偽ることとして理解するわけです。

名義人の観念をこのように捉えますと、**実在しない人**（**架空人**）**の名義**を使用して文書を作出するばあい、その名義人が、現実には存在していなくても、その者がいるかのような外観を有する文書を勝手に作れば、文書に対する信頼が損なわれますから、ここでいう名義人は架空のものであってもかまわないことになります。これは、現在の**判例・通説**の立場です。なぜそれでかまわないのかは、これまで述べてきたことを押し進めていけば説明がつきます。これが「**虚無人名義の冒用**」という問題にほかなりません。

(6) 承諾に基づく他人の氏名の使用と有形偽造の成否

承諾に基づいて他人の名前を使用するばあい、承諾がある以上、原則として文書作成について権限が与えられていることになりますから、通常のばあいには、偽造にはなりません。これは、「**被害者の承諾**」として違法性阻却の問題であるとする見解もかつてはありましたが、構成要件要素である偽造概念の問題なのです。偽造とは、「無権限で」他人名義の文書を作成する「**不真正文書の作出行為**」であり、承諾があれば文書作成の権限が与えられていることになりますから、有形偽造にあたらないわけです。

しかし、**例外的**に、有形偽造にあたるばあいがあります。たとえば、**交通反則切符**に関して、Aが自分の名前を使ってもよいとBに許可を与えたため、BがAの名前で違反事実をみとめる供述部分にAの名前を書いたばあいがそうです。このばあいには、本人Aが承諾しているのですから、これは有形偽造にはならないのではないか、という疑問が生じます。しかし、**判例・通説**は、本人（A）自らが直接、作るべき文書については、その人（A）の承諾を得てその人（A）の名前を用いて他人（B）が作っても無効ですから、その者（B）については有形偽造の成立をみとめています。

判例が、本人の承諾があっても、一定の文書については有形偽造となり得ることをみとめているものとして、私立大学のいわゆる替え玉入試事件判決（最決平6・11・29刑集四八巻七号四五三頁）があります。本人自身が作るべき文書は、「**制度としての文書**」という観点から見ますと、本人自身が作出することによってこそ、それが文書としての強力な証明力・証拠力をもつのです。そのような文書は、自分自身が作ったことに意味があるわけですから、それを他人に作出させますと、文書に対する信頼が損なわれることになります。このばあいには、名義人の承諾があったとしても、その承諾は、「制度としての文書」の証拠価値を損なう点に関する問題であり、個人的法益ではなくて社会的法益にかかわるものですから、いわば「無効」であると言えます。したがって、**直接、自ら作るべき文書**については、本人の承諾があったとしても、なお有形偽造となり得るわけです。このような観点からは、交通反則切符についても、同じような趣旨で有形偽造をみとめることができるのです。

しかし、最高裁の判例と違って、わたくしが問題にしていますのは、文書が**無効**になったかどうかではありません。わたくしは、その文書を本人が作った時点で本来の証拠価値、証明力・証拠力が生じますので、他人が作りますと、そのような証拠力をもつ文書を新たに無権限で作り出したことになりますから、有形偽造にあたると主張しているのです。この考え方に対しては、通常の文書については証拠価値と言いながら、なぜ入試答案について「内容」を問題にするのかという批判が加えられます。しかし、わたくしは、「内容」を問題にしているのではなくて、**証拠価値**という観点から、本人が作ったものだけが答案としての証拠価値をもつ以上、それについて偽っていることを指摘しているのです。この点は**証拠価値**という観点からも十分に統一的に説明できます。

(7) 写真コピーの作成と文書偽造の成否

ここで、写真コピーの問題について考えることにしましょう。これは、**勝手に内容を改ざん**した写真コピーを作成する行為が、文書偽造にあたるかどうか、という問題にほかなりません。この問題は、実務で実際に争われ判例が一定の立場を打ち出したため、それに学説が対応せざるを得なかった論点です。わたくしは、地裁段階で判例が分かれていた時期から、**有形偽造説**を主張してきました。高裁の判例でも意見が分かれて、結局、**最高裁**の三つの小法廷が有形偽造説を採り、判例上、確立されたのです。学説上は、罪刑法定主義に違反する類推解釈であるから、無罪とすべきであるとする見解も主張されています。

なぜこれが問題になるのかと言いますと、**文書の「写し」**を作成する行為自体は、ほんらい許されているからです。文書の「写し」を作る行為は、誰でもできますし、適法なものとして許されます。一般に「写し」を作成するばあい、ある文書を複写して新たに「写し」としての文書を作った旨を記載してその「写し」の作成者の名前を書くことが多いわけです。これを「**認証文言**」と言います。ここに**原本**があって、原本を複写して、「右はまさしく原本の通りであることを証明します」という形で認証しますので、写しの部分は、もちろん原本ではありません。この「認証文言」の部分が原本になりますから、この点を偽れば、原本について有形偽造罪が成立することになるわけです。写しを作成すること自体は勝手にできますので、それについてはかまわないのですが、認証部分について原本性が生じますから、この部分について偽造が成立するという説明がなされてきました。

戸籍抄本とか住民票とかをとったばあいに、抄本である旨の**認証文言**がありますが、それがポイントとなります。かつて湿式のコピー機を使って作成したコピーの末尾に「抄本であることを証する」旨の文言の後に市町村長などの記名捺印のあるのが多かったのです。写しと文書偽造罪の問題としては、認証文書の部分について有形偽造が成立し、それがないものについては、写しの作成は偽造行為にはならないという理解が一般的でした。

ところが、**ゼロックスコピー(写真コピー)**の普及によって、事態が完全に変わってしまいました。ゼロックスコピー機で、一定の文書のコピー(写真コピー)を作成したばあい、そのコピーは、あくまでも写しにほかなりません。原本とまったく同じようなものがコピー(複写)されても、それが「写し」であることには違いはないのです。原本がある以上、コピーをとっても、それは偽造行為にはなりません。問題になるのは、原本の「写し」を作って、さらにそれにいろいろ書き加えたりして内容に変更を加えて、さらにこれをもう一度コピーしてあたかもこれと同じ**内容と形態**を有する原本が存在するかのような外観を呈するコピーを作る行為が、有形偽造になるかどうかです。これは単なる「写し」の作成であるから処罰すべきではないと無罪説は主張します。しかし、**判例・通説**は、そのようには考えていません。

わたくしは、判例・通説の結論を支持していますが、**根拠づけ**については、次のように解すべきであると考えています。もともと原本通りの写真コピーを作る行為は許されています。原本を渡してしまえば、「コピーをとってはいけません」といっても、それは無益です。そうしますと、原本を渡すということは、実際上、コピーをしてもよいという趣旨で渡したことになりますので、法的には包括的にその権限を与えたことになるわけです。そのばあい、**原本の内容どおりのコピーを作る権限**を与えたにすぎないのであって、内容を変えて本物らしいコピーを作る権限を与えているわけではありません。したがって、内容に変更を加えた写真コピーを作成する行為は、権限なくしておこなわれた行為ということになります。つまり、与えられた権限の枠を越えたコピーを勝手に作ることによって、「無権限で」原本の名義人の名前を使って新たな内容の異なる文書を作り出しているわけですから、有形偽造となります。原本がまったくそのとおりに存在するかのような外観を作り出すゼロックスコピーが出現したからこそ、こういう議論が出てきたのです。最高裁の判例も、文書のもつ証明力・証拠力を基礎に、有形偽造をみとめているわけです。

偽造と変造は、「**文書の同一性**」を害するかどうかを基準にして区別されます。すなわち、文書の本質的部分に変更を加えて、文書の同一性を失わせてまったく新たな文書を作り出したと評価されるばあいが偽造であり、文書の同一性を維持したまま証明力に重要な変化を生じさせたにとどまるばあいが変造です。証明力に重要な変化を生じさせないばあいには、「**文書の毀棄**」になります。

昭和六二年の刑法の一部改正により**コンピュータ犯罪**の一環として電磁的記録不正作出罪が新設されています。

④ 有価証券偽造の罪

有価証券偽造罪に関し、**有価証券**を文書の一種として捉えるか、それとも通貨に準ずるものとして捉えるかが、問題になります。有価証券偽造の罪の基本的な行為は、**偽造・変造行為**と**虚偽記入行為**とに分けられますが、その概念内容の中核は、文書偽造と同じです。

手形の**虚偽記入**は、内容虚偽文書の作成のことであり、無形偽造に相当する概念として理解しておけば十分です。それから、いろいろな**プリペイドカード**が出回っていますが、それの偽造・変造をどうするのかが、大きな問題になっていましたが、これは立法的に解決されました。これについては、次項において説明します。ここでは、テレホンカードに関して簡単に見ておきましょう。

テレホンカードの変造行為は、有価証券変造にあたるかどうかが問題になっていました。その際、テレホンカードの有価証券性が議論されたのですが、**最高裁**の判例は、有価証券であると判断しました。すなわち、最高裁の平成三年四月五日の決定は、テレホンカードはその磁気情報部分ならびにその券面上の記載および外観を一体として見れば、電話の役務の提供を受ける財産上の権利がその証券上に表示されているとみとめられ、かつ、これをカード式公衆電話機に挿入することにより使用するものであるから、有価証券にあたる旨を判示したのです（刑集四五巻四号一七一頁）。NTTという名義の表示とその内容となっている権利、つまり電話機に差し込むことによって通話できるという権利が包含され、それと一体になっているから、有価証券であると解したわけです。有価証券は、文書であることを前提にして、議論がなされてきました。ところが、テレホンカードのばあい、プリペイドカード一般がそうですが、重要な情報がカードの**磁気部分**に打ち込まれており、その磁気部分の内容を肉眼で見て確認することはできません。文書の基本的な要件である**可視性**、**可読性**が欠けていますので、有価証券としての性質を具備しないのではないか、という疑問が生じたわけです。わたくしは、その観点から、これは有価証券にあたらないと主張してきました。ただ、判例は、名義とその磁気部分が一体となって文書性を具備しうるので、有価証券だとしたのです。これは**コンピュータ犯罪**ですから法によって統一的に解決すべき問題であり、すでに**立法的に解決**されています。

⑤ 支払用カード電磁的記録に関する罪

(1) 法改正の背景と概要

支払用カード電磁的記録に関する罪の新設を内容とする「刑法の一部を改正する法律」が、二〇〇一年六月二六日に国会で可決成立し、七月四日法律第九七号として公布されています。

今回の**改正の理由と背景**は、「刑法の一部を改正する法律案理由説明」によれば、次のとおりです。すなわち、クレジットカードやプリペイドカードなど、コンピュータ処理のための電磁的記録を不可欠の構成要素とする**支払用カード**は、広く国民の間に普及し、今日では、通貨、有価証券に準ずる**社会的機能**を有するに至っています。そして、最近、これらの支払用カードの電磁的記録の情報を不正に取得してカードを偽造するなどの犯罪が急増しており、国際的な規模で、また、組織的に敢行されることも少なくない現状にあります。しかし、現行法上、このような**偽造カードの所持**やカードの**電磁的記録の情報の不正取得**などの行為は、犯罪化されていなかったため、この種事犯に対し適切な処罰ができませんでした。また、現に果たしている社会的機能の共通性にもかかわらず、適用される条項はカードの種類によって区々であり、その内容も有価証券等に関する罰則との**均衡**を欠いていたのです。さらに国際関係において、カード偽造に関する処罰規定が整備されている主要先進国から、偽造カードの所持または取得を処罰できないなど未整備のわが国に対して、**国際協力**に基づく犯罪対策の観点に基づく強い要請があったのです。

改正法において**犯罪化された行為類型**は、①クレジットカードなど、代金または料金の支払用のカードを構成する電磁的記録を不正に作出し、供用し、譲り渡し、輸入し、または所持する行為、および、②支払用カード電磁的記録の不正作出の用に供する目的で、その電磁的記録の情報を取得し、提供し、または保管する行為、および器械または原料を準備する行為です。改正法は、新たに③**国外犯処罰規定**を設けています。すなわち、二条七号で、日本国外において一六三条の二から一六三条の五までの罪を犯した者に刑法を適用する旨を規定しています。支払用カードを構成する電磁的記録の不正作出に関する犯罪行為は、国際的に役割を分担して組織的におこなわれており、クレジットカードについては、輸入したカード原版を用いて国内でカードを不正に作出し、使用する事案が多いのですが、国内でスキミングされた情報のみならず、国外でスキミングされた情報も増加しつつあり、今後とも、国外で関連する犯罪行為の一部がおこなわれる危険性が高いと言えます。したがって、属地主義による国内での犯行の処罰だけでは十分でなく、犯行の場所と国籍を問わず処罰する国外犯処罰が必要とされたわけです。

(2)　支払用カード電磁的記録不正作出等の罪（第一六三条の二）

本条は、次のように規定しています。「人の財産上の事務処理を誤らせる目的で、その事務処理の用に供する電磁的記録であって、クレジットカードその他の代金又は料金の支払用のカードを構成するものを不正に作った者は、一〇年以下の懲役又は一〇〇万円以下の罰金に処する。預貯金の引出用のカードを構成する電磁的記録を不正に作った者も、同様とする。

2　不正に作られた前項の電磁的記録を、同項の目的で、人の財産上の事務処理の用に供した者も、同項と同様とする。

3　不正に作られた第一項の電磁的記録をその構成部分とするカードを、同項の目的で、譲り渡し、貸し渡し、又は輸入した者も、同項と同様とする」。

(i)　**客体**

本罪の客体となるカードは、「**代金又は料金の支払用カード**」および「**預貯金の引出用カード**」です。クレジットカード、デビットカードやプリペイドカードが前者の例であり、銀行・郵便局などの金融機関が発行する預金または貯金に係るキャッシュカードが後者の例です。ローンカードやポイントカードは本条に含まれません。

「**支払用のカードを構成する電磁的記録**」とは、正規の支払用カードの構成要素となっている電磁的記録、つまり、支払システムにおける機械的事務処理の用に供すべき一定の情報が、所定のカードに電磁的方式で記録されたものを意味します。これは、文言上も明らかなとおり、一六一条の二第一項の特則をなしています。

(ii)　**目的**

本罪はもとより、本章の罪はすべて**目的犯**とされており、「人の財産上の事務処理を誤らせる目的」が要件とされていますので、ここでまとめて説明しておきましょう。

この目的は、不正に作られた電磁的記録が用いられることにより、**他人の財産上の事務処理を誤らせる目的**を意味します。たとえば、クレジットカードを受けるなど、支払決済以外の財産的事務処理に用いるばあいはこれに含まれますが、身分証明書代わりに限ってクレジットカードを使用するばあいなど、もっぱら非財産的な事務処理を誤らせる目的にとどまるばあいは、これに含まれません。

(iii)　**行為**

「**不正に作る**」とは、権限なく、または権限を濫用して支払用カードを構成する電磁的記録を正規のカードとして機械処理が可能な状態を作り出すことを意味します。本罪は、電磁的記録カードと一体化した状態となっているものを作出した時点で、既遂となります。「**用に供する**」とは、不正に作出されたカードを構成する電磁的記録を他人の財産上の事務処理のため、これに使用される電子計算機において使用できる状態に置くことを言い、偽造文書などの「行使」に相当するものです。「**譲り渡し、貸し渡し**」とは、不正に作出された電磁的記録をその構成部分とする支払用または引出用のカードを人に引き渡す行為を意味し、相手方に処分権の付与を伴うものが「譲り渡し」であり、これを伴わないものが「貸し渡し」です。「**輸入**」とは、国外から国内へ搬入することを言います。

(3)　不正電磁的記録カード所持罪（第一六三条の三）

本条は、「前条第一項の目的で、同条第三項のカードを所持した者は、五年以下の懲役又は五〇万円以下の罰金に処する」と規定しています。

所持とは、支払用カードを事実上、支配していることを言います。既存の刑法の偽造罪には、偽造された物の所持を罰する規定はありませんが、不正に作られた支払用カードについては、一般的な偽造文書と異なって、そのシステムにおいて許される範囲内において、同じ人が何度でも同じカードを反復使用することが可能ですから、その所持による法益侵害の危険性が特に高いこと、不正に作られた電磁的記録は、電磁的記録そのものとしては真正なものとまったく同じ内容のものができるため、機械に対する使用などの段階で発見し、検挙することが非常に困難であることなどを考慮して、その所持行為が処罰されることになりました。そして**法定刑**は、供与罪の予備罪的な性質を有しますので、その二分の一程度とされているのです。

(4)　支払用カード電磁的記録不正作出準備罪（第一六三条の四）

本条は、次のように規定しています。

「第一六三の二第一項の犯罪行為の用に供する目的で、同項の電磁的記録の情報を取得した者は、三年以下の懲役又は五〇万円以下の罰金に処する。情を知って、その情報を提供した者も、同様とする。
2　不正に取得された第一六三条の二第一項の電磁的記録の情報を、前項の目的で保管した者も、同項と同様とする。
3　第一項の目的で、器械又は原料を準備した者も、同項と同様とする」。

(i)　**意義**

本条は、支払用カードを構成する電磁的記録を不正に作る罪の予備的な行為のうち、不正作出罪の遂行にとって不可欠であり、当該犯罪類型に固有の重要性を有するものとして、**カード情報を準備する行為**と、カード原版などの**器械・原料を準備する行為**を処罰するものです。すなわち、カードの情報の不正取得から電磁的記録の不正作出に至る間に、多くの関係者が介在するという実情を踏まえて、取得、提供、保管という行為を処罰することにより、不正作出の実行の着手を待たずに、不正取得に係るカード情報のこれらの段階で的確な対応を確保し、支払用カードを構成する電磁的記録を不正に作るためには、カード情報とともに、カードの原版や、これに印磁するための器械が不可欠であり、これら器械・原料の準備については、カード原版の大量密輸の実情などを考慮して、カード情報の不正取得などを処罰するのと同様の処罰の必要性がみとめられたのです。

(ii)　**客体**

「**支払用カードを構成する電磁的記録の情報**」とは、会員番号、有効期限などの個々の要素ではなく、カードの磁気ストライプ部分に記録されているひとまとまりの情報そのものを意味します。

(iii)　**行為**

「**取得**」とは、支払用カードを構成する電磁的記録の情報をカードから複写するなどして自己の支配下に移すことを言います。その典型例としては、正規のカードの券面から、スキマーと呼ばれる電子機器を用いて、電磁的方式で記録されているカード情報を複写し、当該機器に設置されている記録媒体に蓄積させて取得するスキミングと呼ばれる行為が想定されています。「**提供**」とは、カード情報を事実上、相手方が利用できる状態に置くことを言います。典型例としては、カード情報が入っているフロッピーディスクなどの記録媒体を相手方に交付する行為、数字や符号でコード化されたカード情報をファクシミリで送信する行為などがあります。「**保管**」とは、電磁的記録の情報を自己の実力支配内に置いておくことを言います。カード情報をパソコンのハードディスクに保存する行為や、カード情報が入っているスキマーやフロッピーディスクなどの記録媒体を所持する行為などが、これにあたります。「**器械・原料の準備**」とは、カードライター、生カードなど不正作出の用に供すべき器械・原料を買い入れ、製作するなど、これを利用してその目的を遂行し得べき状態に置くことを言います。

(5) 未遂罪

第一六三条の五は、第一六三条の二及び第一六三条の四第一項の罪の未遂を罰しています。具体的には、**所持罪を除いた**不正作出罪、供用罪、譲り渡し罪、貸し渡し罪、輸入罪につき、その未遂が処罰がされます。

6 印章偽造の罪

本罪について、理論上はむずかしい問題はありません。偽造の問題は、今までの文書偽造罪と同じ基準で考えていけばよいわけで、客体が印章である点が違うだけです。

(1) 印章・署名・記号

印章とは、作成名義人の同一性を示すために顕出された印章・印跡を言い、さらに印顆《いんか》を含みます（大判明43・11・

21刑録一六輯二〇九三頁)。**署名**とは、一定の主体が自己を表彰する文字によって氏名その他の呼称を表記したものを言います(大判大5・12・11刑録二二輯一八五六頁)。

記号と印章の区別については、見解が分かれており、**押捺物体標準説**は、押捺される物体が文書であるときは印章、その他の物体であるときは記号であると解しています。これに対して、**表示内容標準説**は、主体の同一性を表示するのが印章であり、その他の事項を表示するのが記号であると解しています。

(2) 偽造・不正使用

偽造とは、無権限で他人の印章・署名を作り出すことを言い、**不正使用**とは、権限を有しない者が、署名または印章・記号の影跡を真正なものとして、その用法に従って他人に対して使用することを言います。これは、実質上の「行使」にあたるわけです。

第21講　公衆衛生に対する罪／風俗に対する罪

1　公衆衛生に対する罪

公衆衛生に対する罪として**あへん煙に関する罪**は、一三六条以下に、**飲料水に関する罪**は、一四二条以下にそれぞれ規定されています。いずれについても公衆衛生の保持という観点から各種の犯罪類型の規定がおかれています。実際上、こういう犯罪がおこなわれるケースはあまり起こりませんし、理論上も難しい問題は包含されていませんので、規定内容を簡単に見ておくことにしましょう。

(1)　あへん煙に関する罪

あへん煙に関する罪の**保護法益**は、あへん煙を吸食することによって害される**公衆の健康**です。あへん(阿片)の常用は、中毒の状態を招いて、常用者の心身を害し、ついには廃人に至らせます。その悪習が国民の間に蔓延《まんえん》しますと、公衆の健康を損ねて国民生活を頽廃させますので、刑法はあへん煙を取り締っているのです。しかし、現在では、麻薬や覚せい剤などの濫用が重大な社会問題となっており、これに対処するために、麻薬取締法(昭三八年法一四号)、あへん法(昭二九年法七一号)、大麻取締法(昭二三年法一二四号)、覚せい剤取締法(昭二六年法二五二号)などが制定されています。

(i)　あへん煙輸入等の罪

一三六条は、あへん煙を輸入し、製造し販売し、または販売の目的で所持する行為を処罰しており、その法定刑を六月以上七年以下の懲役とし、一四一条は未遂を処罰しています。

本罪の客体である「**あへん煙**」は、精製されてすぐに吸食に供し得るあへん煙膏《こう》を言い、原料である生あへんを含みません（大判大8・3・11刑録二五輯三一四頁）。「**輸入**」とは、日本国外から日本国の領海内・領空内に搬入することを言い、「**製造**」とは、あへん煙膏《こう》を作り出すことを言い、「**販売**」とは、不特定または多数の者に有償で譲渡することを言います。「**所持**」とは、あへん煙を事実上、支配することを言い、「**販売の目的**」とは、不特定または多数の者に対して有償で譲渡しようとする意思を言います。

販売の目的をもつ所持は、本罪とあへん煙吸食器具輸入罪（一三七条）によって処罰され、このような目的をもたない所持は、あへん煙等所持罪（一四〇条）によって処罰されるのです。

(ii) **あへん煙吸食器具輸入罪**

一三七条は、あへん煙を吸食する器具を輸入し、製造し、販売し、または販売の目的で所持する行為を処罰し、その法定刑を三月以上五年以下の懲役とし、一四一条は未遂を処罰しています。

「**あへん煙を吸食する器具**」とは、あへん煙を吸食する目的で作られた器具を言い、煙管などがこれにあたります。

(iii) **税関職員によるあへん煙等輸入罪**

一三八条は、税関職員が、あへん煙またはあへん煙を吸食するための器具を輸入し、またはこれらの輸入を許す行為を処罰し、その法定刑を一年以上一〇年以下の懲役とし、一四一条は未遂を処罰しています。

本罪の主体は、税関職員に限られますので、本罪は**真正身分犯**です。税関職員は、税関に勤務するすべての公務員を指すものではなく、そのうちの**輸入に関する事務**に従事する公務員に限られるのです。

輸入罪は、あへん煙輸入罪とあへん煙吸食器具輸入罪に対する身分による加重犯ですから、本罪は**不真正身分犯**

です。輸入許可罪は、もともと、あへん煙輸入罪とあへん煙吸食器具輸入罪の教唆または幇助にあたるのですが、取り締る側にある者自身によっておこなわれるために独立罪としたものですから、真正身分犯です。

(iv)　**あへん煙吸食罪**

一三九条一項は、あへん煙を吸食する行為を処罰し、その法定刑を三年以下の懲役とし、一四一条は未遂を処罰しています。「**吸食**」とは、呼吸器または消化器によってあへん煙を消費することを言い、目的のいかんを問いません。

(v)　**場所提供罪**

一三九条二項は、あへん煙の吸食のため、建物または室を提供して利益を図る行為を処罰し、その法定刑を六月以上七年以下の懲役とし、一四一条は未遂を処罰しています。

本罪は、**財産上の利益を得る目的**で、あへん煙吸食の用に供するための場所を提供する行為を処罰するものです。「**建物または室を提供する**」とは、あへん煙を吸食する場所として、建物またはその一部を提供することを言います。

(vi)　**あへん煙等所持罪**

一四〇条は、あへん煙またはあへん煙を吸食するための器具を所持する行為を処罰し、その法定刑を一年以下の懲役とし、一四一条は未遂を処罰しています。

本罪は、**販売の目的**をもっておこなうばあい（一三六条・一三七条）以外のあへん煙またはあへん煙吸食器具の所持を処罰するものです。

(2)　飲料水に関する罪

飲料水に関する罪の**保護法益**は、**公衆の健康**です。本罪は、不特定または多数の者の生命や身体に対する安全を脅かすものですから、**公共危険罪**です。

特別罪として、人の健康にかかる公害犯罪の処罰に関する法律二条・三条があり、また、水道損壊罪の特別罪として、水道法五一条があります。

(i) **浄水汚染罪**

一四二条は、人の飲料に供する浄水を汚染し、よって使用することができないようにする行為を処罰しており、その法定刑は六月以下の懲役または一〇万円以下の罰金です。

本罪の客体は、**人の飲料に供する浄水**です。不特定またはある程度の多数の者の飲用に供される浄水であることを要しますので、特定の者の飲用に供する目的で、茶碗やコップなどに入れた浄水は、本罪の客体とはなりません（大判昭8・6・5刑集一二巻七三六頁）「**浄水**」とは、人の飲料に供し得る程度の水を言いますが、清澄な水であることを要しません。「**汚染**」とは、泥土や塵芥などを混入したり、水底を攪拌して混濁させるなどして、水の清潔な状態を失わせることを言い、飲料水として使用できなくなる程度に汚染することを必要とします。

(ii) **水道汚染罪**

一四三条は、水道により公衆に供給する飲料の浄水またはその水源を汚染し、よって使用することができないようにする行為を処罰し、その法定刑を六月以上七年以下の懲役としています。「**水道**」とは、水を供給するために人工的な設備を施したものを言い、構造の大小、形式の如何を問いません。自然の水流を利用したにすぎないものは除かれます。「**公衆に供給する飲料の浄水**」とは、不特定または多数の者に飲用として供給されるべき浄水であって、その供給するための途中にあるものを言い、「**水源**」とは、水道に流入すべき水で、流入前のものを言います。

(iii) **浄水毒物混入罪**

一四四条は、人の飲料に供する浄水に毒物その他人の健康を害すべき物を混入する行為を処罰し、その法定刑を三年以下の懲役としています。

「**毒物**」とは、青酸カリ（大判昭3・10・15刑集七巻六六五頁参照）や硫酸ニコチン（大判昭8・6・5刑集一二巻七三六頁）などのように、化学的作用によって人の健康を害するに足りる無機物を言います。

「**人の健康を害すべき物**」とは、それを飲用することによって人の健康状態を不良に変更する性質を有するいっさいの物質を言い、細菌その他種類のいかんを問いません。

(iv)　**浄水汚染致死傷罪、水道汚染致死傷罪、浄水毒物混入致死傷罪**

一四五条は、浄水汚染罪、水道汚染罪または浄水毒物混入罪を犯し、よって人を死傷させる行為を処罰し、傷害の罪と比較して、重い刑により処断することを規定しています。

本罪は、浄水汚染罪・水道汚染罪・浄水毒物混入罪の**結果的加重犯**です。死傷の結果についての認識があるばあいには、殺人罪や傷害罪が成立し、三つの罪と観念的競合になります。

(v)　**水道毒物混入罪**

一四六条前段は、水道により公衆に供給する飲料の浄水またはその水源に毒物その他人の健康を害すべき物を混入する行為を処罰し、その法定刑を二年以上の有期懲役としています。

本罪が成立するためには、毒物などを混入して、**人の健康を害する状態**に至らせれば足り、必ずしも現に人の健康に障害を与えたことは必要ではありません（大判昭3・10・15刑集七巻六六五頁）。

(vi)　**水道毒物混入致死罪**

一四六条後段は、水道毒物混入罪を犯し、よって人を死亡させる行為を処罰し、その法定刑を死刑または無期もしくは五年以上の懲役としています。

本罪は、水道毒物混入罪の**結果的加重犯**です。

(vii) 水道損壊罪

一四七条は、公衆の飲料に供する浄水の水道を損壊し、または閉塞する行為を処罰し、その法定刑を一年以上一〇年以下の懲役としています。

本罪の客体は、**公衆の飲料に供する浄水の水道**です。「**公衆**」とは、不特定または多数の者を言い、「**浄水の水道**」とは、浄水をその清浄を保持しつつ一定の地点に導く設備を言います。「**損壊**」とは、水道による浄水の供給を不可能または困難にする程度に破壊することを言い、「**閉塞**《へいそく》」とは、有形の障害物で水道を遮断して、浄水の供給を不能または著しく困難にすることを言います（大阪高判昭41・6・18下刑集八巻六号八三六頁）。

2 風俗に対する罪

風俗犯といわれる犯罪類型について、第二十二章では「わいせつ、姦淫及び重婚の罪」として規定しています。つまり、強姦罪や強制わいせつ罪を、風俗犯の一種として規定しているわけです。現在の**通説**は、強姦罪や強制わいせつ罪を「性的自己決定」ないし「性的行動の自由」を侵害する個人的法益に対する罪として扱っています。本書もそのように解し、個人法益に対する罪の個所で説明しておきました。

わいせつ罪、重婚罪が、風俗犯の**性的な問題**に関する犯罪類型ということになります。犯罪類型として、公然わいせつ罪（一七四条）、わいせつ物等の頒布などの罪（一七五条）、淫行勧誘罪（一八二条）、重婚罪（一八四条）が規定されています。

わいせつ犯罪は、いわゆる「**被害者のない犯罪**」ですから、刑罰から解放すべきであるとする見解があります。これは非犯罪化論、ディクリミナリゼーションといわれる主張です。一般論として、被害者がいなければ、そういう行為をおこなったことを理由に処罰するのはおかしいと言えます。ところが、わいせつ罪に関しては、たしかに、性的自由については被害者がいないと言えるのですが、その対象が、未成年者ないし青少年のように、教育上、人格形成の途上にある者であるばあい、これらの者に悪影響を及ぼすことがあります。したがって、**青少年**が保護の対象となり得るという観点からは、けっして被害者がいないわけではないと捉え直す必要があります。したがって、安易に、わいせつ罪規定を廃止すべきであるとは言えないのです。

③ 公然わいせつ罪

(1) わいせつの概念

公然わいせつ罪については、まず、**「わいせつ」の概念**をどのように捉えるか、が問題になります。一七五条は「わいせつ物頒布等」の罪について、「わいせつな文書、図画その他の物を頒布し、販売し、又は公然と陳列した者は、二年以下の懲役又は二百五十万円以下の罰金若しくは科料に処する。販売の目的でこれらの物を所持した者も、同様とする」と規定しています。そこで、「わいせつ」とは何か、がじゅうらい争われてきているわけです。これについて**最高裁の判例**は、いわゆる**三要件説**の立場を採り、三つの要件を掲げています。すなわち、「わいせつとは、徒らに性欲を興奮し又は刺激せしめ且つ普通人の正常な性的羞恥心を害し善良な性的道徳に反するもの」と定義していますが、その内容は、①いたずらに**性欲を興奮または刺激**させること、②一般人の**正常な性的羞恥心**を害すること、③**善良な性的道義観念**に反することという三つの要件から成り立つとされているわけです。しかし、これ自体、必ずしも明確ではないと言えます。三つの要件を挙げていますが、それぞれがきわめてあいまいなものであり、その内容をどのように捉えるかは、時代の流れによって非常に大きく違います。

わが国においては、**わいせつ表現**について厳しい規制がおこなわれ、とくに出版の規制がかなり強かったのですが、現在では非常に規制が緩やかになっています。**ハード・コア・ポルノ**以外は公然と販売されているというのが、わが国の現状です。ひところは、いわゆるヘアーヌードだけで発禁処分にされたのが、今や公然とヘアーヌード写真集と称されるものが出回っていますし、一般の週刊誌などにも公然と掲載されているありさまです。これは、文明国では日本だけの現象であると言っても過言ではないでしょう。わたくしは、前からこれはおかしいのではないかと指摘してきています。スエーデン、アメリカ、ドイツなどではかなり大っぴらに販売されていると報道されているとおもわれますが、現実は必ずしもそうではありません。たしかに、販売されてはいますが、公衆の目に触れないような形で販売がなされているのです。それに反しますと厳罰に処せられます。ましてや一般の週刊誌などで公然とそれが掲載されることは、ほとんどありません。その種の本が欲しい人はポルノショップへ行って買えばよいのであり、映画もポルノ映画上映館で観ればよいわけで、公然とポルノ画像は一般家庭の中には入り込まないように規制がなされているのです。

ところが、日本は逆なのです。ハード・コア・ポルノの販売などは禁止しておいて、それに準ずるものが公然と読まれるような一般週刊誌やスポーツ新聞などに掲載され、販売されているのです。外国の航空会社の国際線では日本の有名な一般週刊誌を機内に置いて閲覧することが禁止されていますが、一般的週刊誌がそういう形で規制を受けるのは、文明国としてはみっともない話です。わたくしは、**ゾーニング**の方法によるのがよいと考えています。これは、販売する方法を規制するものであり、**対象者の範囲**を限定するものです。つまり、ゾーンを決めて**販売の場所を限定**したうえで、対象者を限定するやり方です。

「わいせつ」の内容は、時代の流れ、社会の流れの影響を受けます。伊藤整訳の『**チャタレイ夫人の恋人**』は、五十年近く前の**最高裁の判例**で「わいせつ」とされましたが、現在、わたくし達の感覚では、全然、わいせつ感はないと考えられます。それよりも、むしろ今のスポーツ紙や週刊誌に掲載されている小説や記事の方が、かなりどぎつくて「わいせつ」な表現が多いと言えます。文学作品として評価の高いこの本の原作者は偉大な思想家であって、その思想的な問題を抜きにして、作品の一部分だけを捉えて「わいせつ」であるとして自由な表現を制限したという意味で、このケースは日本の文化の低さを示しているとも言えます。「わいせつ」の捉え方は、**国の文明の程度**を示すと言われるくらい、微妙な要素をもっています。わたくし達は、**文芸作品**や科学的な**学術書**については、もう少し寛容であってよいのではないかという気がします。

時代状況によっては、非常に厳密に規制される事態も生じます。戦時体制においては、わいせつ罪の適用による国家権力の言論規制が強化されることがあるのです。このように、「わいせつ」概念が、あいまいな概念であることは否定できません。

(2)　相対的わいせつ文書の理論

あいまいな概念を包含するわいせつ罪を適用して処罰するばあい、不当な結果を招くことがあり得ますので、**「相対的わいせつ文書」の理論**が一定の役割を演じます。これは、ドイツのビンディングの見解をわが国では団藤重光博士が独自に修正して提唱された考え方です。これについては、非犯罪化の観点から、いわゆるポルノ全面解禁論者達から、批判が加えられました。同じ文書であっても、販売方法や使用方法や扱い方によって、「わいせつ」になったり、「わいせつ」でなくなったりするのはおかしいのであって、「わいせつ」性は、客観的に文書それ自体に基づいて判断されるべきであると批判されたのです。たしかに、そういう面もありますが、しかし、対象が**青少年**であったり、**学術研究の発表**の場であったり、いろいろな場面で、同じ物であっても、感じ方が見る者によって違いますし、見方によっても意味合いが違ってくることがあり得ますので、やはり文芸作品としてみとめられるものについては、**相対的に**わいせつ文書扱いをしないという形で、**処罰を限定**することは大事であるとおもいます。このように処罰を限定する方向で、相対的にわいせつ内容をみとめていく方が望ましいと考えます。少なくとも現行法上、処罰範囲を狭めるという観点から、相対的わいせつ性の理論をみとめるのが妥当であるとおもうのです。

(3) 客　体

ここで主として述べていますのは、**文書・図画**ですが、客体はそれに限られず、次第に広がってきています。これは、対象が「文書、図画、その他の物」となっているため、それに類するものが増えるからです。まず、映画館で上映される映画フィルムやブルーフィルムと称された一六ミリのフィルム、録音テープ、ビデオテープやコンピュータ画像などが、**「その他の物」**に包含されるとして処罰の対象になってきています。

(4) 淫行勧誘罪

一八二条に**淫行勧誘罪**の規定がありますが、これはあまり適用されることはありません。実際上はほとんど死んでいる条文といってもけっして過言ではないでしょう。「営利の目的で、淫行の常習のない女子を勧誘して淫行させた者は、三年以下の懲役又は三十万円以下の罰金に処する」と規定されていますが、むしろ**児童福祉法**に規定されている行為を処罰する方が現実には多いわけです。

(5) 重　婚　罪

一八四条は、**重婚罪**について「配偶者のある者が重ねて婚姻したときは、二年以下の懲役に処する。その相手方となって婚姻した者も、同様とする」と規定しています。これは、**一夫一婦制**を採っている現行法の下では、複数の者との婚姻はみとめないとする趣旨です。わが国では**法律婚主義**を採っていますから、重婚罪が成立するのはきわめてまれです。たとえば、教会で式を挙げるだけで足りるとか、事実上の婚姻関係があればよいとかいうのであれば、重婚の事態も頻繁に生じますが、わが国では役所に婚姻届けを出して受理された時に婚姻として成立しますから、重婚罪はそれほど数多く犯されるものではありません。たとえば、どうしても離婚に応じないので、離婚に合意したとして離婚届けを偽造して提出したうえで、婚姻届けを出したところ、市役所の係の人が偽造の婚姻届をそれと知らずに受理し、あるいはうっかり市役所の戸籍担当者が後に出された婚姻届を受理してしまったというようなばあいにしか成立しない犯罪です。きわめて例外的な犯罪ですが、これも風俗に関する罪の中に規定されています。

④ 賭博および富くじに関する罪

(1) 罪　質

賭博を処罰の対象とすべきかどうか、が**非犯罪化論**の見地から問題になります。わが国はパターナリズムが行き過ぎていて、賭博罪に関して国があまりにも関与しすぎているという観点から、これを非犯罪化して処罰の対象にすべきでないとする見解も主張されています。**ギャンブル**の捉え方には、西洋とかなり違いがあるようです。日本ではギャンブルにのめり込んでしまって生活に破綻をきたしてしまうケースが多く見られ、消極的に捉えられがちです。自分だけなら、**自己決定権**の範囲内として扱うことができ、かまわないのですが、周りの者を巻き込んでしまう悲劇的なケースが非常に多いのです。

最近は**パチンコ依存症**が主婦層にも蔓延《まんえん》して、幼児を車中に放ったらかしにして死亡させてしまったりするケースが増えています。あそこまでのめり込む理由が何なのか、はよく分かりませんが、アルコール依存症のばあいと似ています。飲み込まれてしまっている人がかなりいますし、その他のギャンブルについてもそうです。ギャンブルは、もともと西洋では**スポーツ**の一つとして、ある程度許されていて、またそれにのめり込まないという**社会規範**みたいなものがあるわけです。しかし、わが国では、前に述べましたようなマイナス面がありますので、「国親思想」（パレンス・パトリエ）の観点から、賭博罪として処罰することをとおして国民を守ろうとしているわけです。これは干渉といえば干渉になるのですが、そのような側面が強いと言えます。

いわゆる**宝くじ**は、**冨くじ**の一種です。これについては、**違法性阻却事由**の一つとして刑法総論で三五条に関して説明がなされていますので、参照してください。

(2) 賭博行為

賭博とは、「行為者においては確実に予見し得ない事実に対して勝敗を決すること」を意味します。当事者間ではっきりしない事実に関して、財物、とくに金銭をかけて勝敗を決するわけで、負けた方が勝った方にお金を払うケースが賭博の典型例です。一八五条にはただし書きがあり、「一時の娯楽に供する物を賭けたにとどまるときは、この限りでない」とされています。**一時の娯楽に供する物**、たとえば、その場にあるお菓子などを賭けるような一時的な娯楽としてなされた軽微な賭博行為については、構成要件に該当しないとしています。しかし、たとえ小額であっても、金銭はこれに含まれません。つまり、刑法上は、少々の金銭であっても賭博罪を構成し得ることになっていますから、賭けマージャンや賭け囲碁、賭け将棋などは、賭博罪になるのです。ゴルフなども金銭を賭けますと、賭博罪となるわけです。実際上、それが摘発されることは、あまりありませんが、度を越したばあいには、違法性があるとして現実に処罰されたりします。

(3) 常習賭博罪

賭博罪において、理論上、いろいろ問題になる犯罪類型は、**常習賭博罪**です。一八六条一項は、「常習として賭博をした者は、三年以下の懲役に処する」と規定し、同条二項は、「賭博場を開帳し、又は博徒を結合して利益を図った者は、三月以上五年以下の懲役に処する」と規定しています。一項は**常習賭博罪**、二項は**賭博場開帳等図利罪**と称されます。「**常習性**」が、法的にどのような性質をもつのかが争われます。つまり、常習性は、**責任要素**なのか**違**

法要素なのか、それともその両方なのかという議論です。これは刑法総論においては、「身分犯と共犯」の問題として扱われます。つまり、常習性をもっている者ともっていない者との間の共犯関係をどのように処理するかが議論されるわけです。

六五条の適用にあたって、一項は違法身分の規定であり、二項は責任身分の規定であるという観点から、その区別によって差を設ける立場をとれば、常習性は違法身分なのか責任身分なのかが重要な論点になります。しかし、**通説・判例**によれば、常習性は人格特性に基づいて責任を加重する要素であり、**不真正身分**ですから、六五条二項の問題として扱われます。

⑤ 礼拝所および墳墓に関する罪

(1) 罪　質

信仰上の問題として規定されているのが、**礼拝所および墳墓に関する罪**であり、宗教犯罪そのものではありません。すなわち、宗教生活における善良な風俗の侵害を処罰の対象にしています。これは、宗教犯罪そのものではありません。すなわち、宗教に関する活動の妨害とか、宗教上の感情を害する行為とかを処罰するのではなく、「宗教上の犯罪」として処罰する犯罪類型なのです。

(2) 犯罪類型

犯罪類型について理論的には大きな問題はありませんが、よく犯される犯罪類型は**死体遺棄罪、死体損壊罪**（一九〇条）です。一九〇条は、「死体、遺骨、遺髪又は棺に納めてある物を損壊し、遺棄し、又は領得した者は、三年以下の懲役に処する」と規定しています。行為者が殺人行為をおこなった後、死体を遺棄するケースが頻繁に生じています。よく新聞やテレビなどで報道されることが多いですから、周知のこととおもわれますが、死体が発見されたときに、いきなり殺人罪で逮捕するケースは少ないわけです。すなわち、まず死体遺棄罪の容疑で逮捕して、勾留中に殺人とみとめられる証拠、たとえば、凶器などが発見されたり自白があったようなばあいに、新たに殺人罪の被疑者として逮捕して取り調べをするというパターンが多いのです。殺人の現場で現行犯として逮捕されたばあいとは違って、だいたい死体が発見されて死体遺棄事件として捜査を開始してから、これは殺人事件ではないだろうかというように捜査が展開していくパターンが多いと言えます。

殺人罪と死体遺棄との関連で言いますと、たとえば、人を殺してそのまま逃げ去っても、死体遺棄罪にはなりません。このばあいは、殺人罪だけが成立します。殺した後、埋めたり山の中に捨てたりする行動に出たばあいに、殺人罪と死体遺棄罪の併合罪になるのです。死体遺棄罪は、わたくし達がもっている死体に関する敬虔《けいけん》な感情を害しますので、社会的法益に対する罪として処罰の対象とされます。宗教上、適切に埋葬すべき者が、それをおこなわない行為がよくないのですから、**埋葬義務者**が埋葬の対象となる死体をそのままの状態に放置しておけば、死体遺棄罪が成立します。埋葬義務を負っていない者については、単なる**不作為**では足りず、死体を移動したり、隠したり、埋めたりするという作為に出たばあいに、死体遺棄罪が成立し得るのです。

「死体、遺骨、遺髪または棺に納めてある物を損壊し、遺棄し、または領得した者」も処罰されます。「棺に納めてある物」、いわゆる**納棺物**は、宗教の対象物として棺の中に入れてある物を意味します。財物としての価値を有する納棺物を領得したばあいに、**財産犯**が成立することになるかという問題については、すでに財物のところで触れました。つまり、宗教の対象としてお棺の中の物に入れた物が、財産犯の客体になるかどうか、言い換えますと、これを領得したばあいに窃盗罪が成立するのか、それとも、一九〇条の罪のみが成立するのかという問題です。この点については、前に説明しましたように、あえて**法定刑**を低くして社会的法益に対する罪として本罪を規定している以上、法定刑が重い財産犯の成立をみとめるべきではないと考えるのが妥当です。納棺物は、財産犯の対象としての保護の範囲からはずして、宗教上の対象として社会的法益に対する罪の中に取り込んでいる以上、財産秩序を構成している財物とは違うという観点から、これについては財産犯の成立をみとめるべきではないと考えられます。

第22講　国家の存立に関する罪／国家の作用に関する罪

1　罪　質

国家的法益に対する罪として、まず国家の存立基盤を侵害する罪である「**国家の存立に関する罪**」があります。次に、国家の存立を前提にしたうえで、国家の制度を防衛するため、国家のおこなう作用を妨害することから保護する犯罪類型が「**国家の作用に対する罪**」です。さらに「**外国の法益に対する罪**」も規定されています。日本国の法益ではなくて、日本と国交等を結んでいる「外国の法益に対する罪」は、ほんらい**国際刑法**に属します。これは、わが国の国家的法益ではなくて、外国の国家的法益を保護の対象とするのですが、「国家的法益に対する罪」という共通の性質を有しますので、まとめてここに規定されています。

まず国家の存立に関する罪として挙げられるのは、**内乱罪**です。

次に、国家の作用で直接的に、身近に問題が出てくるのは、**公務執行妨害罪**です。これは、いろいろな問題点を包含している犯罪類型です。それから、拘禁作用を害する犯罪類型として**逃走罪**があります。これは、拘禁されている者が逃亡したり、その者を逃走させたり、逃走する者を援助したりする犯罪類型であり、国の拘禁作用を害する罪として特徴づけられます。

捜査機関の作用を害する犯罪類型として**犯人蔵匿罪**と**証拠隠滅罪**があります。国の審判作用を害するという観点から、**偽証罪**が規定されています。さらに**虚偽告訴の罪**という犯罪類型もあります。もっとも問題になるのが、「瀆職《とくしょく》の罪」である「**汚職の罪**」です。

外国の法益に対する罪としては、「**国交に関する罪**」で外国の国章を損壊する罪、私戦の予備、陰謀、外国が交戦中に特別中立命令が政府から出されたときにそれに違反する罪が規定されています。

以上が国家的法益に対する罪の概略です。

2 国家の存立に関する罪

国家の存在そのものに関わる犯罪類型が、内乱罪です。

(1) 内乱に対する罪

刑法典の第一章にはかつて「皇室に対する罪」が規定されていましたが、七三条から七六条までの全部が削除されています。新憲法が制定された時点で、皇室を特別扱いするのは妥当でないとして、**国民主権国家**の誕生とともに、削除されました。

第二章に規定されているのが**内乱罪**です。内乱罪は国の基本的な存在を危険にさらす犯罪ですから、これに対して重い刑で臨むのは、国家としては当然のことであり、どの国でも内乱罪は重く処罰されています。その国の依って立つ基盤を破壊することに対しては、国家権力が最大限の対応で臨むのは当然ですから、内乱罪がまず国家的存立に関する重要な犯罪類型として、真先に出て来ることになります。

内乱が成功したばあいには、新たな国家組織が形成されたことになりますので、旧体制下で内乱罪を犯した者は、むしろ英雄視されることになります。内乱の成功により新たな国家を作ったことになりますから、内乱罪として処罰されることはないわけです。むしろ従来の国家における有力者の方が処刑されるのが**政治の力学**と言えます。このように、内乱罪には既遂はないわけです。未遂や陰謀が内乱罪の内容をなし、その意味でこれは**危険犯**です。つまり、内乱罪は、国家の存立を危うくする状態を作り出す犯罪類型ということになります。

内乱罪の**法定刑**は、死刑または無期禁錮もしくは有期禁錮であり、懲役刑はありません。これは、いわゆる**名誉刑**としての拘禁刑です。懲役刑が**破廉恥罪**について科せられるのに対して、禁錮刑は、確信犯などの**非破廉恥罪**について科せられるものとされているのです。破廉恥罪、非破廉恥罪という類型があって、道徳的な観点からきわめて不当なものとされるのが破廉恥罪であり、これについては自由刑は懲役刑を科するわけです。そうでない非破廉恥罪は、名誉刑として禁錮を科して破廉恥罪でないことを示すという扱いがなされてきました。内乱罪は、政治犯であること、その大多数が確信犯的な要素をもっていることなどを考慮して、禁錮刑で処断するのです。

このことを条文で確認しておきましょう。第七七条は、**内乱罪**について、「国の統治機構を破壊し、又はその領土において国権を排除して権力を行使し、その他憲法の定める統治の基本秩序を壊乱することを目的として暴動をした者は、内乱の罪とし、次の区別に従って処断する。

一　首謀者は、死刑又は無期禁錮に処する。

二　謀議に参与し、又は群衆を指揮した者は無期又は三年以上の禁錮に処し、その他諸般の職務に従事した者は一年以上十年以下の禁錮に処する。

三　付和随行し、その他単に暴動に参加した者は、三年以下の禁錮に処する」と規定しています。同条二項は、「前項の罪の未遂は、罰する。ただし、同項第三号に規定する者については、この限りではない」と規定しています。このように**行為態様**に応じた**法定刑**を科している点に特徴があります。

本罪は重大犯罪ですので、七八条は「内乱の予備又は陰謀をした者は、一年以上十年以下の禁錮に処する」として、予備陰謀であっても一年以上十年以下の禁錮という重い法定刑を科しています。このように**法定刑**が重いのは、本罪が国家の基本組織に関わる犯罪であり、できる限り事前に防圧する必要があるからにほかなりません。

七九条は、**内乱等の幇助罪**について、「兵器、資金若しくは食糧を供給し、又はその他の行為により、前二条の罪を幇助した者は、七年以下の禁錮に処する」と規定しています。八〇条は、**自首**による刑の免除規定であり、「前二条の罪を犯した者であっても、暴動に至る前に自首したときは、その刑を免除する」として、自首による**必要的な刑の免除**を規定しています。これは、事前に防圧するための政策的配慮に基づくものです。

(2) 外患に関する罪

外患罪は、国家の外部から国家の存立を侵害したり、それを危うくしたりする行為を内容としています。まず誘致について、八一条は「外国と通謀して日本国に対し武力を行使させた者は、死刑に処する」と規定しています。わが国は、憲法第九条により戦争できないことになっているため、わが国に武力を行使させる形をとったばあいに、わが国を軍事上の利益を与えた者は、死刑又は無期若しくは二年以上の懲役に処する」と規定しています。これは自分の国を売る行動ですので、**破廉恥罪**としての色彩が濃いのであり、確信犯ではなくて日本国に対する外憂行為という側面が強くなって、**懲役刑**が科せられるわけです。

八二条は、「日本国に対して外国から武力の行使があったときに、これに加担して、その軍務に服し、その他これに軍事上の利益を与えた者は、死刑又は無期若しくは二年以上の懲役に処する」と規定しています。

外患誘致罪として処罰されます。

内乱罪、外患罪は、頻繁に犯される犯罪類型ではありませんので、今述べたことを知っていれば十分と言えます。

③ 国家の作用に対する罪

(1) 公務の執行を妨害する罪

(i) 罪質

公務の執行を妨害する犯罪類型は、九五条以下に規定されています。九五条一項は**公務執行妨害罪**を、二項は**職務強要罪**をそれぞれ規定しています。

国家の「公務」が保護の対象になるのであって、公務をおこなっている公務員を保護の対象としているのではありません。公務員がおこなう**職務そのもの**が、保護の客体、つまり**保護法益**とされているのです。この点をまずつかんでおいてください。

犯罪類型として、公務執行妨害罪、職務強要罪、封印等破棄罪、強制執行妨害罪、競売等妨害罪、談合罪があります。

(ii) 公務執行妨害罪

公務執行妨害罪から見ていきますが、まず問題になりますのは、ここでいう「**公務**」とは何かです。すなわち、公務執行妨害罪における公務の内容をどのようなものとして捉えるかが問題となります。この点については、実際上は、すでに説明してあります。つまり、「業務妨害罪における業務は公務を含むか」という観点から、業務妨害罪の個所において詳しい説明をしてあるわけです。ここでは、「**業務と公務の関係**」について、**公務執行妨害罪の罪質**の観点から説明することにしましょう。

公務執行妨害罪は、国がおこなうべき公務を保護するための犯罪類型です。国は、国民のためにいろいろサービスをしなければなりませんので、**公僕**として公務員は公務をおこないます。その際、すべての公務が保護の対象となるべきであると解することもできます。**判例・通説**は、公務は、**すべての公務**を含むと解しています。公務妨害の観点から業務妨害罪にもなりますし、公務執行妨害にもなりますので、両者は競合します。

しかし、別の解釈も可能です。業務妨害罪に比べますと、公務執行妨害罪の**法定刑**は重くなっています。つまり、九五条では三年以下の懲役または禁錮とされており、法定刑は自由刑だけであるのに対して、業務妨害罪については、罰金刑も規定されています。三年以下の懲役という上限は同じですが、下限が違います。業務妨害罪は、「五十万円以下の罰金」ですから、公務執行妨害罪よりは軽いのです。

そこで、同じ「公務」が、本条において重く処罰されていることを重視する必要があります。つまり、ここでの公務妨害は、単なる業務妨害行為を越えて、より強く保護に値する公務妨害行為でなければなりません。相手方に対して強制力を用いて実現する種類の公務、つまり、「**権力的公務**」については、重く保護する必要があるのです。権力的公務、たとえば、逮捕するとか、強制的に収容するとか、「権力作用」として国家がおこなうものについては、それに対して暴行・脅迫を用いて「**意識的に抵抗する**」明白な反権力的な行動のみを重く処罰する必要があります。逆に言えば、意識的に立ち向かってくる強力な抵抗行為だけを処罰すればよいわけです。暴行・脅迫は、公務員に向けられた「積極的な反抗的な行為」ですから、それだけを処罰すべきことになります。

そうしますと、国の「権力的公務」について偽計を用いて妨害したとしても、**積極的な反権力的行為**とは言えませんから、そういうものは処罰する必要はありません。つまり、権力的公務を執行する公務員に積極的に立ち向かっていく形で妨害行為をおこなう者だけを処罰すればよいわけです。公権力が強制力を行使しようとしているその場面でそれに立ち向かっていく行為だけを鎮圧すれば足ります。この観点から、ここでいう公務は、「権力的な公務」に限定すべきであり、「非権力的な公務」は、公務執行妨害罪の対象とはならず、業務妨害罪で処罰すれば十分であると解するのが妥当です。

次に問題になるのは、職務を「**執行するに当たり**」の内容をどのように解するか、です。これが職務の「執行そのもの」に限られないことは、文言上、明らかです。「職務を執行するに当り」とは、「**職務を執行する際に**」という意味であり、まさに職務に着手しようとしているばあいはもとより（大判明42・4・26刑録一五輯五一三頁）、職務によっては待機中のばあいも含まれます（最判昭24・4・26刑集三巻五号六三七頁）。

(iii) **公務執行妨害罪における職務行為の適法性**

公務執行妨害罪は、公務の作用を害する犯罪類型の中で、最もひんぱんに犯されているものです。ここで、公務の執行であればすべて保護の対象になるのか、が問題となります。

かつて公務である限り、違法なものであっても保護の対象になるとする見解が主張されたこともありますが、現在ではそのような考え方は維持できません。なぜならば、**国民主権主義社会**、**自由主義社会**においては、国民は絶対的な国家権力に服従すべき義務を負っているわけではありませんので、公務の執行というだけで、完全にそれに従ういわれはないからです。公務として保護に値するばあい、つまり、適法な行為としてその職務がおこなわれているばあいに限って、それに対する妨害行為の処罰をみとめるべきなのです。「**職務行為の適法性**」を必要とするかどうかをめぐって、学説は対立しているような観を呈していますが、現時点では、公務の執行が適法でなければならない点については、まったく争いはありません。むしろ問題は、そこでいう「適法性」とは何か、その「要件」は何か、なのです。

適法性の要件に関しては、最も緩やかな学説から厳格な学説について整理をしますと、次のようになります。すなわち、最も緩やかな学説は、①「公務員の行為が公務員の職務上の行為として一般の見解上みとめられること」と解します。ここで「一般の見解上」という形で緩和されるわけですが、これは、権限外の行為や、法律上、要求されている形式について一切触れていない点で、先ほどの形式的な考え方の学説とほぼ同じような結論になってしまいますので、あまりにも要件が緩すぎると批判されています。

二番目の考え方は、②「公務員の**抽象的権限**に属する行為で、かつ職務の執行とみとめるべき**形式的条件**(「**重要な形式**」)を具備していること」と解します。これは抽象的権限を要求するだけではなく、さらに職務を執行する形式的条件、つまり、「重要な形式」を具備していることが要件になっている点で、①の説よりもその分だけ要件が厳しくなっていますが、しかし、「**具体的権限**」をまったく問題にしない点において、疑問があると批判されています。抽象的な権限があって、ただ形式を具備しているだけでは、必ずしも「適法性」の観点から、「**公務の要保護性**」は根拠づけられ得ません。つまり、公務の執行を妨害する行為が仮に違法であれば、それに対する妨害行為は、別の観点から見れば、正当防衛行為にあたります。公務の執行を受けるにあたって、違法な行為に対しては正当防衛として対抗できなくてはなりませんから、それに従う必要はないという側面があるのです。「抽象的な権限」と「形式的な方式」を加味してはいますが、具体的権限のない公務についてまで、保護を必要とするかどうかは、疑問であるとされるのです。

三番目の見解は現在の**通説**であり、③「**抽象的職務権限**に属し、かつ**具体的権限**を有していること、および、職務行為の有効要件である**重要な手続き・形式**を具備していること」と解します。これは、公務の執行が、相手方の意思に関係なく、国家権力の意思を実現するという性質を有しますから、重要な要式・形式が要求されているばあいには、それを具備している必要があるとする捉え方です。わたくしは、基本的にこの考え方が妥当であると考えています。このような要件を具えていれば、公務の「**要保護性**」を十分に満たし得ると考えられます。

「要保護性」とは、保護法益の観点から「**保護に値する公務**」を意味します。「要保護性」の観点からは、手続き的な要式・形式を要求している公務については、それを具備することを必要とすると解すべきです。

次に、「公務の適法性」は「**構成要件要素**」なのか、それとも「**特殊な違法要素**」なのか、という問題があります。なお、これを「**処罰条件**」として捉える考え方もあります。この点について**通説**は、これを構成要件要素として捉えています。公務の執行にあたっては、国民に執行についての受忍義務を課する側面がありますから、その点については、定型的にそれが適法行為としての性質をおびている必要があります。そうしますと、これは、公務執行妨害罪の行為の対象としての適法行為を意味しますから、あくまでも「**定型的な違法性**」の問題として考える必要があり、「構成要件要素」として捉える考え方が妥当であることになります。

このように、職務行為の適法性を構成要件要素として捉えたうえで、①抽象的職務権限、②具体的職務権限、③重要な方式を践んでいること、という要素を具備しているものについて、**要保護性**がみとめられるわけです。

次に何を基準にして適法性の要件を判断するのか、が問題となります。これは、「**適法性の判断基準**」の問題にほかなりません。この点をめぐって、見解は、主観説、客観説、折衷説に分かれています。

主観説は、**当該公務員**が基準になると解します。かつて主観説も有力に主張されたことがありますが、仮に判断基準を当該公務員、つまり、職務を執行している公務員を基準にして考えてみますと、その公務員が適法であると考えたら適法であるという結論になってしまいます。そのような捉え方は、結局、公権力の行使の絶対性をもたらし、不当な結果を生じさせるので妥当でないと批判されます。むしろ公務の適法性の問題は、公務の執行を受ける国民との間の関係で考えるべきであって、その公務員自身を基準にするのは、結局、適法性不要説と同じ結論を導くことになってしまうのです。

客観説は、**裁判官**が基準になると解します。これは、事後的な観点から、法廷に顕出されたすべての客観的な証拠・資料などを基礎にして、専門的な知識をもっている裁判官を基準にして適法性を判断するという捉え方です。たしかに、裁判官を基準にして考えることには一定の合理性があります。つまり、適法性は、法の中身にかかわる問題ですから、客観的に全法秩序の見地から判断されるべきであるとしますと、事後的に裁判官の見識に基づいて判断するのは、それなりに合理的理由があると言えます。違法性における「事後判断」を重視する物的不法論を取ったばあいに、このような捉え方は抵抗感なく受け容れられると考えられます。

ところが、純粋に**事後的**、**客観的な判断**を要求しますと、現に国民を相手に公務の執行がなされる時点においては、適法かどうかははっきりしないことになります。あくまでも行為の後で裁判になってはじめて、裁判官の見地から判断されることになるわけです。そうしますと、**行為の時点**では、はたして違法な職務行為として、それに対応できるかどうか、まったく分からないという事態が生じます。しかし、これは、物的不法論の見地からは不当ではないとしても、**人的不法論**の見地からは疑問があります。人的不法論の見地からは、この点については、**折衷説**の捉え方が妥当であるとおもいます。折衷説は、行為の時点において、**一般人の見解**を標準にして適法性を判断する見解です。一般人を基準にすることに対しては、もちろん批判があります。これは、種々の論点に関する一般人標準説一般に対する批判と同じです。たとえば、**相当因果関係説**における折衷説や期待可能性論における一般人標準説についてもそうであったように、一般人という概念は不明確であるとか、一般人は実際には存在しないとかの批判です。

たしかに、**一般人**そのものは現実には存在しません。一般人が存在するのではなくて、**平均的な普通人**を一般人として想定して、それを基準にして適法性を判断するというのが、一般人標準説ないし平均人標準説の考え方です。そうしますと、「一般人は存在しない」ことを理由にする批判自体が、そもそも一般人標準説の内容を理解していないことの証拠にほかなりません。つまり、折衷説は、一般人を想定したうえで、その一般人を基準にして議論しているのであって、現実に一般人が存在することを主張しているのではありません。

一般人という基準の設定は、その限度であいまいさをもたざるを得ません。このことは、「社会的相当性」や「社会通念に従って」というばあいとまったく同じです。一定のばあいには**社会通念**に従って判断することをみとめながら、適法性の判断のばあいについてだけ「一般人」はあいまいだと批判するのは、妥当ではありません。むしろ**国家的法益**についても、公務が現実に執行される**国民の側から**見たらどうなるのか、という観点は重要であり、一般的な行為者、一般的な国民を想定して、その見地から見て重要と見られるかどうか、を考慮するのが、もっとも妥当な結論を導き得るのです。

次に、公務の「**適法性の錯誤**」をどのように扱うか、が問題となります。これは、公務の執行が適法であるにもかかわらず、行為者が誤解して違法であるとおもってそれに従う必要はないと考えて抵抗したばあいにもなお、公務執行妨害罪が成立するかどうか、という問題です。これも錯誤論の一環として重要な意味をもっています。公務の「適法性」が問題となりますので、「違法性」の錯誤として捉える考え方も主張されています。前にも話しましたように、**通説**は、これを構成要件要素と解しますから、構成要件要素としての適法性の三つの要件、すなわち、抽象的権限、具体的権限、重要な方式を踏んでいることについて誤解があれば、「**構成要件的事実の錯誤**」となると考えるべきです。しかし、公務の適法性は規範的な構成要件要素ですから、「**規範的構成要件要素**」の認識は、その行為者の属している素人圏においておこなわれている並行的評価の観点から判断されることになります。

(iv) 職務強要罪

九五条二項は、公務執行妨害罪の一環として、**職務強要罪**について、「公務員に、ある処分をさせ、若しくはさせないため、又はその職を辞させるために、暴行又は脅迫を加えた者も、前項と同様とする」と規定しています。一項が、公務を執行するにあたって暴行・脅迫を加えて公務の執行を妨害する犯罪類型であるのに対して、二項は、暴行・脅迫を加えてある**処分**をさせ、あるいはそれをさせず、またはその**職を辞させる目的**をもって暴行・脅迫を加える点に、違いがあります。暴行・脅迫の意味は、一項のばあいと同じです。

(v) **公務妨害罪**

公務妨害罪の一環として、九六条は、**封印等破棄罪**について、「公務員が施した封印若しくは差押えの表示を破損し、又はその他の方法で無効にした者は、二年以下の懲役または二十万円以下の罰金に処する」と規定しています。これは、**強制執行**や**仮処分**によって封印などが施されているばあいに、それを壊し、破棄し、あるいはそれを無効にすることによって、公務の妨害をおこなう犯罪類型です。つまり、これは強制執行に伴って犯される犯罪類型なのです。

九六条二項は、**強制執行妨害罪**について「強制執行を免れる目的で、財産を隠匿し、損壊し、若しくは仮装譲渡し、又は仮装の債務を負担した者は、二年以下の懲役又は五十万円以下の罰金に処する」と規定しています。これは、強制執行を免れるために**財産を隠す行為**を処罰するものです。財産を隠せば執行を免れることが多いわけですから、財産を隠すことによって強制執行を妨げる事態を避ける必要があります。さらに、**財産の損壊**、あるいは**仮装の譲渡**、つまり、本当は譲渡する意思はないのに、名目上、譲渡した形にして名義を変えて強制執行を免れるような行為によっても、強制執行の実効性を失わせることが可能になりますので、それを阻止しなければなりません。また、実際には債務を負担していないにもかかわらず、多額の**債務を負担**したという形をとって、財産がないとして強制執行を免れる行為も処罰されています。

競売等妨害罪について、九六条の三は、「偽計又は威力を用いて、公の競売又は入札の公正を害すべき行為をした者は、二年以下の懲役又は二百五十万円以下の罰金に処する」と規定し、二項は、「公正な価格を害し又は不正な利益を得る目的で、談合した者も、前項と同様とする」と規定しています。二項は**談合罪**の規定です。

(2) **逃走の罪**

国家がおこなう身体的な拘束を伴う拘禁作用を妨げる行為が、逃走の罪の中に規定されています。

逃走の罪には、**行為態様**として、まず拘禁された者が逃げる**単純逃走罪**があります。たとえば、拘置所から勾留されている被告人が実際に逃走したというケースがこれにあたるのは当然なのですが、未決の者、たとえば逮捕・勾留されている者も、「未決の者」として主体になります。

もう一つの犯罪類型は、拘禁されている者を奪取する行為形態で、**被拘禁者奪取罪**という犯罪類型です。すなわち、まったく何の身分をもたない一般の人がおこなったばあいには、**逃走援助罪**が成立します。これは、逃走を容易にするとか、暴行・脅迫を加えて逃走を援助する罪です。看守者あるいは護送者が逃走を援助したりして拘禁された者を解放することによって拘禁作用を妨げる犯罪類型であり、**被拘禁者解放罪**となります。

これを条文に則して簡単に見ておきますと、まず九七条は、**単純逃走罪**について「裁判の執行により拘禁された既決又は未決の者が逃走したときは、一年以下の懲役に処する」と規定しています。既決の囚人が逃走罪の主体となるのは当然なのですが、未決の者、たとえば逮捕・勾留されている者も、「未決の者」として主体になります。

九八条は、**加重逃走罪**について「前条に規定する者又は拘引状の執行を受けた者が拘束のための器具を損壊し、暴行若しくは脅迫をし、又は二人以上通謀して、逃走したときは、三月以上五年以下の懲役に処する」と規定しています。このような行為がなされますと、刑が加重されます。

九九条は、**被拘禁者奪取罪**について「法令により拘禁された者を奪取した者は、三月以上五年以下の懲役に処する」と規定しています。

さらに**逃走行為に関与する**行為形態があり、主体によって、区別がなされます。すなわち、**逃走援助罪**が成立します。これは、逃走を容易にするとか、暴行・脅迫を加えて逃走を援助する罪です。看守者あるいは護送者が逃走を援助したりして拘禁された者を解放することによって拘禁作用を妨げる犯罪類型であり、真正身分犯です。

加重類型は、行為態様によって次のように三つの形態に分かれます。すなわち、①暴行・脅迫を加え、②二人以上の者が通報して、③拘禁場の器具を損壊して逃走する形態に分かれます。

一〇〇条一項は、**逃走援助罪**について「法令により拘禁された者を逃走させる目的で、器具を提供し、その他逃走を容易にすべき行為をした者は、三年以下の懲役に処する」と規定し、同条二項は、「前項の目的で、暴行又は脅迫をした者は、三月以上五年以下の懲役に処する」と規定しています。

一〇一条は、**看守等による逃走援助罪**について「法令により拘禁された者を看守し又は護送する者がその拘禁された者を逃走させたときは、一年以上十年以下の懲役に処する」と規定しています。

これらの罪については、一〇二条により**未遂犯**が処罰されます。

(3) 犯人蔵匿および証拠隠滅の罪

(i) 罪質

広義の刑事司法作用を害する罪には犯人蔵匿罪、証拠隠滅罪などが含まれます。一〇三条は犯人蔵匿罪を、一〇四条は証拠隠滅罪をそれぞれ規定しています。また、一〇五条の二は、**証人等の威迫罪**を規定しています。このように、犯人をかくまったり、証拠を隠滅・偽造したりする広い意味の刑事司法作用に悪影響を及ぼす犯罪類型が、公務を妨げる罪として規定されているわけです。**狭義の刑事司法作用**が裁判作用を意味するのに対して、広義の刑事司法作用は捜査機関の捜査活動を包含するのです。

(ii) 犯人蔵匿罪

一〇三条の**犯人蔵匿罪**で問題になりますのは、「**罪を犯した者**」、「**罰金以上の刑に当たる罪**」の意味内容をどのように理解するか、です。なぜこれが争われるのかと言いますと、条文上、一〇三条で、客体は「罰金以上の刑に当たる罪を犯した者」と書かれているからです。これを文字通りに解しますと、現実にその罪を犯した者、つまり「**犯人**」を意味することになります。

ところが**判例・通説**は、犯人だけではなくて捜査機関から容疑者、被疑者として捜査の対象となっている者をも含むと解しています。犯人をかくまうことが広義の司法作用を妨げることになるという観点からは、まさに捜査機関が、被疑者・容疑者としてマークしている者をかくまいますと、広義の司法作用としての捜査は明らかに害されることになります。このような観点からは、被疑者・容疑者なども含むと解釈するのが妥当であるとされます。はたしてそれがよいのかどうか、がこのばあいの争点になるわけです。これは、**保護法益**をどのように捉えるかという議論の一つの現れであると言えます。

このように考え方が分かれますが、わたくしは**真犯人**に限定すべきであるとする立場を採ります。つまり、条分上、「犯人」と規定している以上、「実際に罪を犯した」点が重要な意味をもつのであって、たんに捜査の都合という観点から、被疑者などをかくまったような者まで処罰する必要があるのかに、疑問があるのです。

結局、犯人蔵匿罪を基本的な犯罪類型としてどのように捉えるかにかかわりますが、これは中身の問題として見たばあいには、犯人などをかくまって庇護するという意味で、**犯人庇護罪としての性格**をみとめるか否かの問題なのです。真犯人に限定するのは、本罪を「犯人庇護罪」的性格を有するものと把握していることになり、真実の犯人に対する国家の**刑罰権の行使**を妨げる点に、本罪の実質的な処罰根拠を求めるわけです。つまり、本罪は、国家の司法作用を妨げることよりは、むしろ犯人をかくまって庇護する側面が犯人庇護罪としての性質を有するわけです。真犯人限定説は、**真実の発見**を保護の対象としているのではなくて、現実に犯人をかくまったが故に公務を妨げている点が、この犯罪の中核をなしていると捉えているのです。

また、本罪について問題になるのが、「故意の内容」です。これをどのように捉えるか、が争点になっています。

(iii) 証拠隠滅罪

一〇四条の**証拠隠滅罪**において問題になりますのは、ここでいう「他人」の意味です。一〇四条は、「他人の刑事事件に関する証拠を隠滅し、偽造し、若しくは変造し、又は偽造若しくは変造の証拠を使用した者は、二年以下の懲役又は二十万円以下の罰金に処する」と規定しており、「**他人の刑事事件**」に限定しています。「他人の」刑事事件に限っていることは、裏を返せば、自分自身の刑事事件について証拠を壊そうが、偽造しようが、それ自体は処罰の対象にならないことを意味します。他人の刑事事件に関与する点がいけないのであって、自分自身が犯罪行為をおこなって、その罪責を免れるために証拠を偽造したりするのは、人情のしからしめるところであって、そこまで処罰する必要はないとするのが基本的なスタンスです。しかし、「他人の刑事事件」については、他人を免れさせるためにそのような行為をするのはよくないとして処罰の対象にしているわけです。

次に問題になりますのは、ここでいう「他人」の中に「**共犯者**」を含めてよいかどうか、です。明らかに共犯者は「自分」ではないのですが、一緒になって犯罪行為をおこなっていますから、自分と共通する要素が多分にあります。犯罪をおこなっている時点で、**共通の利害関係**をもっていますので、これは単なる「他人」として扱ってよいのか、が問題になるのです。他人ではあっても自分と同じ犯罪行為をおこなっている共犯関係にある以上は、その部分に関しては「自分」と同じような扱いをすべきではないのかが争点となります。

一方において、**自分自身**にかかわる刑事事件については犯罪行為にならない以上、共犯関係についても、その限度で犯罪とすべきでないと考える立場にも合理性があります。他方において、共犯関係といえども、「やはり他人は他人なのだ」という線を押し進めていけば、自分ではない他人の刑事事件については処罰してよいという立場にも相当な理由があると言えます。さらに、その中間点をどこに求めるべきかという観点からの議論も出てきます。このような観点の問題として考えますと、分かりやすいでしょう。

「**証拠の偽造**」の点ですが、ここでいう「証拠」は、一般には**物的証拠**を意味します。それを偽造・変造することになるのですが、しかし、証拠には物的証拠だけでなく、**人的証拠**もあります。人的証拠が関係する犯罪類型が偽証罪です。**偽証行為**を「証拠の偽造」の一環として捉えるかどうか、は偽証罪のところで議論の対象になります。

物的証拠を自分自身の刑事事件について偽造しても、処罰の対象にならないのですが、人的証拠に関する偽証についても同じことが言えるかどうか、が共通の問題として出てきます。これについては後で説明します。

次に、犯人・逃走者自身が「**犯人蔵匿・証拠隠滅の教唆**」をしたばあい、これについて教唆犯が成立し得るかどうか、が問題となります。証拠偽造について言いますと、証拠を自分自身で壊す行為と他人に壊させる行為を**実質的に同じ**と見るかどうか、が最大の争点です。つまり、自分自身が直接壊す行為は、結局、自分が犯した罪についての罪責の追及を免れるために人情の発露としてなされますので、処罰の対象とはしていないのです。**判例**は、自分自身が罪責追及を免れるためにそのような行為に出ることはよいけれども、他人を使ってまで罪責を免れようとするのは、**防御権の濫用**であって法の趣旨を逸脱すると解しています。他人を犯罪者に仕立て上げてまで自分自身が罪を免れることをみとめるべきではないとされるわけです。これが**肯定説**です。

これに対して**否定説**は、自分自身で証拠を破壊しても正犯とならないのに、他人を教唆したばあい、正犯よりも犯罪性の低い教唆犯が成立すると解するのは、妥当でないと主張します。つまり、自ら正犯となり得ない者が、他人を使っておこなったばあいに、教唆犯として処罰されるのは、共犯の本質論上、おかしいとされるわけです。

さらに、犯人蔵匿罪・証拠隠滅罪の罪質として、自分自身の罪を免れることについては、人情の当然の発露として処罰しないとする以上は、直接、自分が行為をおこなおうが人に頼んでおこなわせようが、罪責を免れようとしたのは心情としてはまったく違いがないはずですので、他人を利用したとしても、教唆犯の成立をみとめるべきではないと解する立場もあります。わたくしは、**自分自身を庇護**するものとして「他人の刑事事件」に限定した以上、自分にかかわる限り、正犯行為であろうが、教唆行為であろうが、これは処罰の対象からはずすべきであると考えます。これは**否定説**の考え方にほかなりません。

親族によってこれらの犯罪がおこなわれるばあいの扱いは、一〇五条に規定されています。このばあいには刑を免除することができますが、これは親族間における人情を考慮して、刑の免除までみとめるものです。刑の免除は、前に親族相盗例、盗品等に関する罪における親族の特例に関して説明しましたように、有罪判決の一種です。

(4) 偽証の罪

(i) 罪質

国家の審判作用を害する犯罪類型として、偽証罪がありますが、偽証罪については一六九条と一七一条の二つの類型があります。一六九条は、**偽証罪**について「法律により宣誓した証人が虚偽の陳述をしたときは、三月以上十年以下の懲役に処する」と規定し、一七一条は、**虚偽鑑定等罪**について「法律により宣誓した鑑定人、通訳人又は翻訳人が虚偽の鑑定、通訳又は翻訳をしたときは、前二条による」と規定しています。偽証または虚偽の鑑定は、まさしく司法作用を害することになります。これは真正身分犯です。宣誓した者だけがおこない得る点で、**真正身分犯**であり、さらに**自手犯**です。自手犯とは、間接正犯としておこない得ない犯罪類型を言います。

(ii) 虚偽の陳述

ここで重要な争点となりますのは、「虚偽の陳述」をどのように理解するか、です。「**虚偽**」とは何か、という問題は、刑法総論においては、**主観的違法要素**の問題として議論されます。内心の状態を違法要素としてみとめるかどうか、が争点となるわけです。虚偽の捉え方として、主観説と客観説があって、**主観説**を採ったばあいに主観的違法要素の問題が出てきます。これに対して、**客観説**を採りますと、こういう問題は生じないことになります。ここで物的不法論者が、客観的違法性論を徹底させるために、あえて客観説を採っているという理論傾向がありますが、**判例・通説**は、**主観説**を採っています。主観説は、証人が現実に体験し記憶した事実と違う事実を述べることが虚偽の陳述であると解します。つまり、自分自身の記憶に反することを述べることが虚偽の陳述ということになります。これに対して客観説は、行為者の「記憶」という主観的な面を問題にするのではなくて、行為者が証言しす。

た事実が「客観的な事実」と一致するかどうか、が問題であり、一致しないことが虚偽の陳述であると解していま

この点についてなぜ**判例・通説**は主観説の立場をとるか、がポイントとなります。これは民事裁判においても同じですが、刑事裁判を例にとりますと、物的証拠と、人的証拠である証人の供述、つまり、証言などの証拠類を積み重ねて、それをもとにして**裁判上の事実認定**がなされます。その認定された事実に刑法を適用するのが、刑事裁判です。物的証拠については、証拠価値は客観的に明らかなのですが、証言の証拠価値は、明らかではありません。それは、証人の信頼性に依存せざるを得ないからです。そこで、証人について**証人の弾劾**がみとめられています。証人の弾劾とは、その証人が信用できるかどうか、という観点から尋問して、その証拠価値、つまり、その証人の証言がもっている**証明力を減殺**することを意味します。すなわち、反対尋問を通して、じつはこの証人は信用できないという形で、証明力の減殺がなされるわけです。

証言の証明力・信用性を崩していって、事実を明らかにすることが、裁判における事実認定の基本です。そのばあいに、証言が客観的事実に合っているのかどうかは、必ずしも自明のことではありません。むしろ、何が客観的事実かを認定するために、証人尋問をしているのです。それによって明らかになるというのではなくて、証拠調べの手続きの中で、その証人が正確なことを言っているかどうか、記憶したことを正確に言っているかどうか、を基礎にしながら、**自由心証主義**のもとで裁判官が慎重に客観的事実を認定していくのです。「客観的事実が何であるか」は、立証後に明らかになるのです。ですから、偽証罪においては、証言の時点でそれが客観的事実と合っているかどうか、ではなくて、証人が記憶のとおりに言っているかどうか、が問題なのです。その証人は信用できず、別の証人の方が信用できるのであれば、その信用できる証人の証言を採用して事実を認定するというやり方で裁判がおこなわれます。

そうしますと、客観説は、ある意味でフィクションなのです。何が真実かが分からないからこそ、証拠調べをしているにもかかわらず、客観的事実の存在を前提として、これと合っていないから偽証であるとするのは本末転倒であると言わざるを得ません。**判例・通説**は、そのように考えているのです。たとえば、色盲の人Aが、赤と青の区別ができないのに、交通事犯の証人として証言を求められた際、他の証言などからも明らかに青信号であったばあいに、「信号は青でした」と証言しても、客観説を採れば偽証罪にはなりません。なぜならば、その供述内容は客観的事実と一致していることになるからです。ところが、現実にはAは色盲で赤と青の区別ができないわけですから、本来ならば、「信号はグレーに見えました」と証言していれば、Aは真実を陳述していることになります。その人が経験したことを証言しているのですから、その証言は信用できるはずです。しかし、自分にはグレーにしか見えなかったのに、青に見えたと陳述したばあい、この人の証言がはたして信用できるかについては、疑問が生じます。このような観点から、通説・判例は、証人が**記憶したとおりの事実**を述べたかどうか、を重視します。証人の主観が重要な意味をもってこざるを得ないわけです。証言は、証人の体験を聞いてそれをもとに事実関係を認定するための制度である以上、主観説が主張するように解するのが妥当です。主観説を採りますと、記憶に反することを述べているかどうかが、主観的な違法要素としての性格を帯びるわけです。

主観説は、記憶に反しているかどうかは、明確には証明できないと批判されます。たとえば、証言するばあいに、よく「記憶にございません」という証言がなされますが、これに対しては、次のように反論できるのです。すなわち、記憶にないはずがないという形で、客観証拠をつきつけて、「貴方はこの点を知っていましたね、この点も知っていましたね」と聞いたばあいに、全部「はい」と答えていたにもかかわらず、記憶がないと言い張ったとき、「それはおかしい。この流れからすると、ここまで知っていてこの部分だけ知らないというのは、通常はあり得ないから、貴方は記憶しているはずだ」として虚偽を立証できるのです。にもかかわらず、記憶していないと証言したばあいには、記憶しているものを記憶していないと陳述したことになり、偽証罪が成立します。

先ほど**証拠隠滅罪**のところで、関連問題として触れましたが、刑事被告人が**偽証を教唆**したばあいに、なお偽証教唆罪として処罰されるかどうか、という問題があります。これについても、前に説明しましたように、わたくしは、偽証罪には**犯人庇護罪**の要素がありますので、偽証を教唆しても偽証教唆罪は成立しないと考えているのです。

(5) 虚偽告訴の罪

広義の司法作用を害する犯罪類型として、**虚偽告訴罪**（一七二条）があります。じゅうらい誣告《ぶこく》罪と称されていた犯罪類型です。一七二条は、「人に刑事又は懲戒の処分を受けさせる目的で、虚偽の告訴、告発その他の申告をした者は、三月以上十年以下の懲役に処する」と規定しています。

虚偽告訴の罪は、**目的犯**とされていますので、他人に刑事または懲戒の処分を受けさせる目的をもって、虚偽の告訴、告発その他の申告をする必要があります。ここでいう「**虚偽**」は、偽証罪のばあいとは違って、「客観的事実に反する事実」を述べることを意味します。つまり、実際はそういう事実がないにもかかわらず、他人が犯罪行為をおこなったとして告訴、告発をすることが処罰の対象となるわけです。なぜならば、このようなばあいには、**無用な捜査**が開始されますので、それを防ぐ必要があるからです。

第23講　汚職の罪／外国に対する罪

1 罪　質

(1) 汚職の罪

国家的法益に対する罪のなかで、もう一つ重要な犯罪類型が汚職の罪です。**犯罪類型**がいろいろと規定されているため、それぞれの相互関係を把握するのは難しいのですが、きちんと押さえておけば明確になりますので、何も恐れることはありません。

汚職の罪で**基本的な犯罪類型**は、**職権濫用罪**と**賄賂罪**です。公務員が職権を濫用する罪としては、公務員職権濫用罪、特別公務員による特別公務員職権濫用罪があります。また、特別公務員暴行陵虐罪という犯罪類型があり、それには特別公務員の職権濫用致死傷罪、特別公務員暴行陵虐致死傷罪という結果的加重犯の形態が規定されています。

職権濫用の罪（一九三条〜一九六条）と賄賂の罪（一九七条・一九八条）は、国または地方公共団体の機関である公務員が、いわば国家機関の内部から**公務の公正を汚す**点に特徴があるため**汚職の罪**と称されます。両罪は、**公務員の「職務犯罪」**としても共通性を有しているのです。

(2) 外国に対する罪

刑法は、外国に対する罪として**国交に関する罪**を規定しています。国交に関する罪の**保護法益**について、国家の対外的地位であるとする見解も主張されています。本罪は国際法上の義務に基づいて外国の法益を保護するものです。刑法は、犯罪類型として、外国国章損壊罪（九二条）、私戦予備・陰謀罪（九三条）、および局外中立命令違背罪（九四条）を規定しています。

② 職権濫用の罪

(1) 罪　質

職権濫用の罪とは、公務員が、その職権を濫用し、またはその職務を執行するにあたって違法な行為をすることを内容とする犯罪を言います。刑法は、職権濫用の罪として、公務員職権濫用罪（一九三条）、特別公務員職権濫用罪（一九四条）、特別公務員暴行陵虐罪（一九五条）、特別公務員職権濫用致死傷罪・特別公務員暴行陵虐致死傷罪（一九六条）を規定しています。本罪の**保護法益**は、公務の公正ないし国家の威信です。公務員は、公務を遂行するために国民に対して法律上または事実上の負担・不利益を生じさせる特別の権限が与えられており、それを不法に行使しますと、**公務の適正**を害し、**国家の威信**が損なわれますので、職権の濫用行為は処罰されるわけです。

(2) 公務員職権濫用罪

本罪は、公務員がその職権を濫用し、人に義務のないことをおこなわせ、またはおこなうべき権利を妨害する罪で、法定刑は、二年以下の懲役または禁錮です（一九三条）。

本罪の主体は公務員に限られますから、本罪は**真正身分犯**です。公務員の意義について見解の対立がありますが、当該公務員の権限が濫用されたばあい、相手方に義務のないことをおこなわせ、またはおこなうべき権利の行使を事実上、妨害するに足りる権限を有する者であれば足り、必ずしも強制力を伴う権限を有する公務員であることを要しません（最決昭57・1・28刑集三六巻一号一頁参照）。

本罪の行為は、公務員がその職権を濫用して、人に義務のないことをおこなわせ、またはおこなうべき権利を妨害することです。「**職権を濫用する**」とは、形式上、抽象的・一般的職務権限に属する事項について、職権の行使に仮託して、実質的・具体的には違法または不当な行為をすることを言います（最決昭57・1・28刑集三六巻一号一頁）。

濫用行為は相手方が職権の行使であることを**認識**できるものに限るかについて、**判例**は、職権をもつ者が客観的に職権を濫用した以上、濫用行為にあたりますから、被害者に職権の行使と認識させなくても本罪の行為にあたると解しています（最決平1・3・14刑集四三巻三号二八三頁）。一九三条は、強要罪（二二三条）と同様に、「人に義務のないことを行わせ、又は権利の行使を妨害したときは」と定めており、その規定形式からしますと、**文理上**、相手方の意思に働きかけ、これを抑圧して一定の作為・不作為を強要することが職権濫用行為の本質的要素として把握されますので、職権濫用行為は相手方に職権の行使であることを認識させるに足りる外観を有し、かつ、相手方の意思に働きかけ、影響を与えるものに限ると解するのが妥当であると考えられます。**最高裁の判例**は、警察官が、その職務として日本共産党に関する警備情報を得るため、同党幹部の自宅の電話を盗聴したという事案について、相手方の意思に働きかけることは濫用行為の不可欠の要素ではないとしつつ、「被疑者らは盗聴行為の全般を通じて終始何人に対しても警察官による行為でないことを装う行動をとっていた」ことを理由に、職権濫用行為にあたらないと判示しています（前掲最決平1・3・14）。

公務員が暴行・脅迫を加えて職権濫用の行為をしたばあいには、本罪と強要罪との観念的競合が成立します。なぜならば、強要罪と本罪は**罪質および行為**において異なるからです。公務員が職権を濫用して人の業務を妨害したばあいは、同じように本罪と業務妨害罪との観念的競合となります。

(3) 特別公務員職権濫用罪

本罪は、裁判、検察、警察の職務をおこない、またはこれを補助する者が、その職権を濫用して人を逮捕または監禁する罪で、法定刑は、六月以上一〇年以下の懲役または禁錮です（一九四条）。

本罪の主体は、裁判・検察・警察の職務をおこなう者（**「特別公務員」**）です。本罪は、特別公務員の身分によって逮捕監禁罪（二二〇条）の刑が加重されていますから、**不真正身分犯**です。特別公務員は、その職務の性質上、逮捕・監禁の権限を有しており、職権を濫用して人権を侵害する危険があるため、本罪が設けられています。**「裁判、検察、警察の職務をおこなう者」**とは、裁判官、検察官、司法警察職員をいい、**「補助する者」**とは、裁判所書記官、検察事務官、司法警察員、森林・鉄道その他特別の事項について警察の職務をおこなう者など、その職務が補助者の地位にある者を言います。

本罪の行為は、職権の濫用による逮捕または監禁です。逮捕および監禁の意義は、逮捕罪・監禁罪のばあいと同じです。本罪の逮捕・監禁は、職権の濫用としておこなわれることを要しますので、その職務を仮装することなく職権と無関係になされた逮捕・監禁は、本罪を構成しません。

(4) 特別公務員暴行陵虐《りょうぎゃく》罪

本罪は、裁判、検察、警察の職務をおこない、またはこれを補助する者が、その職務をおこなうにあたり、刑事被告人その他の者に対して暴行または陵虐《りょうぎゃく》の行為をする罪で、法定刑は、七年以下の懲役または禁錮です（一九五条一項）。法令により拘禁された者を看守または護送する者が、被拘禁者に対して暴行または陵虐《りょうぎゃく》の行為をしたときも同じです（同条二項）。

本罪の主体は、裁判・検察・警察の職務をおこなう者もしくはこれを補助する者（一項）、または、法令により拘禁された者を看守または護送する者です（二項）。本罪も**身分犯**です。

本罪の客体は、刑事被告人その他の者（一項）、または、被拘禁者（二項）です。

「その他の者」とは、被疑者、証人、参考人など捜査・裁判上取調の対象になる者を意味します。

本罪の行為は、職務をおこなうにあたり暴行または陵虐《りょうぎゃく》の行為をすることです。

「暴行」は**広義の暴行**を意味し、「**陵虐《りょうぎゃく》の行為**」とは、暴行以外の方法で精神上または肉体上の苦痛を与えるいっさいの虐待行為を意味します。たとえば、相当な飲食物を与えないこと、必要な睡眠をさせないこと、女子の被疑者に対し取調べにあたった巡査が猥褻または姦淫の行為をすること（大判大4・6・1刑録二一輯七一七頁）などが陵虐《りょうぎゃく》の例として挙げられます。

本罪においては、**被害者の承諾**があっても、違法性は阻却されません。なぜならば、本罪は、主として職務の適正を保護しますので、暴行・陵虐《りょうぎゃく》の相手方個人の承諾によって、その法益が放棄されることはあり得ないからです（大判大15・2・25新聞二五四五号一一頁）。暴行罪、脅迫罪は、本罪に吸収されます。猥褻《わいせつ》・姦淫が陵虐《りょうぎゃく》行為としてなされたばあいには、強制わいせつ罪・強姦罪との観念的競合となります。なぜならば、致死傷の結果を生じたばあい、一八一条と一九六条との比較において刑の権衡を失することになりますし、また、強制わいせつ罪・強姦罪は個人的法益に対する罪であり国家的法益に対する罪である本罪とはその罪質を異にするからです。

(5)　特別公務員職権濫用致死傷罪・特別公務員暴行陵虐《りょうぎゃく》致死傷罪

本罪は、特別公務員職権濫用罪（一九四条）または特別公務員暴行陵虐《りょうぎゃく》罪（一九五条）を犯し、よって人を死傷に致す罪であり、法定刑は、傷害の罪と比較して、重い刑で処断されます（一九六条）。

「**傷害の罪と比較して、重い刑により処断する**」の意義については、すでに不同意堕胎致死傷罪の項で説明してあります。

③ 賄《わい》賂《ろ》罪

(1) 罪質

賄《わい》賂《ろ》罪は、**公務員犯罪**の最たるものとして議論の対象になっています。賄《わい》賂《ろ》罪の**保護法益**をどのように捉えるかに関して、ローマ法的な捉え方とゲルマン法的な捉え方があります。これを保護法益の問題として、まずつかんでおいてください。

賄《わい》賂《ろ》の罪の立法主義としての**ローマ法主義**は、ローマ法に由来し、「**職務行為の不可買収性**」を原理とする立法形式です。職務行為を利益の対価としてはならいとする基本的思想に基づき、賄《わい》賂《ろ》罪の成立にとって職務行為が不正になされたことを要件としないとする立法主義です。これに対して**ゲルマン法主義**は、ゲルマン法に由来し、「**職務の不可侵性**」を原理とする立法主義で、賄《わい》賂《ろ》罪の成立にとって職務が不正になされたことを要求する立法主義です。わが刑法は、ローマ法主義を基本としつつ、ゲルマン法主義を補充的に採用しています。

(2) 職務行為

(i) 意義

重要な論点は、「職務行為」とは何かです。この点について**判例・通説**は、かなり広く解しています。いわゆる**密接行為**、つまり、職務と密接な関係にある行為まで広げてきているのです。賄《わい》賂《ろ》は、職務に関する報酬であることが必要です。「**職務に関し**」(一九七条一項)とは、職務に関連してという意味であり、職務行為に対するばあいのほか、**職務と密接な関係を有する行為**(**準職務行為・事実上所管する職務行為**)に対するばあいをも含むのです(大判大2・12・9刑録一九輯一三九三頁、最判昭25・2・28刑集四巻二号二六八頁)。職務の範囲は、職務の公正とそれに対する社会一般の信頼を保護する見地に立って定められるべきです。「職務」行為とは、公務員がその地位に伴い公務として取り扱うべきいっさいの執務を言います（最判昭28・10・27刑集七巻一〇号一九七一頁）。職務は、法令上、当該公務員の「**一般的な職務権限**」に属するものであれば足り、現実に具体的に担当している事務であることを要しません。職務と密接な関係のある行為は、厳密には職務に属しませんが、職務行為にあたると解されています（大判大2・12・9刑録一九輯一三九三頁）。「**職務と密接な関係のある行為**」とは、公務員・仲裁人の職務を根拠として、当該公務員・仲裁人が、事実上、所管し執務すべき行為を言います（最決昭31・7・12刑集一〇巻七号一〇五八頁）。事実上の公務員の権限に属している行為について、不正な利益が結びつきますと、**職務の公正とそれに対する社会の信頼**が害されますので、このような行為も職務行為とみとめられることになります。

(ii) 転職による職務権限の変更と賄賂罪の成否

転職によって職務権限に変更が生じたばあいに、なお賄賂罪が成立するかどうかが問題となります。これは、**事後収賄罪**ではなくて**賄賂罪**として成立するか、という問題です。この議論も学説、判例上、争いがあります。「転職による職務権限の変更と賄賂罪の成否」です。これも重要な論点ですから、明確につかんでおいてください。「職務」は、「一般的職務権限」に属することを必要としますが、**転職前の職務に関して**賄賂を収受したばあい、「職務に関し」にあたるか否か、が問題となります。すなわち、公務員がその「一般的職務権限」を異にする他の職務に転じた後に、転職前の職務に関して賄賂性が成立するか否か、が争われるわけです。大審院の判例は、転職によって職務の変更があれば賄賂性は成立しないと解していましたが（大判大4・7・10刑録二一輯一〇一一頁）、**最高裁判所の判例**は、収受の当時において公務員である以上は収賄罪が成立することをみとめています（最決昭28・4・25刑集七巻四号八八一頁、最決昭58・3・25刑集三七巻二号一七〇頁）。**通説**は、肯定説をとる判例の立場を支持しており、わたくしも判例・通説は妥当であると解しています。なぜならば、否定説をとりますと、公務員の身分を失った後に賄賂を収受すれば事後収賄罪になるのと比較して権衡を失するばかりでなく、転職のばあいを事後収賄罪に準じて取り扱うのは明らかに**文理**に反するからです。

(iii) **職務行為と対価関係**

賄賂は職務に関する行為の対価としての不法の利益を意味しますから、賄賂罪が成立するためには、賄賂と職務に関する行為との間に**対価関係**が存在しなければなりません。

賄賂となり得るのは、「有形なると無形なるとを問わず、苟《いやし》くも人の需用若くは其の欲望を充たすに足るべき一切の利益」です（大判明43・12・19刑録一六輯二二三九頁）。それは、金銭・物品その他の財産的利益に限定されませんので、金融の利益（大判大7・11・27刑録二四輯一四三頁、大判大14・4・9刑集四巻二一九頁）、債務の弁済（大判大14・5・7刑集四巻二六六頁）などはもとより、芸妓の演芸（大判明43・12・19刑録一六輯二二三九頁）異性間の情交（大判大4・7・9刑録二一輯九九〇頁、最判昭36・1・13刑集一五巻一号一一三頁）、公私の職務その他有利な地位の供与（大判大4・6・1刑録二一輯七〇三頁）なども賄賂となり得ます。

「対価関係」の中身をどのように捉えるか、に関して、**一般的な社交儀礼**と賄賂罪の成否について、その限界をどうするか、が問題になります。一般社会における社交的慣習ないし儀礼の範囲内にある贈与は、職務行為との間に対価関係があっても、賄賂にあたらないとされます。**儀礼的贈与**と賄賂との限界は、社会通念に従って決定され、その限界を逸脱するばあいには、中元・歳暮などの名目で贈られても賄賂となります。職務行為の対価として支払われた謝礼と、職務外の行為に対する報酬とが不可分となって提供されたばあいには、その全体が賄賂となります（最判昭23・10・23刑集二巻一一号一三八六頁）。

本書の読者の中には、すでに国家公務員または地方公務員になっている方、将来、なりたいと考えている方も多いとおもいます。公務員にとって賄賂罪が大きな転落のきっかけになることがありますから、刑法各論を学んでいるみなさんは、賄賂罪の内容について正確に知っておいてください。賄賂罪は、非常に「**誘惑的な犯罪**」であり、民間会社に就職している方も、**贈賄罪の主体**として処罰の対象になります。通常の営業活動の一環として賄賂行為がおこなわれるばあいがありますが、それが犯罪行為であることを銘記しておく必要があります。**社交儀礼**としておこなわれていることが度を越したばあいに、犯罪となるのです。利益を得たいために、社交儀礼と称して贈物をもらう関係ができてしまうことが多いと言えます。人間は弱いですから、その時に言われる言葉は、「みんな貰《もら》っていますよ」ということです。「みんなも貰《もら》っているのだから大丈夫だ」とおもって安心してそれを受け取り、額が次第に大きくなって徐々に罪悪感がマヒしていくわけです。地位が上に行くほど、**職務権限の範囲**が広くなるとともに不明確になりますから、実際上、影響力を行使しているけれども、刑事事件としてはなかなか立件されないという事態も生じます。逆に、課長、係長、係長補佐クラスは**職務権限が明確**ですから、賄賂として貰《もら》う金額は小さくても、実際に立件されて処罰されることが多くなります。そのようなことが起こるのは、職務権限が明確で証拠が残っていることが多いからです。「みんな貰《もら》っていますよ」と言われて、少しくらいならいいだろうとおもって受け取ってしまうのが、収賄罪の典型的なケースです。権限には**利権**が伴いがちですから、その権限に関する利権をむさぼろうとして収賄、贈賄がなされますので、その誘惑に負けない心掛けが大事です。

(3)　賄賂罪の基本的行為

賄賂罪の構成要件的行為は、賄賂の収受・要求・約束です。「**収受**」とは、賄賂を受け取ることを意味します。たとえば、金品のような有形的な財物は現実にその占有を取得した時、芸妓の演芸のような無形の利益は現実に観賞した時に既遂となります（大判明42・12・17刑録一五輯一八四三頁）。「**要求**」とは、自ら進んで賄賂の供与を請求することを意味します。これは、一方的行為で足り（大判昭9・11・26刑集一三巻一六〇八頁）、要求した時に直ちに既遂となります。「**約束**」とは、贈賄者と収賄罪との間に、賄賂の授受について、意思が合致することを意味します。

受託収賄罪（一九九条一項後段）は、請託を受けたことによる単純収賄罪の加重類型です。「**請託**」とは、公務員に対して、その職務に関し、一定の行為をおこなうことを依頼することを言います（最判昭30・3・17刑集九巻三号四七七頁）。刑が加重される理由は、**請託**があることによって、職務との対価関係がいっそう明瞭になり、職務の公正さが疑われるおそれも大きくなることに求められています。請託を「受ける」とは、依頼を承諾することを言います（最判昭29・8・20刑集八巻八号一二五六頁）。「請託を受ける」という要件は、事前収賄罪（一九七条二項）・第三者供賄罪（一九七条の二）・事後収賄罪（一九七条の三第三項）・あっせん収賄罪（一九七条の四）においても要求されています。**事前収賄罪**の主体は、「公務員となろうとする者」であり、行為者が、公務員となったばあいにのみ処罰されますので、公務員となることは、**客観的処罰条件**です。

(4) 特別構成要件

特殊な犯罪類型として次のようなものが刑法に規定されています。

(i) **第三者供賄罪**

第三者供賄罪（一九七条の二）は、公務員が自ら賄賂を受け取るのではなくて、これを第三者に受け取らせる犯罪です。「**第三者**」とは、公務員である行為者以外の者を言い、自然人、法人のほか法人格のない団体であってもかまいません（前掲最判昭29・8・20、最判昭31・7・3刑集一〇巻七号九六五頁参照）。「**供与させる**」とは、第三者に賄賂を受け取らせることを言い、第三者が受け取らない限り、供与の要求または約束にとどまります。「**供与を要求する**」とは、相手方に対し、第三者への賄賂の供与を求める意思表示をすることを言い、「**供与を約束する**」とは、第三者に供与させることにつき、相手方と合意することを言います。

(ii) **あっせん収賄罪**

あっせん収賄罪（一九七条の四）の構成要件的行為は、請託を受けて、他の公務員をしてその職務上、不正の行為をさせ、または相当の行為をさせせないように**斡旋**（**あっせん**）すること、またはしたことの報酬として、賄賂を収受・要求・約束することです。本罪における「**請託**」は、公務員に対して他の公務員をしてその職務上、不正の行為をさせ、たまは相当の行為をさせせないように斡旋することの依頼を意味します。「**あっせん**」とは、交渉成立のために仲介して便宜をはかることを意味します。

(iii)　**贈賄罪**

贈賄罪（一九八条）の構成要件的行為は、一九七条ないし一九七条の四（単純収賄罪・受託収賄罪・事前収賄罪・第三者供賄罪・加重収賄罪・事後収賄罪・あっせん収賄罪）に規定する賄賂の供与・申込み・約束です。「**供与**」とは、相手に収受させること（受け取らせること）を言い、「**申込み**」とは、収受を促すことを言い、「**約束**」とは、贈収賄者間で賄賂の授受について意思が合致することを言います。

事前収賄罪・第三者供賄罪・事後収賄罪・あっせん収賄罪に対応する贈賄罪にあっては、請託をし、かつ、相手方がこれを承諾したことが必要とされています。

賄賂を申し込み、または約束し、そしてこれを供与するばあいは、包括して一個の贈賄罪が成立し、一個の行為で数人の公務員に贈賄したばあいは、本罪の観念的競合となります（大判大5・6・21刑録二二輯一一四六頁）。

(5)　**没収・追徴**

刑法は、犯人または情を知った第三者の収受した賄賂は、これを**没収**し、その全部または一部を没収することができないときはその**価額を追徴**する旨を規定しています（一九七条の五）。これは、収賄による**不正な利益**を犯人に保持させせないようにするために設けられた規定です。総則においては、裁量的没収・裁量的追徴が原則ですが（一九条・一九条の二）、収賄罪に関してはとくに**必要的没収**・**必要的追徴**とされているのです。

没収・追徴の対象となるのは、犯人または情を知った第三者が現実に収受した賄賂に限定され、犯人には共犯者も含まれます（大判明44・2・13刑録一七輯七五頁参照）。

追徴は、「**没収することができない**」ばあいになされます。たとえば、酒食の饗応や芸妓の演芸のように、賄賂の性質上、没収が不可能であるばあいが、これにあたります。追徴額の算定基準は、**判例・通説**によりますと、賄賂の授受のあった当時の価額によります（最判昭43・9・25刑集二二巻九号八七一頁）。

④ 外国に対する罪

(1) 外国国章損壊罪

本罪は、外国に対し侮辱を加える目的で、その国の国旗、その他の国章を損壊、除去または汚損する罪で、その法定刑は、二年以下の懲役または二〇万円以下の罰金です。ただし、外国政府の請求をまってその罪を論ずるとされています（九二条）。

本罪の客体は、外国の国旗その他の国章です。「**外国**」は、国際法上、承認された外国だけでなく、未承認国も含みます。「**国旗**」とは、国家を表彰するものとして定められた旗を言います。「**国章**」とは、国家を象徴する物を意味し、国旗のほか陸海空軍旗、元首旗も大・公使館の徽章などがあります。

行為は、国章を損壊、除去または汚損することです。「**損壊**」とは、国章自体を破壊または毀損する方法によって、外国の威信・尊厳を象徴する効用を滅失または減少させることを言い（大阪高判昭38・11・27高刑集一六巻八号七〇八頁）、「**除去**」とは、国章自体に損壊を生じさせることなく、場所的移転、遮蔽などによって国章が現に所在する場所において果たしているその威信・尊厳を象徴する効用を滅失または減少させることを言います（最決昭40・4・16刑集一九巻三号一四三頁）。「**汚損**」とは、人に嫌悪の情をいだかせる物を国章自体に付着または付置させて、国章としての効用を滅失または減少させることを言います（前掲大阪高判昭38・11・27）。

本罪は**目的犯**であり、本罪が成立するためには、右の外国に対して**侮辱を加える目的**でおこなわれる必要があるのです。

(2) 私戦予備・陰謀罪

本罪は、外国に対し私に戦闘をする目的で、その予備または陰謀をする罪で、その法定刑は、三月以上五年以下の禁錮です。自首した者は、その刑が免除されます（九三条）。

外国に対して戦闘行為をおこなうことは、当該国とわが国との国交を破壊することになりますので、そのような**私戦の予備・陰謀**を処罰するのです。禁錮刑が科せられるのは、**確信犯的性格**を考慮したためです。外国に対して私に戦闘をする目的とは、国家としての外国に対して、国の命令によらずに勝手に戦闘行為をおこなう目的を言います。

「**予備**」とは、実行の着手以前の段階における犯罪の準備行為を言い、たとえば、兵器、弾薬の用意、兵糧の調達、人員の招集などが、これにあたります。「**陰謀**」とは、私戦の実行を目指してなされる二人以上の者の通謀を言います。

(3) 局外中立命令違背罪

本罪は、外国交戦の際、局外中立に関する命令に違背する罪で、その法定刑は、三年以下の禁錮または五〇万円以下の罰金です（九四条）。

外国同士が戦争をしているばあい、国際法上、中立国は、一定の義務を負い、その義務を履行するために、国民に一定の作為、不作為を命ずることがあり、本罪は、このような**局外中立命令**に違背する行為を処罰するものです。

本罪の構成要件の具体的内容は、個々の局外中立命令によって定められていますから、本条は、いわゆる**白地刑**

罰法規にあたります。

事項索引

あ 行

か 行

さ　行

た　行

な　行

は　行

ま 行

や 行

ら 行

わ 行

著者略歴

昭和19年生。昭和42年明治大学法学部卒業，司法修習修了，東京大学大学院法学政治学研究科修士課程修了

現職　明治大学大学院法務研究科・法学部教授・法学博士，早稲田大学法学部非常勤講師

昭和63年度〜平成９年度司法試験考査委員，日本刑法学会常務理事，日本学術会議員，日本弁護士連合会綱紀委員，第一東京弁護士会懲戒委員

主要著書

『刑法総論講義』，『刑法各論概要』，『集中講義刑法総論』，『集中講義刑法各論』，『正当化事情の錯誤』，『違法性の理論』，『錯誤論の諸相』，『財産犯論の点景』，『正当防衛権の再生』，『定点観測刑法の判例』，『共犯論序説』，『法学・刑法学を学ぶ』，『司法試験』（以上成文堂），『刑法総論25講』（青林書院），『通説刑法各論』（三省堂），『文書偽造罪の理論』（立花書房），『事例式演習教室刑法』（勁草書房），『レクチャー刑法総論』（法学書院），カウフマン＝ドルンザイファー著『刑法の基本問題』（翻訳・成文堂），『刑法入門』（共著・有斐閣），『論点講義刑法総論』（弘文堂），リューピング『ドイツ刑法史綱要』（共訳・成文堂）ほか

刑法講話II〔各論〕

平成16年９月10日　初版第１刷発行

著　者　川《かわ》端《ばた》　博《ひろし》

発行者　阿部耕一

〒162-0041　東京都新宿区早稲田鶴巻町514

発行所　株式会社　成文堂

Tel 03(3203)9201(代)　Fax 03(3203)9206

http://www.seibundoh.co.jp

製版・印刷・製本　藤原印刷　　検印省略

ISBN 4-7923-1658-8 C3032

定価（本体2700円＋税）